Domenico Marino

Daniele Marzocca

Guida di sopravvivenza 1.0

Appunti e ricette IT per la piccola impresa

Dedico questo libro alla mia musa Marianna, inseparabile consorte, e a mio figlio Corrado, la cui nascita ha riempito il mio cuore di una gioia immensa e ha dato un nuovo significato a tutto il mio lavoro.

Domenico Marino

A mio padre Vito, uomo mite, paziente e generoso!
A mia madre Anna Maria, donna fin troppo premurosa ed insostituibile!
A mia sorella Maria Paola, ragazza frizzante e di lodevole tenacia!

Daniele Marzocca

Ah, ma l'uomo dovrebbe andar oltre ciò che può afferrare [...]

Robert Browning

Si ringraziano Angela Leone e Francesco Errico de Gioia per la collaborazione durante la stesura di questo "ricettario" IT.

Introduzione
Scopo ed organizzazione del testo

Il titolo scelto per questo libro è di per sé abbastanza esplicativo, in quanto la nostra opera non è un semplice saggio di natura teconologico-scientifica, bensì ha lo scopo di fornire al lettore degli strumenti concreti per scoprire, analizzare e valutare i mezzi di comunicazione aziendale e le strategie per l'abbattimento dei costi in un particolare settore dell'Information Tecnology. Partendo dal presupposto che "è più facile muovere le idee che gli oggetti", la guida di sopravvivenza si focalizza principalmente su due realtà informatiche di grande importanza: il mondo dell'open source e la virtualizzazione. Sebbene non manchino delucidazioni su concetti e termini legati alle due realtà sopraccitate, i sei capitoli del libro hanno lo scopo di accompagnare per mano il lettore in un'esplorazione di tutte quelle risorse informatiche open source che, pienamente implementate su macchine virtuali, possono aiutare le piccole aziende ad essere maggiormente competitive nel mercato.

Dopo una breve premessa sulle finalità della nostra guida, su cosa sia la virtualizzazione e su come possa essere inserita in una contesto aziendale, il primo capitolo si concentra sul fornire delle ben precise linee guida sulla creazione di un server contenente una o più VM (Virtual Machine) ed introduce il progetto Zimbox, che si basa sull'integrazione di ben quattro software open source (Asterisk, Zimbra, Hylafax e Avantfax) in un unico sistema, facilmente manutenibile e fruibile anche dagli utenti meno esperti. Successivamente (capitolo 2) l'attenzione del lettore viene focalizzata su come ottimizzare la sicurezza della rete aziendale grazie al firewall pfSense, la cui installazione e gestione è spiegata dettagliatamente insieme alla possibilità di ottimizzare il livello di connettività di un'azienda grazie alla creazione di una VPN (Virtual Private Network). Il terzo capitolo, invece, è completamente dedicato ad Asterisk: si parte da una breve premessa sul Voice over IP e sulle caratteristiche di un "centralino" software (indubbiamente più vantaggioso di un centralino tradizionale) per giungere alle indicazioni su come realizzare un PBX VoIP, utilizzando le opportune componenti hardware (ad esempio gateway e dispositivi telefonici SIP e IAX2) ed installando una VM contenente Asterisk freePBX; non mancano intere sezioni su come configurare il centralino sopraccitato e sfruttarne le funzionalità basilari (creazione di un'estensione e dei "fasci", configurazione degli interni, definizione delle rotte in entrata ed in uscita ecc.); l'ultimo paragrafo, infine, ruota intorno alla gestione dei fax grazie all'utilizzo congiunto dei programmi Hylafax e Avantfax.

Per analizzare esaustivamente i principali vantaggi di Zimbra, abbiamo scritto un intero capitolo (il quarto, per l'esattezza), spiegando ai lettori cosa sia un groupware (un software collaborativo progettato per rendere più efficace il lavoro cooperativo in qualsiasi realtà lavorativa) e quali vantaggi si ottengano inserendone uno all'interno della propria struttura informatica aziendale; l'analisi di Zimbra, inoltre, avviene "schermata per schermata", affinchè qualsiasi lettore (anche i "profani" della realtà presa in considerazione) possa "toccare con mano" le funzionalità del groupware, imparando velocemente a gestire i moduli che lo compongono (rubrica, agenda, impegni ecc.); abbiamo anche strutturato un paragrafo per fornire delle delucidazioni su alcuni add on (software appositamente creati per far interagire Zimbra con programmi di terzi e/o per estendere le sue funzionalità), soffermandoci in particolar modo su Zextras Suite, che permette agli utenti di gestire il backup a caldo del sistema e/o la sincronizzazione con dispositivi mobili come, ad esempio, tablet e smartphone. Questi ultimi due dispositivi svolgono un ruolo importante all'interno del quinto capitolo, che mostra ai lettori come collegarli al PBX VoIP ed a Zimbra, sfruttandone tutte le funzionalità e potenzialità anche al di fuori della sede aziendale. Sebbene la guida ci sembrasse già pienamente esaustiva, abbiamo voluto integrarla con un ultimo capitolo, nel quale viene affrontato il problema del backup, la cui importanza non può essere sottovalutata in qualsiasi contesto lavorativo: a cosa serve mostrare ai lettori come implementare il progetto Zimbox, se poi non si forniscono loro indicazioni su come salvare i dati aziendali (comprese le VM sopraccitate), salvaguardando così la continuità lavorativa?

Prima che vi apprestiate alla lettura del nostro manuale, va precisato che il nostro "lavoro" è frutto dell'esperienza decennale del dott. Domenico Marino e che non si propone di essere una soluzione univoca alle esigenze lavorative dei lettori, in quanto la realtà informatica è in continua evoluzione ed esistono indubbiamente altre risorse (sia hardware sia software) in grado di soddisfare le richieste delle aziende. Il nostro obiettivo, invece, è quello di lanciare ai nostri lettori un input, un'idea su come ottimizzare le risorse informatiche senza dover investire ingenti cifre e senza rinunciare alla qualità, rivolgendoci a quelle piccole imprese che spesso vivono al margine di tale realtà, sia perchè manca un'adeguata conoscenza delle offerte IT presenti sul mercato sia perchè vengono ignorate da quelle grandi aziende che forniscono servizi soltanto a contesti lavorativi più ampi.

Dott. Domenico Marino
Dott. Daniele Marzocca

Premessa del dott. Domenico Marino

In qualità di voce narrante dell'intero manuale, vi do il benvenuto in questa guida e vi auguro che, durante la lettura, possiate condividere con me l'entusiasmo provato ogniqualvolta si riesca a sfruttare appieno una risorsa informatica senza dover inseguire soluzioni "proprietarie" costose ed improponibili. In un simile contesto appare necessario aprire una piccola parentesi su ciò che nel mondo dell'Information Tecnology viene definito "open source": il termine inglese, che tradotto in italiano significa letteralmente "sorgente pubblico" e che nell'immaginario di molti profani è sinonimo di "software gratuito", raggruppa un insieme di software i cui creatori ne favoriscono il libero studio e l'apporto di modifiche da parte di altri programmatori indipendenti.

Non mi dilungherò sulle origini e sulla storia dell'open source. Basterebbe, infatti, inserire tali parole in un qualsiasi motore di ricerca per ottenere un lunghissimo elenco di link adatti al nostro scopo: se decideste di ottenere ulteriori informazioni, scoprireste allora che "Linux può essere considerato come il primo vero progetto open source che fa affidamento essenzialmente sulla collaborazione via Internet per progredire"; capireste anche che Internet offre molti benefici, perché permette a programmatori geograficamente distanti di coordinarsi e lavorare allo stesso progetto. Nel rapporto conclusivo del CNIPA (Centro Nazionale per l'Informatica nella Pubblica Amministrazione), inoltre, si precisa che "*il software open source è nato spontaneamente con la diffusione di Internet nel mondo ed è derivato dalla libertà totale della rete, dallo spazio illimitato alle iniziative singole o collettive, dalla possibilità di creare rapporti tra persone prescindendo da vincoli di spazio e tempo*"[1].

Ciò che mi preme sottolineare è l'importanza di una strategia aziendale basata sull'open source, strategia che una decina di anni fa veniva considerata con diffidenza e che ora, invece, acquista sempre più valore. Si pensi, ad esempio, alla Commissione Meo (Commissione per il software a "codice sorgente aperto" nella P.A.) e al Decreto Ministeriale del 19/12/2003, che invita le Pubbliche Amministrazioni a considerare i software open source con particolare attenzione nel momento dell'attivazione o del rinnovamento della propria infrastruttura informatica. La stessa Unione Europea è entrata in campo nel 2005, respingendo una mozione volta a proteggere i brevetti sul software e paragonandolo alla conoscenza scientifica, che non può essere brevettata in alcun modo.

Da tutto ciò si evince che i programmi in questione hanno raggiunto ora una consolidata fama mondiale (soprattutto negli USA dove la maggior parte delle aziende utilizza risorse informatiche open source). Il fenomeno sta acquistando importanza con iniziative di grandi dimensioni anche in paesi che stanno emergendo e si stanno imponendo sul mercato mondiale come, ad esempio, la Cina. Alla luce di ciò, quindi, si ha la sensazione di trovarsi nel bel mezzo di un processo di trasformazione della realtà del software, i cui risultati a lungo termine potrebbero modificare in maniera rivoluzionaria l'intero scenario. Ma quali sono i motivi di tale successo?

---

1   Resoconto conclusivo Gruppo di lavoro "Codice sorgente aperto" ("Open Source"), versione 1.0, pag. 4

In primis è necessario far riferimento alla **consolidata base di utenza e di sviluppatori**. Il gran numero di sviluppatori consente di implementare un software sempre più efficiente e affidabile, ma non può prescindere dal contributo degli utenti che utilizzano l'open source, in quanto essi forniscono un feedback importantissimo soprattutto nel momento in cui si riscontrano dei problemi. Il miglioramento dell'esperienza dell'utente, infatti, è fondamentale per la comunità che si occupa dello sviluppo di questa tipologia di programmi e ciò implica l'assistenza nel momento del bisogno. Tale supporto è garantito anche dalle caratteristiche stesse del progetto, che permette a chiunque di accedere al codice sorgente dei programmi, di correggere eventuali errori di funzionamento e/o di adattarlo alle proprie esigenze.

Coloro che, invece, utilizzano un "closed source" (altresì noto come prodotto proprietario) sono legati per sempre al gestore, che ottimizza il software con nuove feature, ma che impedisce agli utenti di poter ottimizzare il progetto tramite l'accesso al codice sorgente. Considerando anche il numero esiguo di programmatori di queste software house, il processo di risoluzione di un problema avviene più lentamente rispetto al mondo dell'open source. Oltre a ciò esiste una grande differenza fra software open source e prodotti proprietari: i primi possono essere identificati e valutati attraverso l'esame diretto del prodotto stesso e del corrispondente progetto di sviluppo, mentre per i secondi tutte le informazioni necessarie per una corretta valutazione non sono disponibili (codice sorgente, informazioni sugli sviluppatori, anomalie ecc.).

Una conseguenza di quanto scritto precedentemente è l'**affidabilità** garantita dai programmi open source, poichè le innovazioni ed i cambiamenti apportati dalla comunità di utenti vengono analizzati dagli esperti e condivisi liberamente, garantendo un software libero, funzionale e sempre all'avanguardia. Inoltre molti software open source sono universalmente riconosciuti come più stabili ed aderenti agli standard. Non va neanche sottovalutato il **risparmio** che deriva dall'utilizzo di tali programmi, poiché non sono legati all'acquisto di licenze e a spese di rinnovo o manutenzione straordinaria

Appare ora evidente il perché sempre più aziende decidono di passare all'open source, migliorando di conseguenza la loro competitività sul mercato. Tale sviluppo a livello mondiale, tuttavia, ha generato pro e contro: da una parte ha allargato in positivo la base di utenti e sviluppatori, dall'altra ha favorito un processo di "re-branding" non sempre favorevole alle esigenze di un'azienda. Su quest'ultimo punto occorre soffermarsi: spesso viene immesso sul mercato un progetto open source cambiandone o ricreandone ex novo l'interfaccia grafica attraverso cui interagisce l'utente (senza apportare modifiche al motore principale). In parole povere è come se una casa automobilistica creasse una nuova automobile, mantenendo invariata la struttura interna e modificandone solo la carrozzeria. Va precisato, però, che non sempre una simile operazione è negativa: finchè essa sarà volta al miglioramento del software e consentirà ad una comunità di partecipare alla sua ottimizzazione, ci saranno indubbiamente dei benefici. Quando l'azienda che opera il re-branding decide, invece, di "chiudere" il software, vincolando così gli utenti a chiedere assistenza unicamente ai suoi esperti, la situazione implode e tutti i benefici ed i vantaggi dell'open source svaniscono nel nulla.

Per avere un'idea di quanto il "re-branding" stia prendendo piede, basta effettuare una ricerca tramite google, digitando la parola "*Asterisk*": in una frazione di secondo comparirà sul vostro monitor una lista lunghissima di link relativi a prodotti che utilizzano come base il sopraccitato software open source.

Sorge allora una domanda retorica: perchè dovrei utilizzare tali software, se esiste da anni una soluzione già testata, ottimizzata e libera come Asterisk/FreePBX?

In questa babele di "prodotti" non sempre favorevoli e vantaggiosi, occorre una guida che possa aiutarvi nella scelta di una strategia adeguata. Ciò non vuol dire imporvi una visione univoca di ciò che è giusto e di ciò che deve essere assolutamente "cestinato", anzi lo scopo di questo libro è allargare i vostri orizzonti e proporvi un ventaglio di strumenti affidabili e innovativi, lasciandovi liberi di scegliere la soluzione più adatta alle vostre esigenze. Non vi trovate di fronte ad una cieca esaltazione di tutto il mondo dell'open source, poichè non tutti i software "a sorgente pubblico" sono degni di considerazione. Il numero di questi prodotti è così elevato che qualunque ipotesi d'utilizzo dovrebbe essere ragionevolmente preceduta da un"filtro" che tenga conto di:

- **età** - in genere la maggior parte dei nuovi progetti open source fallisce nel corso del primo anno, pertanto è necessario scegliere prodotti "più maturi" che hanno raggiunto un grado di stabilità superiore;
- **motivazione** - un progetto open source, che nasce e si evolve grazie alle reali opportunità di mercato da sfruttare, ha maggiori probabilità di successo rispetto ad un software legato a motivazioni individuali;
- **organizzazione della comunità degli sviluppatori** - un gran numero di sviluppatori attivi ed un'ampia struttura di gestione/consulenza garantiscono un maggiore rendimento del software open source;
- **penetrazione nel mercato** - la diffusione del prodotto nel mercato è indice di successo e riduce il fattore di rischio;
- **disponibilità di documentazione** - sebbene molti software open source non siano pubblicizzati, gli utenti possono accedere a manuali e FAQ presenti nel WEB, pertanto occorre prendere in considerazione prodotti che siano supportati da un'adeguata documentazione sia in termini di tipologia sia in termini di numero e qualità;
- **integrabilità del prodotto con altri software** - il programma open source deve poter interagire anche con i prodotti proprietari senza generare anomalie o problemi di compatibilità.

Ovviamente ho solo accennato a quali parametri prendere in considerazione per effettuare una prima cernita, non menzionando altri fattori come il livello di supporto/manutenzione, il grado di affidabilità, le prestazioni e le garanzie legali: ciò che può apparire una mancanza è in realtà una scelta ben precisa, in quanto tutto ciò che troverete nei seguenti capitoli non fa parte di un saggio scientifico finalizzato a scandagliare ogni angolo di questa nuova realtà, bensì è il frutto di anni di lavoro ed è l'appello di un imprenditore che, sulla base della sua decennale esperienza, si rivolge ai suoi colleghi per fornire un supporto che dovrebbe essere garantito a chiunque, ma che spesso viene sostituito da semplici brochure pubblicitarie.

Capitolo 1

La Virtualizzazione

Avvertenze prima della "ricetta"

Procuratevi una discreta dose di pazienza ed un pizzico di ottimismo, poiché sto per mostrarvi una ricetta a base di macchine virtuali in grado di ottimizzare le risorse IT della vostra azienda a costi molto contenuti (negli USA si parla di "low budget"). Tutto ciò che troverete scritto in questo capitolo è di fondamentale importanza, in quanto costituisce il pilastro portante su cui andremo a costruire un intero sistema di VM efficientemente interagenti tra di loro.
Buona lettura!

La Virtualizzazione

É più facile muovere le idee che gli oggetti!

La frase sopracitata esplica precisamente l'idea che ha dato origine alla cosiddetta "virtualizzazione" delle risorse hardware (compresi la CPU, la RAM e il disco rigido), un'astrazione -se così possiamo definirla- che si sta sviluppando ed evolvendo a velocità incredibile, penetrando in modo sempre più incisivo in molte realtà aziendali. Per i profani del settore va precisato che la parola inglese "Virtualization" di per sé è un termine generico che indica l'astrazione di una risorsa. Essa, in realtà, fa riferimento ad un concetto ben più profondo ed articolato che sottende tutte le tecniche di virtualizzazione finora esistenti: si tratta di un isolamento del "ferro" (termine utilizzato comunemente per individuare la parte fisica di un computer) attraverso un' incapsulamento che crea un'interfaccia esterna e garantisce l'accesso simultaneo alle stesse risorse da parte di più istanze. Nascono così le cosiddette VM (Virtual Machine), in cui l'hardware viene trasformato in software e che risultano essere macchine completamente operative in grado di eseguire i propri OS (sistemi operativi) e applicazioni allo stesso modo di un computer reale e tangibile fisicamente. Operando in questo modo, è possibile che un unico server ospiti più VM che condividono le stesse risorse hardware senza interferire fra loro; a loro volta i server e i desktop virtuali possono gestire disparati OS e applicazioni software anche in remoto, superando barriere geografiche e i limiti delle infrastrutture fisiche.

Con l'evolversi dell'Information Tecnology sono state strutturate diverse tipologie di virtualizzazione, ma non ci saranno approfondimenti in merito, poiché il fine di questo capitolo è ben altro. Ciò che ci preme evidenziare, infatti, è la possibilità di utilizzare le VM per incrementare l'operatività in ambito aziendale e ridurre i costi di gestione delle risorse informatiche. Partiremo dai vantaggi legati all'implementazione della virtualizzazione in un'azienda:

- se si possono eseguire contemporaneamente diversi sistemi operativi e applicazioni in un singolo computer, c'è la possibilità di ridurre il numero di server e la quantità di hardware, favorendo un evidente risparmio economico e riducendo le esigenze di spazio, manutenzione, alimentazione e raffreddamento;
- la componente hardware può essere acquistata da qualsiasi rivenditore oppure è possibile riutilizzare le macchine presenti già in azienda;
- i tempi necessari alla manutenzione ordinaria si riducono sensibilmente[1];
- l'accesso alle risorse IT e la loro gestione risultano migliorate[2].

---

1   Installazione, backup e configurazione, ad esempio, sono svolti in modo più rapido ed efficiente. Diviene possibile, inoltre, un ripristino rapidissimo in caso di malfunzionamenti dovuti ai più disparati motivi e lo spostamento di interi ambienti virtuali senza interruzione operative. Ciò garantisce un'elevata business continuity, elemento fondamentale in un mercato sempre in fermento e in evoluzione.

2   L'utilizzo delle VM implica un positivo sfruttamento delle componenti hardware al 100%. Cosa significa tale affermazione? Cercherò di essere più chiaro con un piccolo esempio: nella maggior parte dei casi un imprenditore acquista un server sovradimensionato e non vincolato solo alle esigenze basilari della propria azienda, quindi opterà per una macchina in grado di soddisfare un'eventuale ampliamento delle risorse IT. In molti casi, però, l'accesso completo alle risorse del server è limitato. Con l'implementazione delle VM, al contrario, è realmente possibile sfruttare tutte le risorse hardware, dando pieno valore alle spese economiche sostenute per l'acquisto di un server.

Qualche lettore scettico potrebbe avanzare una critica: non esistono soluzioni IT assolutamente vantaggiose e prive di aspetti negativi.

Ciò è indubbiamente vero, poiché (anche nel nostro caso) esistono dei "contro" da non sottovalutare: nel momento in cui più VM sfruttano le stesse componenti hardware, un possibile malfunzionamento del server fisico porterebbe alla perdita di tutti i servizi e le risorse IT legate a quella macchina con conseguenze disastrose e un sofferto addio alla tanto declamata business continuity. Lavorando su server multipli, invece, l'eventuale guasto causerebbe l'interruzione dei soli servizi gestiti dalla macchina mal-funzionante. Fortunatamente esistono soluzioni a questo problema:

- creare adeguate politiche di backup facenti riferimento alla copia fisica delle intere VM;
- predisporre una ridondanza su tutte le componenti dell' IT, (ad esempio ridondanza dei server oltre che dello storage centralizzato).

Dato che uno degli obiettivi di questo libro è mostrare al lettore delle strategie IT utilizzate in ambienti di lavoro reali con esigenze concrete, è arrivato il momento di concludere le premesse teoriche e fornire un esempio di possibile virtualizzazione a livello aziendale. In primis va precisato che nelle seguenti righe non compariranno i nomi delle aziende in cui sono state implementate le VM per questioni di privacy e per evitare qualsiasi forma di pubblicità. In secondo luogo va evidenziato che per la creazione e gestione di una VM abbiamo utilizzato il software *VMware Esxi Hypervisor*, le cui caratteristiche saranno spiegate esaustivamente nel seguente esempio.

Virtualizzazione per un'azienda con massimo 5 utenti ed una linea telefonica

Il primo passo è la scelta delle componenti hardware: per la realtà aziendale sopraccitata ho deciso di utilizzare il ProLiant Microserver HP sia per la sua silenziosità sia per il costo alquanto contenuto. Il server in questione, infatti, viene venduto ad un prezzo di circa 300 euro, ma è possibile acquistarlo a prezzi inferiori a seconda delle offerte presenti sul mercato.

Caratteristiche hardware standard

Processore:	*AMD Athlon™ II o AMD Turion™ II*
Numero di Processori:	*1*
Core disponibili:	*2*
Slot per memoria:	*2 slot DIMM*
Tipo di memoria :	*DDR3 PC3*
Controller di rete:	*1GbE NC107i a 1 porta*
Descrizione unità disco:	*(4) SATA LFF*
Controller storage:	*RAID SATA a 4 porte integrato*
Cache processore:	*2 MB L2Controller storage: RAID SATA Smart Array B110i;*

Tali caratteristiche possono essere facilmente modificabili per soddisfare le esigenze dell'azienda attraverso un inserimento ottimale del server, per la salvaguardia/integrità dei dati e per garantire una maggiore continuità lavorativa. Nell'azienda da 5 utenti, ad esempio, ho effettuato il seguente upgrade delle componenti hardware:

- inserimento di 2 DDR3 PC3 da 4 GB ciascuna (per un totale di 8 GB di RAM); alcuni esperti del settore, tuttavia, sono riusciti a raggiungere il limite di 16GB,

RAID 1
mirroring

FIG. 1-2: RAID-box 2,5"

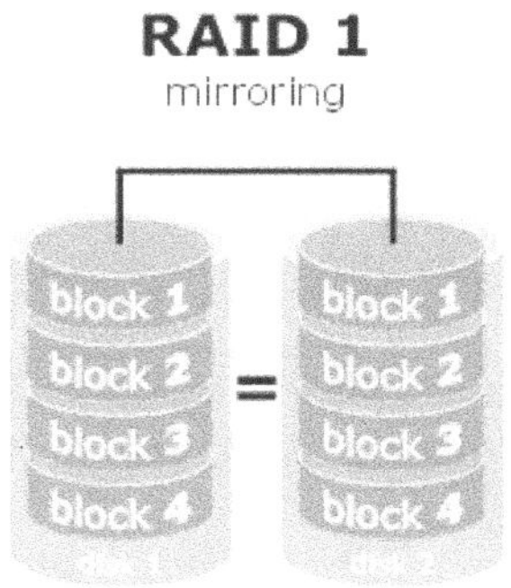

FIG. 1-3: Tecnologia Raid adottata

utilizzando 2 DDR3 da 8 GB ciascuna;
- inserimento di un RAID box (illustrazione 1), cioè di un'unità di alloggiamento per due hard disk SATA da 2,5" [3];
- inserimento di due HD SATA da 320 GB;
- inserimento di un'ulteriore scheda di rete da 1Gb pci express HP NC112T, poiché sul Microserver ne è presente solo una; la scelta di una scheda HP è legata al fatto che essa è presente nella lista di compatibilità VMware.

Attuando le precedenti modifiche hardware, il prezzo lieviterà fino a circa 610 euro.

L'installazione del software VMware Esxi Hypervisor è il passo successivo. Ovviamente esistono altri software di virtualizzazione o altri hypervisor altrettanto validi, ma il perché della nostra scelta è subito spiegata:

- VMware è disponibile sul mercato dal 2001 ed è oggi usato da migliaia di clienti nel mondo (essendo un prodotto maturo e ampiamente testato, è maggiormente stabile ed affidabile);
- la versione Esxi hypervisor offre vantaggi economici, in quanto è gratuita ed alla portata di tutti gli utenti che vogliono iniziare a sperimentare i vantaggi della virtualizzazione.

Il download della ISO di Esxi è disponibile sul sito WEB del produttore in questione; so-

---

3   Il RAID, acronimo di Redundant Array of Independent Disks, consente di sfruttare due o più dischi rigidi per condividere e/o replicare le informazioni. In questo modo l'utilizzo di due HD garantirà una copia speculare di tutti i dati, poiché il server riconoscerà i due dischi come un unico HD, replicando automaticamente qualsiasi dato su entrambi. Purtroppo VMware Esxi per una corretta installazione, ha bisogno di determinate caratteristiche hardware, visionabili nella lista di compatibilità presente nel sito web della casa produttrice. Dato che il server da noi utilizzato non è presente nella suddetta lista, VMware "vedrebbe" due HD separati, se non utilizzassimo il RAID box sopracci-tato

litamente la procedura di installazione è rapida ed "indolore", poiché non genera alcuna anomalia. I seguenti screenshot vi mostreranno i vari passaggi di questa installazione.

FIG. 1-4: Registrazione al sito web di WMware

Primo passaggio: entrate nel sito web del software in questione, digitando *http://www.vmware.com*, e cliccate sul comando *Register for My VMware* presente nella maschera del Log in, a cui si può accedere attraverso (My VMware ⊙) L'immagine sottostante è inerente alla pagina web in lingua inglese, ma è anche disponibile la versione in lingua italiana del sito web al seguente indirizzo *http://www.vmware.com/it/*).

Secondo passaggio: inserite i dati necessari alla registrazione, vale a dire indirizzo email, password, nome e cognome della persona che sta effettuando l'operazione, nome dell'azienda ecc. Una volta conclusa questa fase di inserimento dati, è necessario accettare i termini e le condizioni di utilizzo, spuntando l'apposita casella (*I agree to the terms*

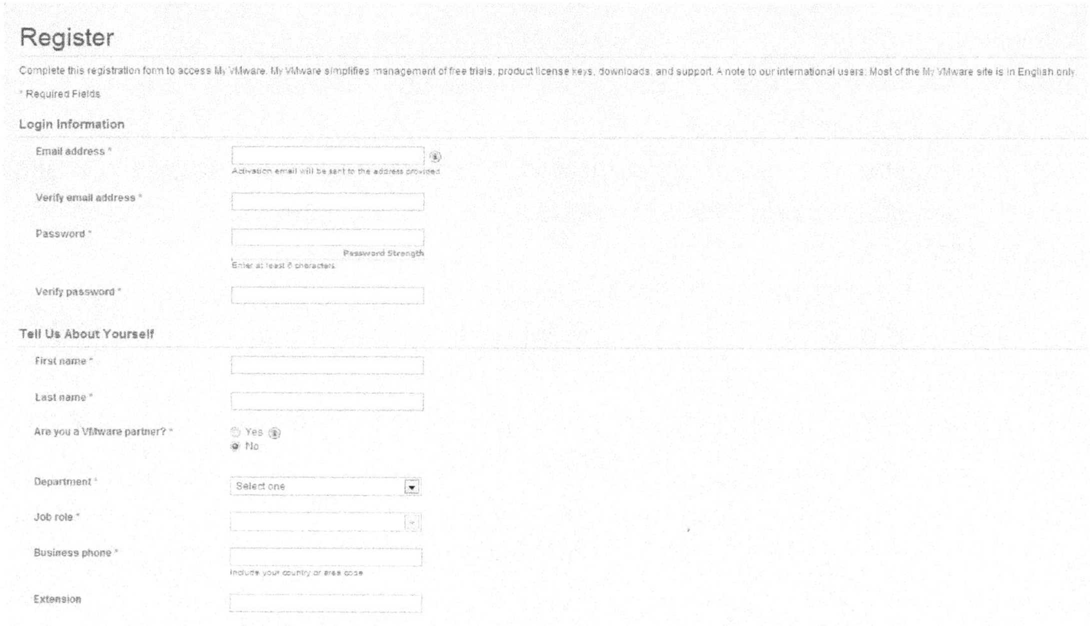

Register

Complete this registration form to access My VMware. My VMware simplifies management of free trials, product license keys, downloads, and support. A note to our international users: Most of the My VMware site is in English only.

* Required Fields

Login Information

Email address *

Activation email will be sent to the address provided

Verify email address *

Password *
                                        Password Strength
Enter at least 6 characters

Verify password *

Tell Us About Yourself

First name *

Last name *

Are you a VMware partner? *   ○ Yes ⑧
                               ⦿ No

Department *   Select one   ▼

Job role *   ▼

Business phone *
Include your country or area code

Extension

FIG. 1-5: Scheda per la registrazione

6

and conditions outlined in the My VMware Terms of Use Agreement), e selezionare il tasto *continue*. Comparirà un avviso che vi informerà di controllare la vostra posta elettronica, in cui troverete una email del team di VMware; apritela, cliccate su *Activate now* ed inserite la vostra password nell'apposito campo.

FIG. 1-6: Pagina web My VMware

Terzo passaggio: ora è possibile visualizzare la pagina My VMware e selezionare l'opzione **All Downloads**, così come mostrato nell'immagine seguente. Successivamente raggiungete la sezione **Free Products or Trials** (presente alla fine della pagina web) e

FIG. 1-7: Fase finale della registrazione

cliccate su *Download VMware vSphere Hypervisor (ESXi) free*, per completare la registrazione che vi permetterà di effettuare il download del software; assicuratevi di essere nella sezione **License & Download** e cliccate sul pulsante *Register*, al fine visualizzare il modulo **Accept End-User License Agreement**. Sebbene in questo modulo siano ripor-

FIG. 1-8: Definizione del numero di server fisici

tati tutti i dati già immessi in fase di registrazione, è necessario inserire ancora un'informazione basilare, cioè il numero dei server fisici su cui sarà installato il software. Ricordatevi di accettare nuovamente "l'accordo di licenza con l'utente finale" e di procedere con *Continue*.

Quarto passaggio: se avete seguito correttamente le mie indicazioni, vi ritroverete nella pagina del vostro profilo-utente e potrete selezionare nuovamente la sezione **License & Download**. Utilizzate la barra laterale per procedere nella lettura della pagina e av-

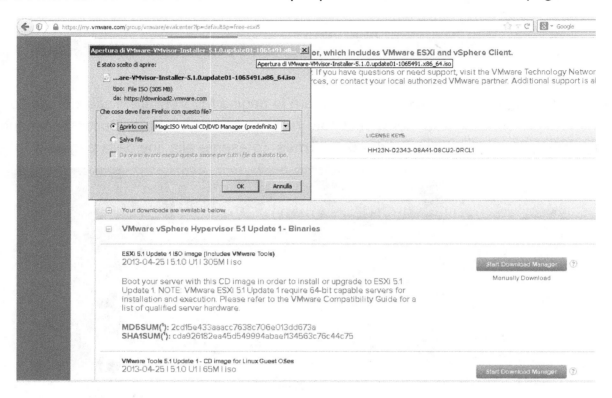

FIG. 1-9: Avvio del download

viate il download manuale, così come vi viene mostrato nell'immagine soprastante. Fate attenzione: per prima cosa memorizzate il codice di licenza che sarà fondamentale per attivare il software; in secondo luogo (dopo aver cliccato su *Manualy Download* e salvato il file) dovete procedere alla creazione di un CD-ROM "autopartente" dalla ISO scaricata.

Quinto passaggio: per procedere all'installazione su un server, è necessario inserire nell'apposito lettore il supporto ottico contenente il software, facendo particolare attenzione ad attivare l'avvio della macchina dal cd-rom. Se le operazioni precedenti sono state effettuate correttamente, apparirà la schermata di "boot" . Lasciate che la fase di caricamento dell'installazione proceda automaticamente e attendete qualche minuto. Non appena la barra grigia si sarà riempita completamente (fase di caricamento), compariranno una serie di videate in cui dovrete inserire alcuni dati ed eseguire semplici comandi. Nella schermata di *Welcome*, ad esempio, è necessario cliccare su *Continue*; successivamente accettate i termini della licenza, selezionate la lingua da un apposito elenco e create una password di amministrazione (root password). Per confermare l'installazione, premete il tasto F11 presente sulla tastiera. Infine riavviate il server, selezionando *Reboot* nella schermata finale[4]. Una volta terminata la procedura d'installazione, verrà visualizza-

---

4   Prestate attenzione alle immagini presenti nelle seguenti pagine, in quanto "immortalano" le fasi più importanti delle procedura di installazione di ESXi sul server.

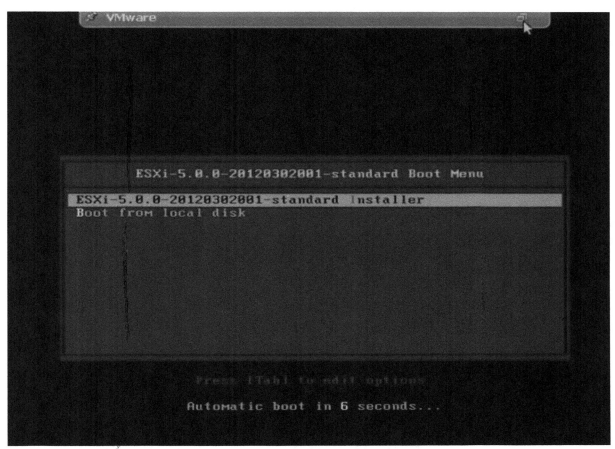

FIG. 1-10: Installazione ESXi, boot menù

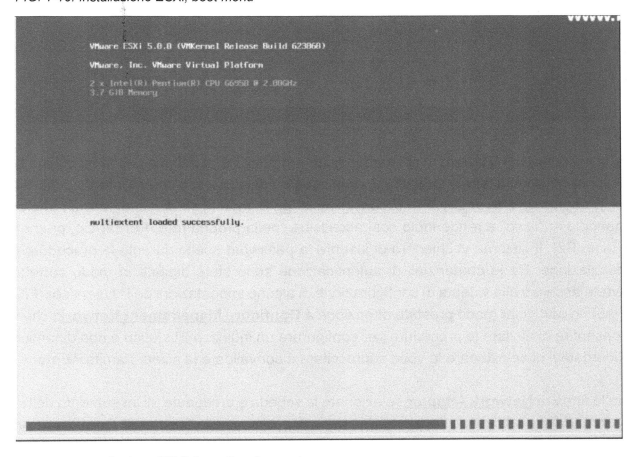

FIG. 1-11: Installazione ESXi, fase di caricamento

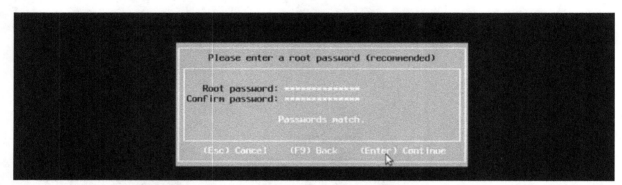

FIG. 1-12: Installazione ESXi, schermata di Benvenuto

FIG. 1-13: Installazione ESXi, creazione della password di root

FIG. 1-14: Installazione ESXi, conferma di installazione tramite F11

ta la schermata di VMware in cui sarà indicato l'indirizzo IP dinamico che la macchina ha assunto durante la fase sopraccitata, ammesso e non concesso che all'interno della rete sia presente un server DHCP [5]. È consigliabile, però, modificare tale indirizzo IP, trasformandolo in "fisso" e rendendolo così accessibile nella propria rete. Per far ciò, premete il tasto F2. Il sistema vi chiederà di inserire la password scelta durante la procedura di installazione. Se le credenziali di autenticazione sono state digitate in modo corretto, avrete accesso alla videata di configurazione di alcune impostazioni dell'Hypervisor (FIG. 1-16); in particolar modo prestate attenzione a **Configure Management Network**, che vi consentirà di avviare la procedura per configurare un indirizzo IP statico e non dinamico. Ricordatevi di selezionare la voce sopraccitata e convalidate la scelta tramite **<Enter>**.

Nella finestra **Network Adapter** selezionate la scheda e procedete all'inserimento dell'indirizzo IP fisso, abilitando l'opzione *Set static IP address* nella finestra **IP Configuration.**

---

5   DHCP è l'acronimo di Dynamic Host Configuration Protocol; tale protocollo di rete assegna ad ogni computer un indirizzo IP dinamico (ossia un indirizzo che cambia ogni volta che si riavvia un PC), garantendo ad ogni utente l'accesso alla rete locale e ad Internet.

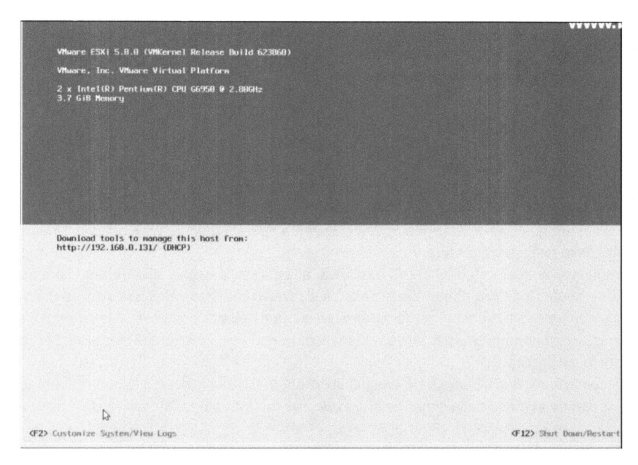

FIG. 1-15: Schermata iniziale di VMware raffigurante l'indirizzo IP dinamico acquisito

Dovete ora accedere alla pagina web del server VMware per scaricare il client: aprite un

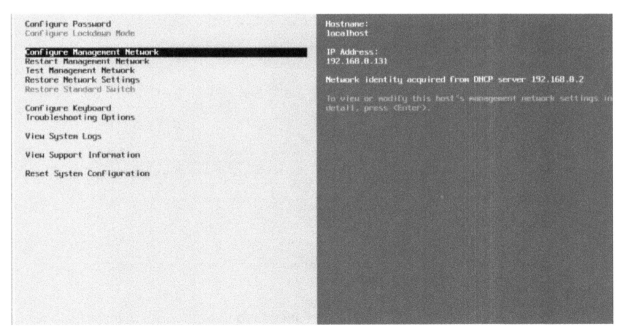

FIG. 1-16: Menu di configurazione

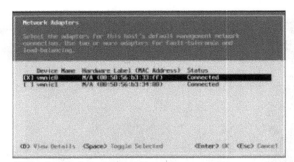

FIG. 1-17: Adattatori di rete presenti

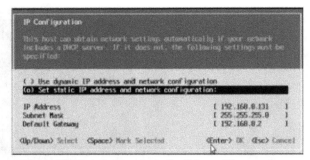

FIG. 1-18: Configurazione indirizzo IP

browser da qualsiasi postazione dotata di sistema operativo Windows e digitate l'indirizzo IP fisso nell'apposita barra.

L'immagine sottostante (FIG. 1-19) è relativa alla pagina web che apparirà, qualora abbiate inserito l'indirizzo IP corretto. Il passo successivo consiste nel cliccare sul comando *sono consapevole dei rischi* per far comparire ulteriori dettagli, compreso il tasto *aggiungi eccezione*, fondamentale per attivare la maschera che vi permetterà di accettare l'eccezione di sicurezza.

Successivamente scaricate il file eseguibile vSphere Client attraverso l'apposito comando (segnato in rosso nella schermata di *Welcome* di WMware ESXi), avviatelo e seguite

FIG. 1-19: Aggiunta di un'eccezione di sicurezza

tutti i passaggi necessari per concludere con successo la procedura di installazione. Sul desktop comparirà l'icona del collegamento al Client appena installato e finalmente sarà possibile accedere al server VMware, visualizzando sia le informazioni relative alle risorse gestibili sia alle VM. Sarà necessario, però, attivare la licenza prima di poter sfruttare le potenzialità della vostra nuova infrastruttura IT.

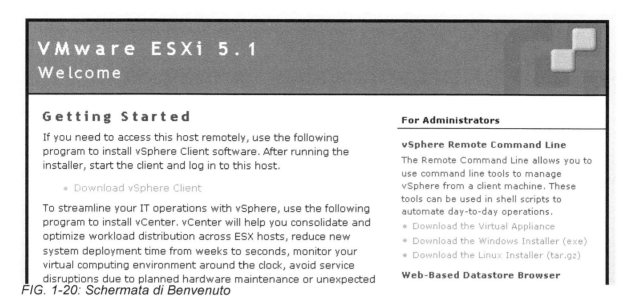

FIG. 1-20: Schermata di Benvenuto

Inserite ancora una volta le credenziali di autenticazione nella fase di avvio del Client, facendo attenzione all'indirizzo IP statico e digitando correttamente la password. Sarà visualizzata, allora, una finestra contenente il pannello di controllo dell'Hypervisor (si faccia riferimento alla FIG. 1-21): selezionate la scheda **Configuration** e osservate il menu **Software** presente sulla sinistra; cliccate su *Licensed Features* ed inserite il codice di licenza di cui abbiamo parlato precedentemente e che è presente nella pagina del vostro profilo sul sito web di VMware. Settate anche data ed ora attraverso l'opzione *Time configuration* (attraverso l'inserimento di uno o più NTP server).

Adesso avete pieno accesso a tutte le risorse delle VM installate, il cui elenco è collocato all'estrema sinistra della pagina, e potete visualizzare numerose informazioni relative all'Hypervisor (hardware e software).

FIG. 1-21:Pannello di controllo dell'Hypervisor

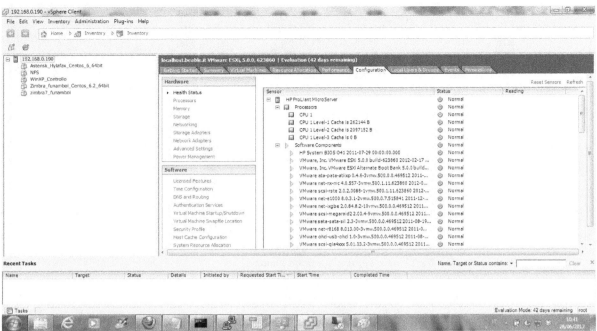

FIG. 1-22: Zimbox con tutte le VM al lavoro.

Virtualizzazione per un'azienda con massimo 10/15 utenti e due linee telefoniche

Il ProLiant Microserver HP è adatto ad un'azienda in cui operano al massimo 5 utenti, ma diventa insufficiente per realtà aziendali più grandi. Per tale motivo è necessario optare per una server ML150 G6 con caratteristiche hardware più performanti ed in grado di reggere un carico di lavoro maggiore.

Caratteristiche hardware standard

Processore:	Intel Xeon Quad-Core E5504 da 2Ghz
Numero max di Processori:	2
Core disponibili :	4
Slot per memoria :	6 slot DIMM
Tipo di memoria :	DDR3 PC3-10600 (max 48Gb installabili)
Controller di rete :	HP NC107i PCI Express Gigabit
Descrizione unità disco:	(4) SATA
Controller storage:	RAID SATA Smart Array B110i; Smart Array P410

Anche in questo caso è possibile effettuare un upgrade dell'hardware, apportando le seguenti modifiche:

- premettendo che di default il server ha 2 GB di ram e considerando che i prezzi dei moduli di memoria sono alquanto bassi, è consigliabile inserire almeno altre

14

2 DDR3 da 8GB ciascuna;
- per garantire la ridondanza dei dati attraverso il RAID 1, si deve aggiungere un altro HD da 250 GB; dato che il sopraccitato server è inserito nella lista di compatibilità di VMware, non è necessario optare per un RAID box;
- l'inserimento di una scheda di rete è fortemente consigliabile, quindi ho scelto la HP PCI Express NC360T Dual Port Gigabit con 2 porte LAN.

Ovviamente il prezzo della macchina in questione aumenterà ed è doveroso inserire i dettagli della spesa, al fine di offrire al lettore un quadro maggiormente esaustivo. Va evidenziato che le cifre citate possono variare a seconda dei fornitori e dei periodi di acquisto, ma sono sempre giustificabili, soprattutto se si prende in considerazione il carico di lavoro da gestire.

Costo server	€ 790,00 (iva esclusa)
Costo ram	€ 240,00 (iva esclusa)
Costo Hard disk	€ 160,00 (iva esclusa)
Costo scheda di rete	€ 160,00 (iva esclusa)
Totale	€ 1.350,00 (iva esclusa)

Virtualizzazione per un'azienda con massimo 20/30 utenti e quattro linee telefoniche

Il server ML350 GEN8 è l'ideale per un contesto aziendale in cui devono operare venti o trenta utenti ed in cui devono essere operative quattro linee telefoniche. Logicamente i prezzi di questa macchina variano sul mercato a seconda delle varie offerte.

Va precisato che le mie indicazioni sulla scelta del server non sono vincolanti, in quanto potete prendere in considerazione altri brand. Ciononostante è fondamentale che il vostro server abbia caratteristiche hardware pari o superiori a quelle da me indicate e che sia presente nella lista dei server compatibili di VMware, al fine di evitare spiacevoli inconvenienti.

Caratteristiche hardware standard

Processore :	Intel Xeon Quad-Core da 2,4Ghz
Numero max di Processori:	2
Core disponibili:	4
Slot per memoria:	12 slot DIMM
Tipo di memoria:	DDR3 PC3-10600 (max 384Gb)
Controller di rete:	NC361i 1GbE a 2 porte
Descrizione unità disco :	(6) SAS / SATA
Controller storage:	RAID SATA Smart Array B120i

Vi fornirò, inoltre, un elenco contenente le variazioni da effettuare per un adeguato upgrade del server fisico:

- considerando il carico di lavoro da gestire, si devono aggiungere minimo due DDR3 da 8GB ciascuna;
- devono essere presenti almeno due HD da 450 GB di tipo SAS, per garantire al server il RAID 1 (anche questo server è presente nella lista di compatibilità di VMware);
- è necessario inserire un'ulteriore scheda di rete (il mio consiglio è di scegliere una HP PCI Express HP Ethernet 1Gb 2-port 332T Adapter con 2 connettori LAN).

A sinistra è presente un prospetto delle spese da affrontare. Qualora il prezzo vi sembri eccessivo, vi ricordo che tale spesa va considerata alla luce del numero di utenti e della mole di dati da gestire.

Costo server	€ 1.360,00 (iva esclusa)
Costo ram	€ 240,00 (iva esclusa)
Costo Hard disk	€ 800,00 (iva esclusa)
Costo scheda di rete	€ 170,00 (iva esclusa)
Totale	€ 2.570,00 (iva esclusa)

Il progetto Zimbox

Attualmente la produttività di un'azienda e la sua competitività sul mercato non possono prescindere dalla comunicazione, ossia dalla capacità di interagire con una vasta tipologia di utenti (internamente e esternamente), ottenendo feedback fondamentali per mantenere l'impresa efficiente ed operativa sia a livello locale sia a livello internazionale. Non si sta parlando soltanto di fornire e ricevere informazioni o di pubblicizzare un prodotto, ma di creare una sorta di ponte fra azienda e mercato che favorisca l'accesso ad un gran numero di risorse in modo rapido ed ottimale. D'altronde la comunicazione è alla base di tutti i rapporti tra le persone, personali e professionali. È impossibile non comunicare, soprattutto in un contesto aziendale in cui operano decine, centinaia o migliaia di persone e che deve operare in un mercato globale e incredibilmente articolato.

Partiamo da un esempio pratico: con il passare degli anni e con il crescere della mia attività, è diventata sempre più impellente la necessità di poter accedere alle risorse aziendali, abbattendo barriere geografiche e utilizzando i dispositivi che il mercato mette a disposizione (ad esempio tablet o smartphone). A causa del mio lavoro, infatti, molto spesso sono costretto a spostarmi sul territorio nazionale e a compiere diversi viaggi anche all'estero. In particolar modo ricordo di essere rimasto per un mese negli USA e di aver avuto la necessità sia di gestire la mia impresa sia di interagire con i miei dipendenti e clienti anche a migliaia di chilometri di distanza. Dovevo, pertanto, poter accedere ad una vasta tipologia di dati (email, telefonate, fax, file) e condividere idee, documenti e progetti (intra ed extra aziendali) con vari utenti. Era fondamentale, ovviamente, ottenere tali risultati con costi contenuti senza dover imbattermi in bug o anomalie.

E qui è entrato in gioco il progetto "*Zimbox*", senza il quale non avrei mai potuto "comunicare" con la mia azienda, con i miei clienti e con i fornitori. Occorre, però, fare un passo indietro per spiegarvi le caratteristiche di questo progetto innovativo e l'idea che ha dato origine ad un sistema in grado di "unificare" la comunicazione aziendale, rendendola disponibile da qualsiasi parte del mondo. Da anni, infatti, ci confrontiamo con le esigenze dei nostri clienti e con una realtà IT che galoppa incessantemente verso mete che in passato sembravano irraggiungibili. Il mio team ha sempre operato con il fine di ottimizzare le risorse informatiche di una vasta tipologia di imprese, analizzando e testando i numerosi software presenti sul mercato. Non sono mancate le proposte di Software house che ci hanno contattati per proporci la vendita dei classici programmi closed source. Infine la nostra attenzione si è focalizzata sui migliori progetti open source: Asterisk, Zimbra, FreePBX, Hylafax e Avantfax. Si tratta di quattro prodotti di grande importanza (utilizzati nel mondo con ottimi risultati) ed ognuno di essi è in grado di garantire un servizio ben preciso.

» **Asterisk** fa parte della grande famiglia dei software PBX, ossia di quei programmi in grado di trasformare un server in un centralino Voip. Nonostante sia un prodotto open source, Asterisk garantisce ottime prestazioni ed un'altissima flessibilità.

» **Zimbra** è un software open source progettato per gestire email, agende, rubriche e file condivisi da più utenti. Ci troviamo di fronte ad un groupware (cioè un software collaborativo) che rende più efficace il lavoro cooperativo da parte di gruppi di persone che lavorano allo stesso progetto a distanza o all'interno di una medesima azienda.

» **Hylafax** fa parte della tecnologia open source ed è in grado di sostituire ed ottimizzare le funzionalità di un comune fax. L'utente, infatti, attraverso il proprio computer gestisce l'invio e la ricezione di fax. Il software in questione può anche essere integrato con il servizio di posta elettronica e, se necessario, può utilizzare diversi modem.

» **FreePBX** è un'applicazione che consente di gestire Asterisk semplicemente, attraverso una comoda interfaccia web.

» **Avantfax** è un'applicazione web che permette la gestione dei fax tramite Hylafax, creando un'interfaccia grafica che consente all'utente di operare in modo più semplice e veloce.

Qualcuno ora potrebbe obiettare che i sopraccitati prodotti sono ormai ben noti e che sicuramente non ci troviamo di fronte alla scoperta del secolo. D'altronde esistono già diverse aziende che utilizzano questi software anche in modo virtualizzato. Qualora ascoltassi una tale replica, risponderei chiedendo loro: perchè nessuno ha mai fatto un'analisi (o guida) come questa per le piccole e medie imprese, dato che esistono dei costi di gestione e di investimento iniziale da valutare con attenzione? Cosa succederebbe se volessi integrare le funzionalità di Asterisk, Zimbra, FreePBX, Hylafax e Avantfax in un unico sistema facilmente manutenibile e fruibile anche dagli utenti meno esperti? Sul mercato, infatti, non esiste un software open source in grado di offrire agli utenti i servizi dei quattro sopraccitati progetti al prezzo di uno.

Ecco come è nato "*Zimbox*"! Ecco il progetto che ha rivoluzionato il mio modo di operare all'interno della mia azienda. Da San Francisco a New York, in un arco di tempo di trenta giorni, ho testato l'intero sistema anche nei posti più disparati, utilizzando il mio smartphone come un interno del centralino aziendale e come una periferica di "Zimbox".

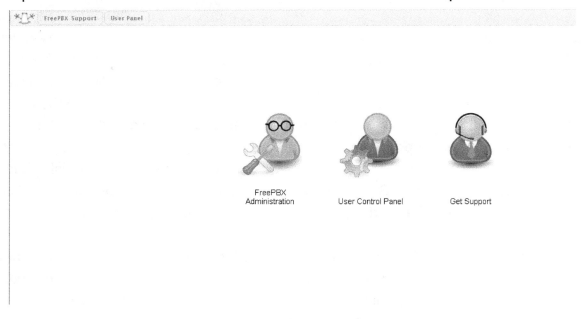

FIG. 1-23: Pagina di accesso a FreePBX

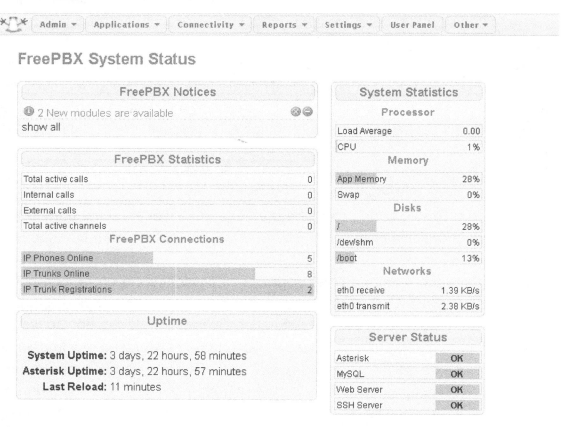

FIG. 1-24: Pannello di controllo di Asterisk tramite FreePBX

18

FIG. 1-25: Zimbra (inserimento credenziali di autenticazione)

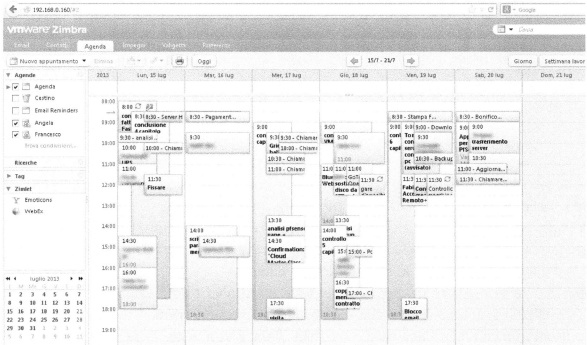

FIG. 1-26: Zimbra - Gestione dei calendari

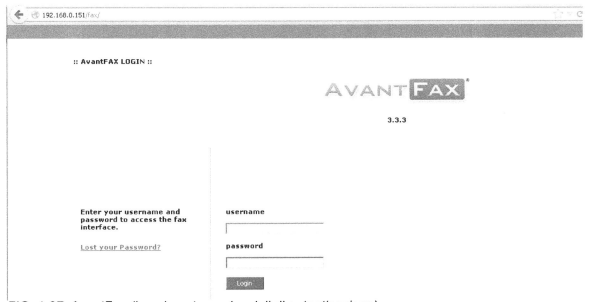

FIG. 1-27: AvantFax (inserimento credenziali di autenticazione)

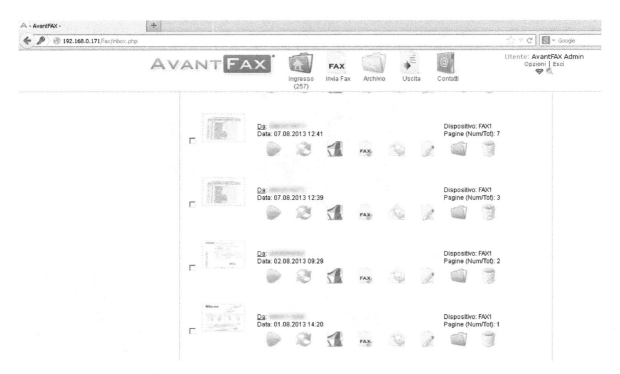

FIG. 1-28: AvantFax - Fax ricevuti

Ho potuto accedere alle email, ai fax, ai messaggi di segreteria telefonica e a quelli vo-cali memorizzati sul server. Ho condiviso anche cartelle, documenti, tenendo traccia delle note e delle correzioni apportate dal mio team. In parole povere i miei clienti italiani e il mio team avevano la sensazione che io non mi fossi mai allontanato dal posto di lavoro. Sono anche riuscito ad effettuare telefonate, sfruttando il contratto telefonico del mio uf-ficio ed utilizzando, quindi, le stesse tariffe italiane.

Come potete ben capire il viaggio di lavoro è stata anche l'occasione per effettuare un test significativo su un progetto che è maturato nel corso degli anni e che mi ha obbligato a confrontarmi con le reali esigenze dei miei clienti e con la necessità di abbattere i costi delle piccole aziende. Non è mancata qualche difficoltà, legata al rapporto qualità-prez-zo: inizialmente i quattro software open source erano installati su due server fisici (privi di virtualizzazione) ben distinti, incrementando così la spesa relativa alle componenti hardware, alla manutenzione e all'energia elettrica. Nel momento in cui il mio team ed io abbiamo deciso di utilizzare una sola macchina con un solo sistema operativo, sono sorti altri problemi: quando si effettuavano update e/o modifiche, aumentava il rischio di met-tere a repentaglio la stabilità dell'intero sistema. Ad esempio gli aggiornamenti di Zimbra potevano creare bug difficilmente gestibili in Asterisk, costringendoci a tenere il sistema sempre in fase di testing con dispendio di tempo prezioso e con l'impossibilità di inserirlo in un reale contesto aziendale, dove la stabilità è fondamentale. Fortunatamente, grazie alla virtualizzazione, abbiamo installato ogni singolo servizio su una singola VM e ab-biamo battezzato il tutto con il nome di "Zimbox". Vi confesso che in un primo momento avevamo anche pensato di abbellire il nostro prodotto con una nuova interfaccia grafica, attraverso la quale l'utente avrebbe potuto accedere a tutti i servizi disponibili. Tuttavia ci siamo resi conto di cadere nella stessa trappola del "re-branding", incrementando per di più i costi di *"Zimbox".* Abbiamo così desistito, ma non abbiamo alterato la qualità e la facilità di utilizzo dell'intero sistema: ogni utente, infatti, può accedere alle interfacce grafiche dei quattro software tramite rete LAN o Internet, digitando l'indirizzo IP fisso delle singole VM.

Come potete vedere dalle precedenti immagini, anche una persona senza esperienza può aver accesso ai pannelli di controllo di Asterisk, Zimbra e Avantfax. Qualcuno potrà notare l'assenza del quarto software, ossia Hylafax. In realtà il programma in questione non ha una propria interfaccia web, ma è possibile accedere ai suoi servizi tramite AvantFax. Ovviamente vi fornirò tutte le delucidazioni necessarie sui singoli software nei capitoli successivi.

Prima di concludere, però, vorrei mostrarvi alcune immagini relative al carico di lavoro di *"Zimbox"* (installato su Microserver) mentre opera in un contesto aziendale (in un orario di punta) di gran lunga superiore a quello citato precedentemente: l'azienda in questione è composta da sette dipendenti, che utilizzano 4 linee telefoniche. Il sistema, nonostante le raccomandazioni iniziali, funziona correttamente senza problemi o bug. Malgrado ciò rimane pienamente valido il consiglio di scegliere il Microserver solo per realtà aziendali più piccole, al fine di evitare rallentamenti inopportuni. Godetevi qualche minuto di pausa, sfogliando le ultime pagine di questo capitolo, e preparatevi alla prossima "ricetta".

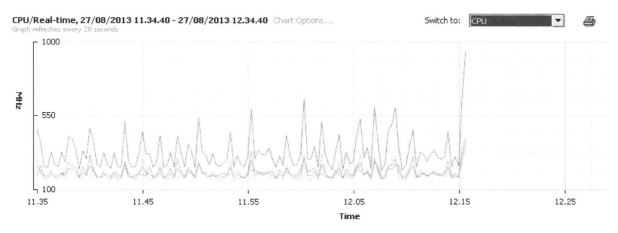

FIG. 1-29: Carico di lavoro della CPU

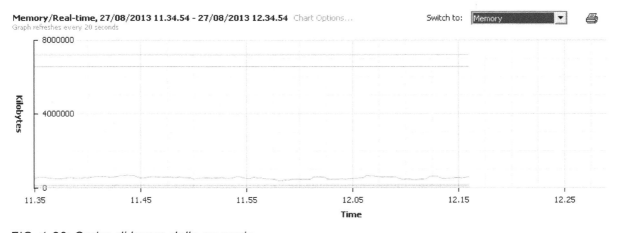

FIG. 1-30: Carico di lavoro della memoria

21

Capitolo 2

Firewall e dintorni

Avvertenze prima della "ricetta"

Gentili clienti,
ecco il vostro firewall alla griglia o se pre-
ferite affumicato. Se avete il palato sopraf-
fino, potrei consigliarvi dell'ottimo firewall
flambé... un pò caro ma indubbiamente de-
lizioso. Non siate timidi ed avanzate le vo-
stre richieste: il mondo è pieno di "muri di
fuoco" di tutti i tipi (dolci, agrodolci o salati
per i vostri portafogli), ma io vi propongo
una ricetta interessante che sicuramente
non vi lascerà a bocca asciutta.

Firewall e dintorni

Ecco a voi il firewall pfSense!

I pericoli che possono minacciare un'azienda non sono solo rappresentati da un mercato estremamente mutevole e/o da competitor agguerriti ma anche da falle nella sicurezza informatica, che costituisce ormai un importantissimo tassello in qualsiasi contesto aziendale. La business continuity, infatti, può essere messa a repentaglio non soltanto da bug, anomalie o da una rovinosa perdita di dati, ma anche da uno scarso o inadeguato utilizzo di strumenti (se così banalmente posso definirli) volti a garantire la sicurezza delle informazioni digitali. Sorvolando sui diversi antivirus presenti sul mercato, che non rientrano sicuramente fra gli argomenti da sviluppare in questa guida, è fondamentale soffermarci sul firewall. Considerando che ci stiamo rivolgendo anche a lettori non sempre preparati in materia, è doveroso aprire una piccola parentesi, al fine di dissipare dubbi o false credenze: il firewall è un dispositivo software e/o hardware utilizzato per creare dei punti di controllo della sicurezza ai confini delle reti private. Gestendo la funzione d'instradamento fra la rete privata ed Internet, il firewall ispeziona tutte le comunicazioni che passano tra le due reti e permette (o proibisce) le comunicazioni a seconda delle regole stabilite. Si viene così a creare un punto di separazione/controllo fra WAN e LAN che consente il filtraggio dei pacchetti e il blocco di eventuali contenuti inappropriati. Il firewall, ovviamente, deve essere configurato correttamente e non deve contenere bug pericolosi e sfruttabili. Ciò non vuol dire che tale dispositivo garantisca una sicurezza al 100%, ma indubbiamente riduce i rischi dovuti al traffico da e verso la vostra rete interna.

In commercio esiste una vasta tipologia di firewall, progettati sia da famosi brand (cioè prodotti proprietari) sia da esperti legati al mondo open source. In piena sintonia con gli obiettivi di questa guida non posso esimermi dal proporvi un firewall open source di grande valore, risparmiandovi la fatica di spulciare dalla lunga lista di analoghi dispositivi presenti sul web. Sto parlando di pfSense 2.0, un firewall gratuito (basato su FreeBSD[1]) molto potente e affidabile. Occorre subito motivare la mia scelta:

- in primis va precisato che il progetto pfSense nasce nel 2004 come fork[2] di m0n0wall, che è anch'esso un ottimo firewall open surce legato a FreeBSD; tale precisazione va considerata alla luce di quanto avete letto nella premessa, poiché un software "maturo" è maggiormente affidabile e stabile rispetto ad uno implementato recentemente;
- non dimenticate, inoltre, che pfSense è utilizzato da una comunità di utenti molto vasta; sarebbe sufficiente calcolare il numero di download del software in questione per farvi un'idea della sua ampia diffusione sul mercato[3].

Indubbiamente non mancano delle limitazioni, ma determinate funzionalità risultano es-

---

1   FreeBSD è un sistema operativo di tipo UNIX utilizzato in ambito server.

2   Nel settore dell'Information Tecnology si parla di fork (meglio noto come branch) quando uno sviluppatore di software elabora un determinato progetto, partendo dal codice sorgente di un altro già esistente.

3   D'altronde pfSense viene utilizzato sia per la protezione di PC domestici che nelle grandi aziende ed università, dove riveste ruoli decisamente importanti e protegge centinaia di dispositivi di rete.

sere molto vantaggiose e di grande utilità, soprattutto se considerate l'inserimento di questo firewall in un contesto aziendale di piccola grandezza. Cercherò di essere maggiormente esaustivo.

Sebbene io abbia sottolineato più volte l'efficienza di pfSense, va ribadito che è essenzialmente un firewall perimetrale e, come tale, ne mantiene tutte le caratteristiche. A differenza di alcuni dispositivi simili, tuttavia, pfSense supporta in modo efficiente più connessioni di tipo WAN e più reti LAN, rendendo così possibile il controllo di reti miste abbastanza complesse. Anche inserendo molte interfacce (schede di rete) e creando più ambienti lavorativi separatati fra di loro ma al tempo stesso collegati alla stessa linea di accesso ad Internet, il firewall sopraccitato sarà in grado di gestire il tutto senza problemi. Il firewall pfSense è utilizzabile anche come punto di controllo degli accessi wireless. Per di più è possibile creare e gestire VPN, acronimo di *Virtual Private Network*[4]. Potete utilizzarlo come *Sniffer appliance*, in quanto consente di "spiare" tutti i pacchetti entranti ed uscenti. Ciò non vuol dire che un datore di lavoro possa sbirciare liberamente le email di un dipendente o ricostruire i contenuti di una telefonata avvenuta tramite VoIP, poiché in Italia tutto ciò è illegale. Tale feature, tuttavia, se saggiamente sfruttata, consente di risolvere determinati problemi come, ad esempio, riuscire ad individuare un virus che è presente su una postazione e che sta saturando la banda Internet. Attraverso pfSense, inoltre, è possibile assegnare indirizzi IP dinamici (DHCP), qualora nella rete non ci sia un server che svolga tale servizio.

L'utente può attivare o disattivare l'antivirus centralizzato, installabile su pfSense a seconda delle sue esigenze. Può anche creare delle politiche di accesso ad Internet stabilendo, ad esempio, orari e liste di accesso.

Concluderò questo paragrafo introduttivo, affermando che sono state messe in evidenza solo alcune feature di basilare importanza, vale a dire quelle funzionalità che risultano essere di grande utilità per una piccola azienda. Non sono da escludere un utilizzo più "articolato" di Pfsense a seconda delle necessità e/o la scelta di altri dispositivi firewall open source. Ciò che è importante, a mio avviso, è l'aver lanciato ai miei lettori un input, un'idea su come ottimizzare la sicurezza della propria rete senza dover investire ingenti cifre e senza rinunciare alla qualità.

Installazione di pfSense

Sebbene questo libro non sia un vero e proprio tutorial su come installare e configurare determinati software open source, devo fornirvi alcune importanti delucidazioni. Qualsiasi ulteriore chiarimento o richiesta d'aiuto, per poter sfruttare al meglio i software citati in questo libro, necessita di una consulenza ad hoc che può essere fornita sia dal vostro esperto di fiducia sia da tantissimi e validi consulenti IT presenti sul territorio. In alternativa potete visitare il sito **www.beable.it**, ove sono presenti dei video-tutorial realizzati per essere di semplice comprensione e al tempo stesso esaustivi. Qualora siate ancora titu-

---

4   La VPN è una rete privata in grado di collegare fra di loro ambienti lavorativi dislocati in un territorio e, quindi, distanti geograficamente, sfruttando una rete IP. Tale definizione non è dettagliata e può sembrare semplicistica, ma rende l'idea di cosa sia una VPN. Se volete approfondire l'argomento, esistono già decine di libri abbastanza esaustivi.

banti e vogliate ponderare più cautamente i suggerimenti che vi sto fornendo, continuate a leggere questa guida e fate attenzione a quanto vi mostrerò.

Ovviamente è doveroso spiegarvi come ottenere una copia del firewall pfSense, ricordandovi che è gratuito e che è liberamente scaricabile. Nonostante ciò gli sviluppatori invitano gli utenti a sostenere il progetto attraverso libere donazioni, l'acquisto di supporto commerciale o l'elaborazione di documentazione. Aprite allora un qualsiasi browser di Internet e recatevi sul sito **http://www.pfsense.org**.

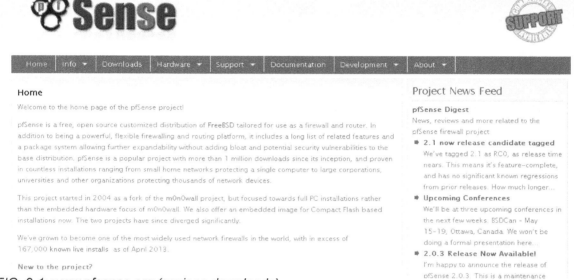

FIG. 2-1: www.pfsense.org (sezione downloads)

Accedete alla sezione **Downloads** e prestate attenzione a *New Installs*: dato che il vostro obiettivo è quello di "scaricare" una iso[5] della nuova versione 2.0, cliccate sul collegamento "here on the mirrors" (appositamente evidenziato in rosso). Compariranno i nomi di diversi siti mirrors[6] fra cui dovrete sceglierne uno. Premettendo che sono tutti validi, per maggiore comodità e semplicità la mia scelta è ricaduta sul link *Fleximus*, attraverso il quale si potrà accedere ad una pagina web in cui sono presenti diverse versioni di Pfsense. A questo punto bisogna fare molta attenzione, per evitare di scegliere una iso non adatta al vostro scopo: come potete osservare, infatti, ci troviamo di fronte a numerosi file riguardanti **pfSense 2.0.1**, ma non tutti sono delle immagini iso valide per il tutorial in questione.

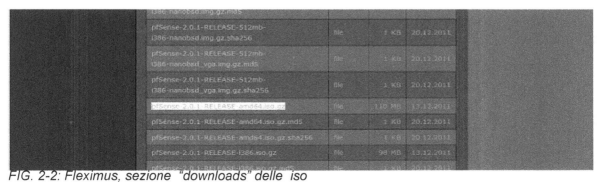

FIG. 2-2: Fleximus, sezione "downloads" delle iso

---

5   L'immagine ISO è un file che contiene l'intero contenuto di un disco ottico (CD o DVD).

6   Nel settore IT il termine mirror (in lingua italiana "specchio") indica la copia di un sito FTP o di una parte di esso. In questo modo l'utente può collegarsi ad un sito mirror piuttosto che a quello originale.

Per necessità ho optato per **pfSense-2.0.1 amd64**, considerando che la VM che "proget-
terò" insieme a voi sarà a 64 bit, ma ciò non è assolutamente vincolante. Qualunque sia
la vostra scelta, cliccate sul nome della ISO e salvatela sul vostro hard disk.

A questo punto si deve procedere alla creazione della macchina virtuale e all'installazione di pfSense. Tale procedura è alquanto articolata e complessa, soprattutto se non volete sfruttare questo libro come supporto per la comprensione dei video-tutorial. Per tale
motivo si procederà per singoli passi! Prima, però, cliccate sull'icona di *VMware Vsphere
Client*, inserite le credenziali di autenticazione e accedete alla dashboard. Ricordate anche di decomprimere tramite WinZip o WinRar il file precedentemente "scaricato" e di
estrarre l'immagine iso in una directory da voi scelta o creata ex novo.

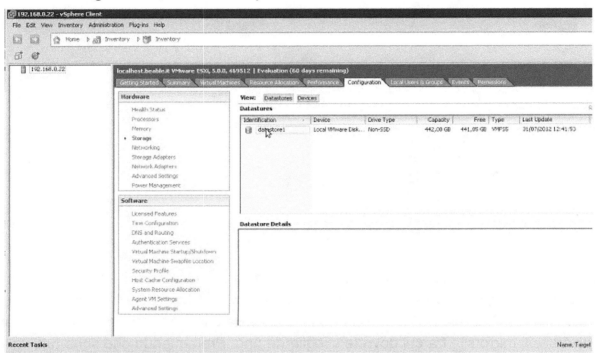

FIG. 2-3: Pannello di controllo di vSphere Client

Così come mostrato dall'immagine soprastante (FIG. 2-3), selezionate la scheda **Configuration** e cliccate successivamente sulla voce *Storage* presente nel menu **Hardware**
alla vostra sinistra. Portate il puntatore del mouse su *Datastore* e premete il tasto destro,
al fine di aprire un menu contestuale da cui andrete a scegliere il comando *"Browse
Datastore..."*. Facendo ciò, si aprirà la finestra attraverso la quale potrete effettuare l'u-
pload della iso: sarà sufficiente cliccare su ⬚ (presente nella barra degli strumenti) e
nuovamente su *Upload File*.

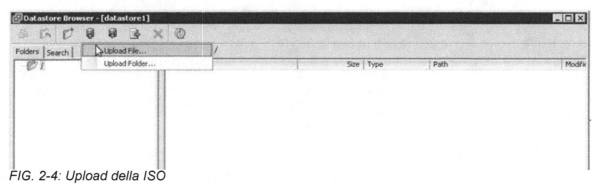

FIG. 2-4: Upload della ISO

Scegliete a questo punto la directory in cui avete scompattato la ISO e "selezionatela". Se avete compiuto correttamente le operazioni spiegate precedentemente, pfSense.iso comparirà nella finestra del **Datastore Browser**, così come mostrato nell'immagine sottostante (FIG. 2-5).

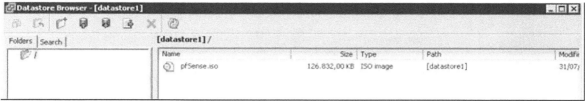

FIG. 2-5: pfSense.iso memorizzata nel Datastore

Dopo questo primo passo chiudete la finestra sopraccitata e ritornate al pannello di controllo di VMware per la creazione di una VM. Alla vostra sinistra troverete l'indirizzo IP fisso del server su cui risiederanno tutte le VM che andrete ad installare. Portate il puntatore del mouse su di esso e premete il tasto destro; in seguito selezionate il comando *New Virtual Machine* ed avviate la relativa procedura guidata (FIG. 2-6).

FIG. 2-6: Creazione della Virtual Machine da destinare a pfSense

Tale procedura non è complessa, ma vi invito a prestare attenzione nel selezionare determinate opzioni e nel digitare informazioni basilari per un corretto funzionamento della VM. In primis vi verrà proposto di effettuare una configurazione standard (Typical) o personalizzata (Custom): scegliete la seconda opzione, convalidate il tutto con *Next* ed inserite il nome della macchina (vi consiglio di scrivere semplicemente *pfSense2.0)*. Procedete tranquillamente senza apportare alcuna modifica, finché non comparirà la scheda in cui dovrete selezionare il sistema operativo da usare per la vostra VM. Per default, la procedura vi suggerisce un SO Windows, ma la vostra scelta deve ricadere su *Other*: non appena avrete spuntato la relativa casella, verrà abilitato il menu **Version** che vi consentirà di selezionare la voce *FreeBSD (64-bit)*[7].

Continuate nella procedura attraverso l'apposito comando e nella scheda Network, davanti alla richiesta "*How many NICs do you want to connect?*", scegliete due schede di rete. Infatti pfSense necessita di almeno due NICs, dal momento che deve essere collegato sia alla rete WAN sia a quella LAN. Successivamente avrete anche l'occasione di specificare la capienza del disco virtuale della vostra VM nella sezione **Create a disk**: sarà sufficiente selezionare il numero di GB che più vi aggrada, sfruttando le caselle collocate accanto a "*Disk Size*".

Concludete l'intero processo di creazione di una nuova VM, lasciando tutti gli altri parametri inalterati e cliccando sempre su *NEXT*, finché non comparirà un elenco con tutte

---

7   Prendete in considerazione l'immagine FIG. 2-7

le caratteristiche da voi settate; selezionate *Finish* e la vostra macchina virtuale è pronta per l'installazione di pfSense!

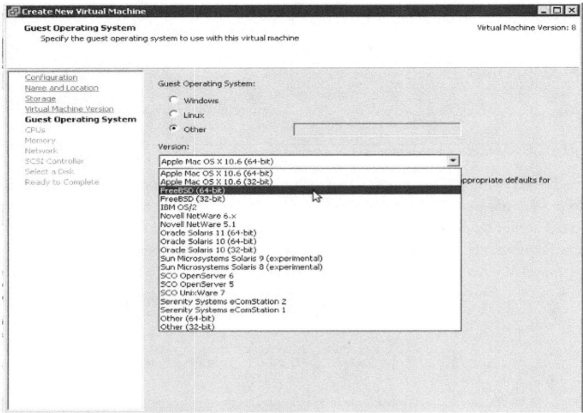

FIG. 2-7: Scelta della tipologia di sistema operativo.

Occorre, tuttavia, creare un cd-rom contenente l'immagine iso del firewall. Fortunatamente non è necessario utilizzare un supporto ottico reale, bensì è possibile crearne uno virtuale (letto da un lettore anch'esso virtuale). Per far ciò, è sufficiente seguire le mie indicazioni.

Punto 1 - Nel pannello di controllo di VMware, alla vostra sinistra e sotto l'indirizzo IP del server esxi, troverete il nome della VM che ospiterà il firewall e che abbiano chiamato pfSense2.0. Cliccate su di esso con il tasto destro e selezionate la voce *Edit Settings* dal menu contestuale (fate riferimento all'immagine FIG. 2-8).

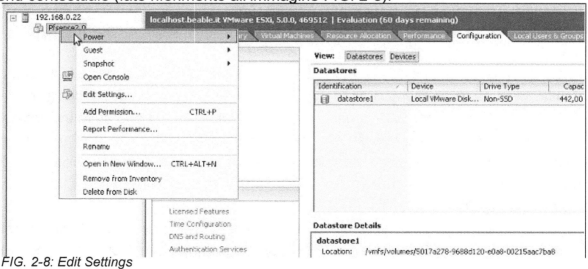

FIG. 2-8: Edit Settings

Punto 2 - Comparirà una finestra grazie alla quale potrete impostare i parametri necessari. Nella sezione **Hardware**, infatti, selezionate *CD/DVD Drive*, spuntate le caselle relative a *Datastore ISO File* ed a *Connect at power on*; tramite il tasto *Browse* recuperate il file .iso di pfSense (presente nel datastore del server) e convalidate la vostra scelta con *OK (FIG. 2-9)*. Rivolgete la vostra attenzione alla sezione **Options** e cliccate sulla voce *Boot Options*:dovete ora far in modo che al successivo riavvio della VM venga "aperto" il BIOS e che il sistema

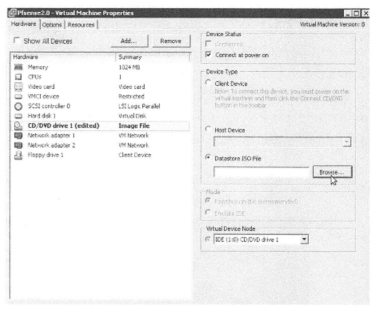

FIG. 2-9: Finestra delle proprietà della VM

sia avviato forzatamente dal cd-rom, pertanto spuntate l'apposita casella.

Punto 3 - Dopo aver cliccato su *OK*, ritornate al pannello di controllo e, premendo sempre il tasto destro su Pfsense2.0 e aprendo il menu contestuale, scegliete "*open console*". Grazie al tasto ▷ avviate la VM e prestate attenzione alla fase iniziale dell'installazione, in cui è fondamentale inserire alcuni dati: per prima cosa, quando comparirà la domanda "*Do you want to set up VLANs now?*", dovrete rispondere negativamente

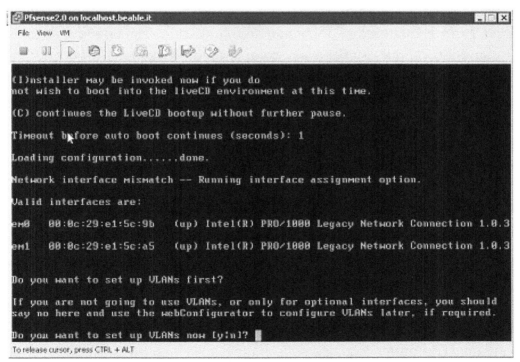

FIG. 2-10: Console di pfSense. VLAN setting

digitando la lettera N; in secondo luogo, nel momento di decidere quale delle due schede di rete (individuate dal sistema come em0 e em1) dovrà essere collegata alla WAN, digiterete em0 subito dopo la frase "*Enter the WAN interface name*", mentre em1 dopo "*Enter the LAN interface name*". Evitate la richiesta di inserire un'ulteriore interfaccia attraverso il tasto INVIO e, quando vi verrà chiesto, accettate di procedere digitando Y. Ricordatevi, inoltre, di inserire 99 accanto alla frase "*Enter an option*" nel menù principale e di accettare tutti i parametri settati attraverso il comando *Accept these Settings*. Scegliete un'installazione veloce (*Quick Install*) ed attendete che pfSense venga installato sulla VM appositamente da voi creata.

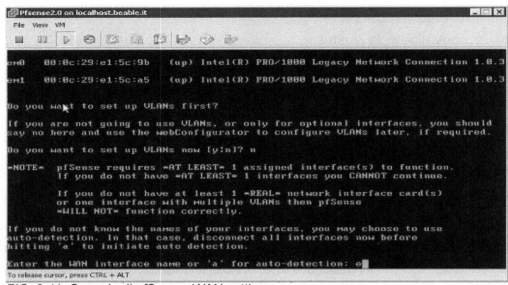

FIG. 2-11: Console di pfSense. WAN setting

Punto 4 - Il sistema, ad un certo punto, vi chiederà di specificare la tipologia di Kernel da installare e la vostra scelta dovrà ricadere su Symmetric multiprocessing kernel. Tale installazione verrà completata in pochi minuti, ma dovrete riavviare la macchina virtuale tramite il comando *reboot*, affinché sia completamente valida. Purtroppo l'avvio della VM avverrà dal cd-rom, così come avete precedentemente impostato, perciò occorrerà bloccare il riavvio tramite il pulsante ▣ . Fatto ciò, accedete al pannello di controllo di VMware, aprite il menu contestuale di pfSense2.0 e selezionate *power off*.
Avete eseguito tale operazione?
Ritornate allora alla finestra delle proprietà della VM creata recentemente e togliete il segno di spunta dalla casella "*connect at power on*". In questo modo avete disabilitato l'avvio dell'immagine iso da CD-ROM.

Punto 5 - Non è ancora il momento di riavviare la vostra nuova VM, poiché è necessario associare la seconda scheda di rete (quella fisica del Microserver) alla scheda virtuale em0 di pfSense: accedete alla sezione **Networking** attraverso l'omonimo comando presente in **Hardware** (osservate l'immagine *Sezione Networking*) e cliccate su *Add Networking* (FIG. 2-12) per attivare la procedura guidata.
Lasciate invariati i parametri iniziali e soffermatevi sulla finestra **Connection Settings**, in cui assegnerete (per maggiore comodità) una nuova etichetta alla rete, sostituendo il generico "*VM Network 2*" (collocato accanto alla voce *Network Label*) con "*Firewall_WAN*". A questo punto aprite nuovamente la finestra delle proprietà di pfSense2.0 (a tal fine sfruttate il comando "*edit setting*" a cui abbiamo già accennato) e nella sezione **Network**

adapter 1 associate la connessione di rete a quella precedentemente creata, scegliendo *Firewall_Wan* nel menu **Network label**. Convalidate il tutto attraverso il tasto *OK*. Ora siete pronti per riavviare pfSense, visualizzando ancora una volta la finestra della Console (tasto destro su *pfSense2.0* e *Open console*) e premendo il pulsante ▷ .

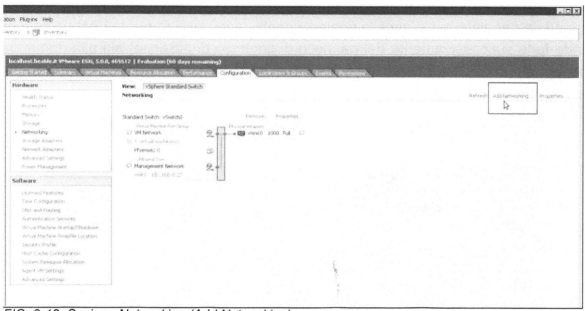

FIG. 2-12: Sezione Networking (Add Networking)

Punto 6 - La procedura di installazione è quasi terminata, ma dovrete ancora pazientare un pò, dal momento che il sistema ha bisogno dell'inserimento di alcuni dati come, ad esempio, l'indirizzo IP delle interfacce (schede di rete). Dovrete digitare il numero 2

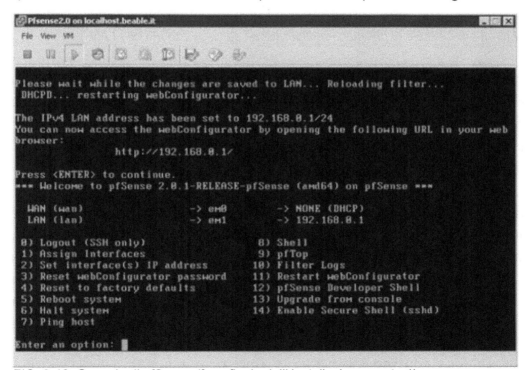

FIG. 2-13: Console di pfSense (fase finale dell' installazione, parte 1)

sia quando vi verrà chiesto di scegliere un'opzione (*Enter an option*) (FIG. 2-13) sia nel momento in cui dovrete specificare quale rete intendiate configurare (*Enter the number of the interface you wish to configure*) (FIG. 2-14). Il vostro obiettivo, infatti, è far in modo che l'indirizzo IP della rete LAN di pfSense sia identico al gateway[8] della vostra rete prima dell'inserimento del firewall: nel nostro caso è 192.168.0.1, cioè il vecchio indirizzo del router. Nella richiesta di *subnet mask* inserite la stessa sotto-rete a cui appartenete (ad esempio 255.255.255.0)

Rispondete negativamente sia alla richiesta di abilitare il DHCP per la LAN (in ogni caso potrete farlo successivamente dal pannello di controllo di pfSense) sia alla domanda di accettare o meno collegamenti di tipo http al WebConfigurator (invece dell'HTTPS) come ulteriore miglioramento di sicurezza.

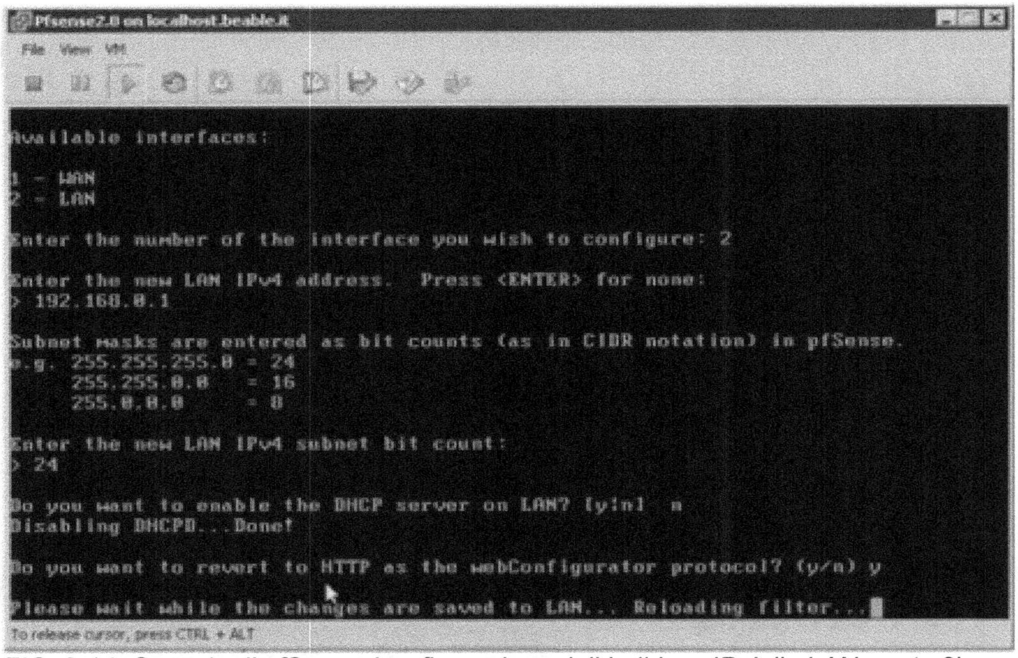

FIG. 2-14: Console di pfSense (configurazione dell'indirizzo IP della LAN, parte 2)

Una volta concluse queste operazioni, potrete finalmente accedere all'interfaccia web di pfSense, sfruttando l'indirizzo IP presente nell'immagine precedente (nel nostro caso è 192.168.0.1): non appena avrete inserito l'IP nell'apposita barra degli indirizzi, comparirà una maschera per l'inserimento delle credenziali di autenticazione; utilizzate la parola *admin* come username e pfsense come password. Per default il sistema ha impostato tali parametri, ma è sempre possibile modificarli dopo il primo accesso.

Posizionate il cursore sulla barra dei menu, cliccate su *Interfaces* ed in seguito su *WAN*. Preparatevi ora ad apportare le seguenti modifiche, al fine di evitare una riconfigurazione dei parametri di connessione di tutti i computer collegati ad Internet e per far in modo che qualsiasi flusso di dati fra il router e la rete interna venga filtrato dal firewall. Assegnate, quindi, un indirizzo IP statico selezionando il termine *static* dal menu **Type**; in seguito scrivete il nuovo indirizzo della rete WAN nell'apposito spazio (io ho scelto 192.168.1.1) e - nella sezione **gateway** - date al router un nuovo IP address appartenente allo stesso range (ad esempio 192.168.1.10) (FIG. 2-18). Ricordatevi di assegnare quest'ultimo indirizzo IP al router in questione, in modo che la catena di routing dei pacchetti TCP/

---

8   Gateway è un termine generico che indica il servizio di inoltro dei pacchetti verso l'esterno. Il dispositivo hardware che porta a termine questo compito è il router.

IP possa funzionare e che tutte le richieste di accesso ad Internet (effettuate dai client della rete LAN) vengano re-direzionate dal firewall sul router. Purtroppo non è possibile spiegare quest'ultimo passaggio, poiché la quantità di router in commercio è elevata. Come ultima modifica sul router si consiglia di convogliare tutto il traffico TCP/IP verso la WAN del firewall (nel nostro caso 192.168.1.1), affinché si possano gestire eventuali port forwarding[9] direttamente dal pannello di controllo del Pfsense.

FIG. 2-15: Rete priva di firewall   FIG. 2-16: Rete con pfSense

FIG. 2-17: HP Microserver (con scheda da utilizzare per la WAN)

---

9   Il port forwarding permette il trasferimento dei dati (forwarding) da un computer ad un altro tramite una specifica porta di comunicazione

Interfaces: WAN

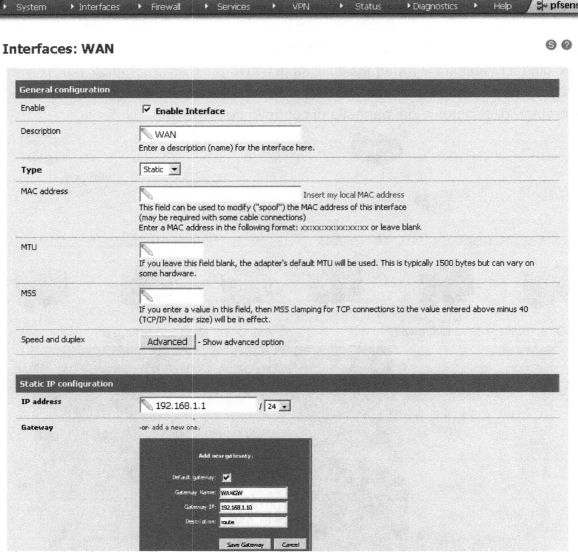

FIG. 2-18: Interfaccia di pfSense (sezione "Interface: WAN")

Gestione delle funzionalità di base

É giunto il momento di fornire alcune delucidazioni sulla gestione di pfSense e di mostravi come sfruttarne determinate funzionalità , per ottimizzare la sicurezza della vostra rete. Tuttavia devo premettere che questo paragrafo non rappresenta una spiegazione dettagliata di tutte le feature, bensì offre informazioni sul settaggio e sulla definizione di ben precisi parametri, che permetteranno agli utenti di gestire a livello base il firewall in questione. Il mio scopo, infatti, è quello di rendere subito operativo pfSense all'interno della vostra piccola azienda, glissando volutamente sulla gestione avanzata del dispositivo: in questo modo potrete farvi un'idea della sua efficienza e della sua stabilità, decidendo di approfondire l'argomento successivamente attraverso la vastissima documentazione o la consulenza di numerosi esperti presenti sul territorio. Vi ricordiamo, ancora una volta, che pfSense è utilizzato da quasi un milione di utenti ed è molto facile reperire consulenti in grado di fornirvi tutto l'aiuto necessario.

Per aprire la dashboard di pfSense, inserite l'indirizzo IP che gli avete assegnato e digitate username e password. Sullo schermo apparirà il pannello di controllo, grazie al

36

quale potrete visualizzare tutte le informazioni relative al sistema: oltre al nome attribuito al pfSense e la versione del firewall installato sulla VM, saranno indicate le caratteristiche della CPU, da quanti giorni è pienamente operativo, i vari DNS[10], l'ultima configurazione del sistema e le percentuali di utilizzo della CPU, della memoria RAM, dello SWAP e dell'Hard Disk.

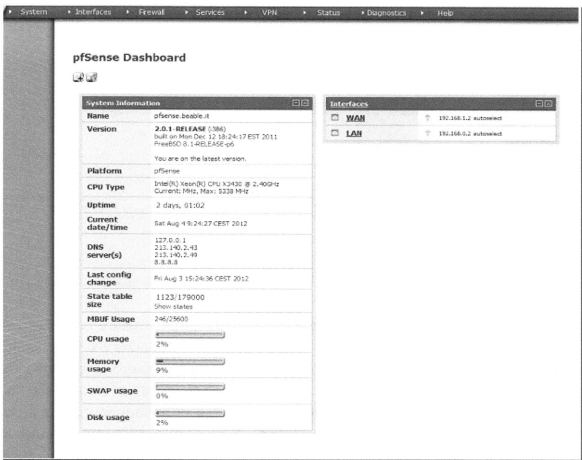

FIG. 2-19: Dashboard di pfSense

Avete ora la possibilità di configurare le impostazioni di base e quelle avanzate di Pfsense. Procediamo per gradi.

Come modificare il protocollo di accesso a pfSense

Al fine di garantire un accesso maggiormente sicuro al nostro firewall, occorre effettuare determinate modifiche. Per default, infatti, è attivo l' HTTP[11] sulla porta 80. Attraverso il menu **System** accedete alla sezione **Advanced**. Per prima cosa optate per un protocollo HTTPS, un Hyper Text Transfer Protocol maggiormente sicuro rispetto al citato HTTP ed utilizzato per garantire trasferimenti di dati riservati nel web. In seguito modificate il numero della porta TCP (nell'esempio è stata utilizzata la porta 881).

Inserire i DNS server

Sfruttando sempre il menu System, cliccate su General Setup e preparatevi ad impostare i DNS server: nelle prime due caselle inserite i Domain Name System, comunicati dal for-

---

10   Il DNS consente di assegnare ad un indirizzo IP il nome di nodo della rete e viceversa.

11   HTTP è acronimo di Hyper Text Transfer Protocol: come si evince dal nome stesso, è un protocollo utilizzato per la   visualizzazione delle pagine web.

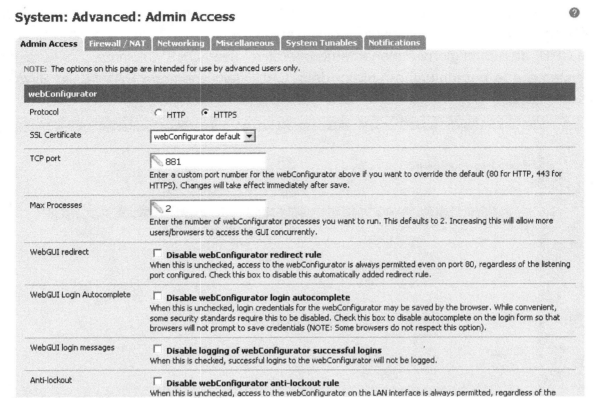

FIG. 2-20: Modifica del protocollo di accesso

nitore del servizio ADSL che utilizzate per collegarvi ad Internet, mentre negli spazi successivi digitate il DNS di Google (8.8.8.8) ed uno dei due di Opendns (208.67.222.222). In questo modo, qualora i DNS del fornitore dell'ADSL non dovessero funzionare correttamente per qualsiasi problema, sarà garantito l'accesso al web attraverso gli altri due.

Non dimenticatevi di definire l'hostname ed il dominio di appartenenza del firewall, avendo cura di seguire le mie indicazioni: in fase di creazione dell'hostname utilizzate prevalentemente le lettere dell'alfabeto, prestando attenzione al primo carattere, che non deve assolutamente essere un numero (potete scrivere, ad esempio, "*pfSense*"); per il dominio di appartenenza usate quello dell'azienda (nell'esempio, "*beable.it*") oppure un nome a vostra scelta.

Settare la Time zone e l'NTP time server

É fondamentale sincronizzare l'orologio interno di pfSense con l'ora esatta in Italia. Per far ciò, dovete scegliere il corretto fuso orario nella sezione **Time zone** ed inserire *ntp1. ien.it*[12] nella casella "*NTP time server*".

Modifica delle credenziali di accesso

É necessario cambiare la password di accesso al pfSense, accedendo alla sezione **User manager** attraverso il menu **System**.

Abilitare il DHCP.

Aprite il menu **Services** e cliccate sulla voce DHCP server; successivamente accedete alla sezione LAN e abilitate il Dynamic Host Configuration Protocol spuntando l'apposita

---

12   NTP è un protocollo per sincronizzare l'orologio di un computer all'interno di una rete. L'host ntp1.ien.it è offerto dallo IEN Galileo Ferraris di Torino, che è depositario dell'ora esatta nazionale.

casella. Stabilite un range, affinchè il firewall assegni ad un dispositivo mobile (notebook, smartphone ecc) un indirizzo IP dinamico che sia compreso fra i valori impostati e che gli consenta di essere presente nella rete LAN. Tali indirizzi devono essere sempre pertinenti alla configurazione della vostra rete LAN . Nell'immagine sottostante, ad esempio,

ho stabilito un intervallo che va da 192.168.0.20 a 192.168.0.200 (si tratta, ovviamente, di indirizzi IP puramente indicativi).

Nota: ricordatevi di salvare sempre tutte le modifiche apportate attraverso il pulsante *Save* (presente alla fine di ogni sezione sopraccitata).

Il Content filtering

Ogni firewall che si rispetti è dotato di content filtering, grazie al quale è possibile bloccare o consentire l'accesso a determinati contenuti: il firewall -attraverso l'analisi dei contenuti stessi di una pagina web- eviterà che vengano visualizzati siti inappropriati. Occorre, però, installare e configurare su pfSense tale servizio di "filtraggio", pertanto utilizzate il menu **System** presente nella dashboard e selezionate la voce *Packages*; accedete alla scheda relativa ai "pacchetti" disponibili (**Available Packages**) ed individuate il plugin che porta il nome di *Squid*[13] e che appartiene alla categoria *Network*.

FIG. 2-22: Software "squid"

Sfruttate l'apposito tasto (presente a destra della descrizione del pacchetto) per installarlo ed attendete che la procedura di installazione sia completata. A questo punto visualizzate il menu **Services** ed aprite la finestra del *Proxy server* grazie all'omonimo comando; spuntate la casella del *Trasparent Proxy*[14] , inserite l'indirizzo email dell'amministratore[15] e scegliete la lingua che sarà utilizzata dal proxy server per comunicarvi eventuali messaggi di errore. Non dimenticate di salvare le modifiche apportate (FIG. 2-23).

---

13 Squid è un software libero che ha funzionalità di proxy e web cache.

14 Si deve abilitare il proxy di tipo "trasparente", affinché l'accesso ad Internet tramite proxy avvenga in modo trasparente, senza che l'utente possa settare la configurazione di accesso ad Internet nel proprio browser.

15 L'amministratore riceverà via email i messaggi di sistema creati da Squid.

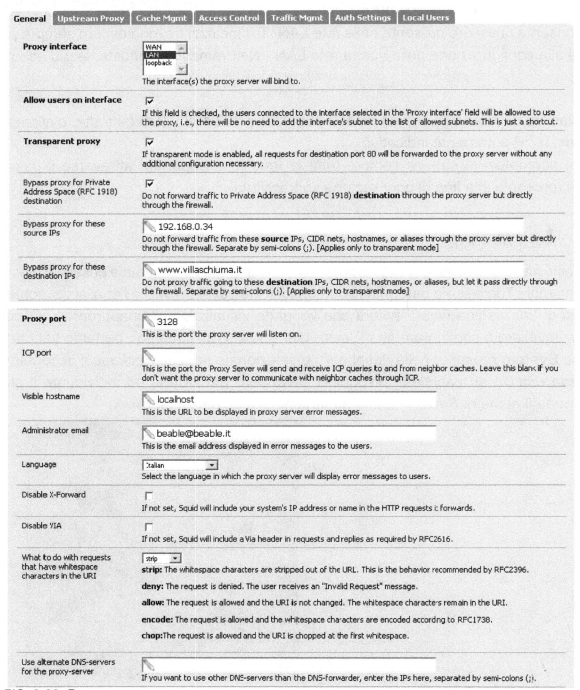

FIG. 2-23: Proxy server

Ritornate ora all'elenco dei packages utilizzabili e scegliete di installare *SquidGuard*[16]: il software in questione permetterà a pfSense di controllare i siti web (filtrando i contenuti attraverso il server proxy) e farà in modo che vengano bloccati tutti quei domini inseriti nella sua blacklist oppure definiti dall'amministratore di sistema. Conclusa con successo l'installazione, entrate nella sezione **Proxy filter** (disponibile nel menu **Services**) e, prima di impostare qualsiasi parametro, aprite una pagina web attraverso un qualsiasi browser. Dovrete procurarvi, infatti, la blacklist sopraccitata, senza la quale non sarà possibile

---

16   Fate attenzione alla successione cronologica delle istallazioni da noi indicate: potrete installare SquidGuard non prima di aver completato l'installazione di Squid.

attivare il content filtering: digitate *http://www.squidguard.org/blacklists.html* nella barra degli indirizzi, cliccate sul link *Shalla's Blacklist*[17] (presente nella pagina a cui avete avuto accesso) e posizionate il puntatore sulla voce *Download*, inserita nella sezione **About the lists** alla vostra sinistra; premete il tasto desto del mouse, per visualizzare il menu contestuale, e scegliete il comando *Copia indirizzo*; "incollate" l'indirizzo in Blacklist URL e spuntate le caselle *Enable*, *Enable log rotation* e *Black list*, ricordandovi ovviamente di convalidare il tutto tramite il pulsante *Save (FIG. 2-24)*.

Logging options	
Enable GUI log	☑ Check this option to log the access to the Proxy Filter GUI.
Enable log	☑ Check this option to log the proxy filter settings like blocked websites in Common ACL, Group ACL and Target Categories. This option is usually used to check the filter settings.
Enable log rotation	☑ Check this option to rotate the logs every day. This is recommended if you enable any kind of logging to limit file size and do not run out of disk space.

Miscellaneous	
Clean Advertising	☐ Check this option to display a blank gif image instead of the default block page. With this option the user gets a cleaner webpage.

Blacklist options	
Blacklist	☐ Check this option to enable blacklist
Blacklist proxy	⬚ Blacklist upload proxy - enter here, or leave blank. Format: host:[port login:pass] . Default proxy port 1080. Example: '192.168.0.1:8080 user:pass'
Blacklist URL	⬚ http://www.shallalist.de/Downloads/shallalist.tar.gz Enter the path to the blacklist (blacklist.tar.gz) here. You can use FTP, HTTP or LOCAL URL blacklist archive or leave blank. The LOCAL path could be your pfsense (/tmp/blacklist.tar.gz).

FIG. 2-24: Proxy filter

Se avete correttamente seguito le mie indicazioni, comparirà in verde la parola *STAR-TED* al posto di *STOPPED*, per indicare che SquidGuard è stato attivato. Applicate i cambiamenti effettuati con l'omonimo pulsante (*Apply*) ed aprite la scheda **Blacklist**: qui è possibile effettuare il download degli aggiornamenti (*update*) della "lista nera", operazione fondamentale da svolgere periodicamente se non si vuole rendere poco efficace il filtraggio dei contenuti. Fatto ciò, accedete alla scheda **Common ACL** e cliccate sul

pulsante verde posizionato nella barra rossa della **Target Rules List**: comparirà davanti ai vostri occhi una lista (FIG. 2-26) contenente le diverse tipologie di siti presenti nella rete ed il vostro obiettivo sarà quello di stabilire le regole di accesso ad internet, negando o consentendo la visualizzazione di determinate categorie di siti web. Per evitare di dover selezionare *deny* ("negare" in italiano) o *allow* (consentire) per ogni voce elencata, dato che la lista è alquanto lunga, è preferibile scegliere alcune tipologie di siti web a cui negare l'accesso (ad esempio i social network o i siti pornografici) e abilitare tutti gli altri grazie al comando *allow* per il *Default access* (collocato alla fine della lista).

---

17   Fate attenzione! Shalla's Blacklist è gratuita solo per uso privato e non commerciale.

[Forbidden] access deny
[blk_BL_adv] access
[blk_BL_aggressive] access
[blk_BL_alcohol] access
[blk_BL_anonvpn] access
[blk_BL_automobile_bikes] access
[blk_BL_automobile_boats] access
[blk_BL_automobile_cars] access
[blk_BL_automobile_planes] access
[blk_BL_chat] access
[blk_BL_costtraps] access
[blk_BL_dating] access
[blk_BL_downloads] access
[blk_BL_drugs] access
whitelist
deny
allow
FIG. 2-26: La “lista”

Come ultimo passaggio è necessario specificare il “re-indirizzamento”, affinché l’utente visualizzi un determinato messaggio di errore ogni qual volta acceda ad uno dei siti web bloccato. A tal fine pfSense offre tre possibilità nella sezione **Redirect mode** (presente subito dopo la lista visualizzata nell’immagine precedente):

» **int error page** – permette di re-indirizzare il traffico non consentito su di un messaggio prefissato (inserito in Redirect info box);

» **int blank page** - permette di re-indirizzare il traffico su di una pagina bianca;

» le altre opzioni permettono la re-direzione del traffico non consentito direttamente sulla visualizzazione di pagine web.

Personalmente preferisco scegliere l’opzione “*ext URL redirect*” , inserendo nel box successivo (FIG. 2-27) direttamente una pagina presente su un sito web (ad es. quello aziendale) (FIG. 2-28).

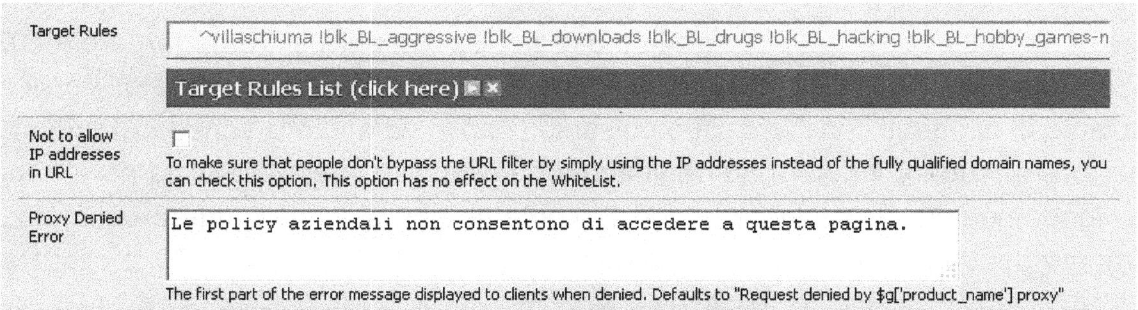

Target Rules
^villaschiuma !blk_BL_aggressive !blk_BL_downloads !blk_BL_drugs !blk_BL_hacking !blk_BL_hobby_games-n
Target Rules List (click here)
Not to allow IP addresses in URL
To make sure that people don't bypass the URL filter by simply using the IP addresses instead of the fully qualified domain names, you can check this option. This option has no effect on the WhiteList.
Proxy Denied Error
Le policy aziendali non consentono di accedere a questa pagina.
The first part of the error message displayed to clients when denied. Defaults to "Request denied by $g['product_name'] proxy"
Redirect mode
ext url redirect (enter URL)
Select redirect mode here.
Note: if you use 'transparent proxy', then 'int' redirect mode will not accessible.
Options: ext url err page , ext url redirect , ext url as 'move' , ext url as 'found'.
Redirect info
http://www.beable.it/?page_id=799
Enter external redirection URL, error message or size (bytes) here.
Use SafeSearch engine
To protect your children from adult content, you can use the protected mode of search engines. Now it is supported by Google, Yandex, Yahoo, MSN, Live Search, Bing. Make sure that the search engines can, and others, it is recommended to prohibit.
Note: ! This option overrides 'Rewrite' setting. !
Rewrite
none (rewrite not defined)
Enter rewrite condition name for this rule, or leave blank.
FIG. 2-27: Sezione “Redirect mode”

Salvate il tutto e applicate le modifiche tramite il pulsante *apply* presente in **General settings**.

FIG. 2-28: Sito web non disponibile

Va precisato che è sempre possibile stabilire delle eccezioni, in modo tale che determinati siti -anche se appartenenti ad una tipologia vietata- possano essere comunque raggiungibili oppure che un determinato utente possa bypassare la blacklist. Nel caso della prima eccezione, cioè qualora vogliate mantenere disabilitato l'accesso ad una tipologia di siti (ad esempio i social network) ma consentire a tutti gli utenti di poter visualizzarne solo alcuni (ad esempio *Facebook*), entrate nella sezione **Target categories** (presente sempre in **Proxy filter**) e digitate nella lista dei domini il sito (o i siti) web in questione. Date un nome alla regola (ad esempio *Siti_permessi*) e salvatela. Ritornate nelle scheda **Common ACL**, aprite la **Target Rules List** e selezionate la voce *Whitelist* per i siti permessi[18].

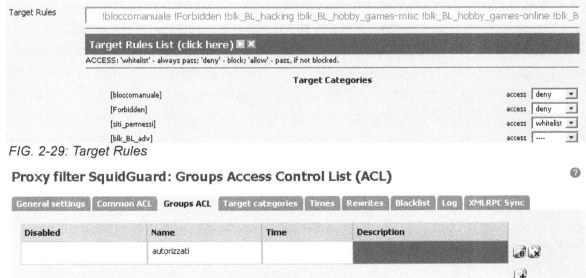

FIG. 2-29: Target Rules

Proxy filter SquidGuard: Groups Access Control List (ACL)

General settings	Common ACL	**Groups ACL**	Target categories	Times	Rewrites	Blacklist	Log	XMLRPC Sync

Disabled	Name	Time	Description	
	autorizzati			

FIG. 2-30: Creazione di un gruppo ACL (attribuzione del nome)

Per abilitare la seconda eccezione, dovrete creare un gruppo ACL (acronimo di *Access control list*) tramite l'omonima sezione[19] , attribuendogli un nome (potete scrivere, ad

---

18   Salvate le modifiche apportate ed applicatele tramite Apply presente in General settings.

19   Aprite il menu Services, cliccate su Proxy filtering e, successivamente, su Groups ACL.

esempio, "*autorizzati*") e settando gli indirizzi IP (client source) di quei computer che non avranno alcuna limitazione nella navigazione sul web[20].

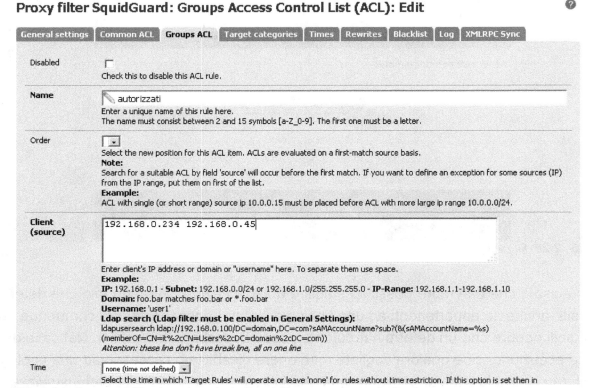

FIG. 2-31: Groups ACL - inserimento indirizzi IP senza alcuna limitazione

A questo punto, prima di procedere oltre, occorre formulare alcune precisazioni, poiché tutto ciò che vi è stato mostrato in questo paragrafo è solo un assaggio di ciò che Squid-guard può fare: per bloccare l'accesso a determinati siti web non sempre è necessario far riferimento alle regole impostate precedentemente; oltre a ciò ci sono moltissime "modalità di blocco", che possono coesistere ed interagire efficientemente fra di loro senza creare conflitti; l'utente ha anche la facoltà di creare regole sempre più complesse e funzionali alle proprie esigenze. E' possibile, ad esempio, consentire la navigazione in Internet in base ad orari prestabiliti, garantendo l'accesso solo ai siti web utili al contesto lavorativo durante le ore di ufficio, mentre altri potrebbero essere accessibili durante le ore di pausa. Se avete il sospetto che i vostri dipendenti sfruttino la connessione ADSL aziendale per "scaricare" materiale inopportuno, potete bloccare i download di determinate categorie di file (ad esempio i video o i file audio).

Non fornirò ulteriori approfondimenti su quanto avete appena letto, perché ciò richiede-rebbe una guida interamente dedicata a pfSense e andrebbe oltre gli obiettivi del libro che avete ora fra le vostre mani. Ricordatevi che esistono già sul mercato tutorial molto dettagliati sull'argomento e che questo è solo un piccolo assaggio, per allargare i vostri orizzonti.

L'antivirus

É giunto il momento di ottimizzare la sicurezza garantita da pfSense con l'aggiunta di

---

20   Dovrete sempre salvare le modifiche apportate e applicarle tramite Apply presente in General settings.

un buon antivirus, la cui installazione è simile a quella dei software citati nel paragrafo precedente: visualizzate la lista degli **Available Packages** e scegliete *HAVP antivirus*; acconsentite al download e all'installazione del relativo pacchetto e aspettate che la procedura sia portata a termine correttamente. Il sistema stesso vi avvertirà di settare i parametri di HAVP. Accedete alla scheda dell'antivirus tramite il menu **Services** e cliccate su *HTTP Proxy*.

Selezionate la modalità con cui l'antivirus dovrà analizzare le pagine web (nel mio esempio ho optato per *Parent for Squid*), stabilite in quale lingua saranno scritti gli eventuali messaggi di errore, controllate che sia stata scelta la rete LAN nella sezione **Proxy**

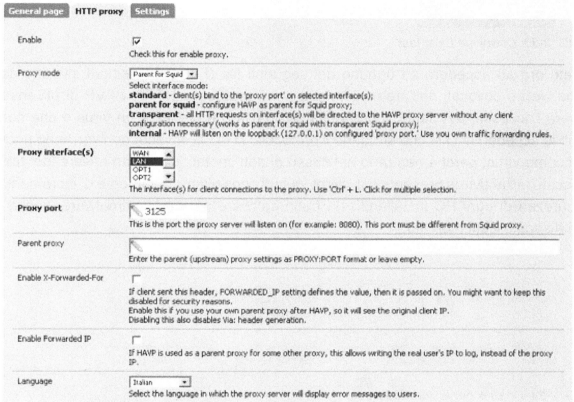

FIG. 2-32: HTTP Proxy (settaggio dei parametri di HAVP)

Interface(s), spuntate la casella *Log* e salvate il tutto tramite *Save (FIG. 2-32)*.

Adesso è necessario stabilire la cadenza periodica di aggiornamento, elemento essenziale per mantenere funzionale ed efficiente l'antivirus: accedete alla sezione **Setting** e scegliete ogni quante ore il sistema automaticamente implementerà l'update; potete anche forzare l'aggiornamento attraverso il pulsante "**Update_AV**", ma non prima di aver specificato la zona geografica dei mirror contenenti i database a cui HAVP deve far riferimento (consiglio di optare per *Europe*).

Abilitate i log con un segno di spunta sull'omonima casella e salvate il tutto. Affinché ognuno di voi possa valutare il corretto funzionamento o meno di HAVP, è necessario recuperare l'*Eicar*[21] *test file*, che consente di simulare un'infezione da virus informatico.

---

21   EICAR è acronimo di European Institute for Computer Antivirus Research, che è il distributore di uno strumento messo a punto dai ricercatori del CARO (Computer Antivirus Researcher's Organization), per valutare il corretto funzionamento di un qualsiasi antivirus e/o antimalware.

Premetto che il file è completamente innocuo, ma viene riconosciuto dagli antivirus come un malware vero e proprio, provocando una reazione di difesa contro questa falsa minaccia. Entrate nel sito web *http://www.eicar.org*, selezionate la pagina **ANTI-MALWARE TESTFILE** (FIG 2-33) e cliccate sulla voce *download* presente alla vostra sinistra.

FIG. 2-33: Download Eicar test

Provate ora ad accedere ad ognuno dei seguenti file (FIG 2-34), situati alla fine della pagina web e collocati nell'area Download per il protocollo HTTP. HAVP di pfSense vi negherà l'accesso, avvisandovi che nella pagina web è presente un virus e che non è possibile accedervi. I file che sfruttano il protocollo HTTPS, invece, non verranno riconosciuti come virus, perché rientrano nel flusso di dati criptati; dovranno essere identificati e bloccati dall'antivirus presente sul client, quindi consigliamo vivamente di incrementare la sicurezza di ogni PC installando un buon software antivirus/antimalware, scelto fra quelli disponibili sul mercato.

Download area using the standard protocol http			
eicar.com	eicar.com.txt	eicar_com.zip	eicarcom2.zip
68 Bytes	68 Bytes	184 Bytes	308 Bytes
Download area using the secure, SSL enabled protocol https			
eicar.com	eicar.com.txt	eicar_com.zip	eicarcom2.zip
68 Bytes	68 Bytes	184 Bytes	308 Bytes

FIG. 2-34: Un click per testare l'antivirus

Creazione di una VPN di tipo roadwarrior

In questo capitolo ho già accennato alla possibilità di creare e gestire una VPN attraverso pfSense (primo paragrafo), ma è giunto il momento di sottolineare la sua importanza ed i vantaggi a livello di connettività. Un'azienda, infatti, può collegare i computer delle sue sedi sparse sul territorio attraverso Internet, evitando di destinare ingenti risorse economiche per la creazione di linee dedicate e permettendo ai vari dipendenti di accedere a tutti i dati e a tutte le applicazioni contenute nei server aziendali. Entra in gioco, però, la questione della sicurezza della rete, considerando che le connessioni Internet sono esposte facilmente agli attacchi di pirati informatici. Fortunatamente in VPN è possibile criptare i dati e la rete è accessibile solo per gli utenti autorizzati. Va precisato che esistono diverse tipologie strutturali di *Virtual Private Network* come, ad esempio, la "*site to site*" (che consente di creare un collegamento sicuro fra i diversi router e provider) o la "roadwarrior" (che permette di collegare in VPN un dispositivo mobile). In particolar modo

46

mi soffermerò su quest'ultimo tipo di VPN, proprio in virtù della mia esperienza negli Usa: solo grazie alla *"roadwarrior"* un utente può accedere alla propria LAN (in sicurezza) aziendale tramite notebook, gestendo dati, documenti condivisi e tutti i servizi presenti nella rete (compreso l'accesso a desktop remoti).

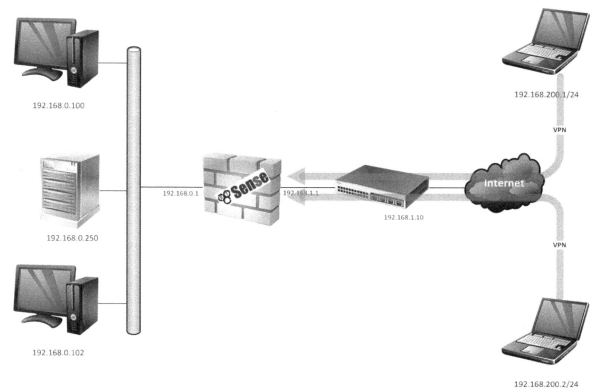

FIG. 2-35: VPN e pfSense

Nel vostro caso si deve progettare tale tipologia di VPN attraverso pfSense. Il primo passo consiste nel recuperare il pacchetto *OpenVPN Client Export Utiliy* (presente sempre nella lista degli **Available Packages**) che, una volta installato, consente di raggruppare in un unico file compresso tutti i file di configurazione di cui ha bisogno un *client OpenVPN* per collegarsi ad un *server OpenVPN* (nel nostro caso pfSense). Installatelo e, al termine

OpenVPN Client Export Utility	Security	No info, check the forum	1.0.11	Allows a pre-configured OpenVPN Windows Client or Mac OSX's Viscosity configuration bundle to be exported directly from pfSense.
Sarg	Network Report	Package Info	2.3.6 pkg v.0.6.1	Sarg - Squid Analysis Report Generator is a tool that allow you to view "where" your users are going to on the Internet. Sarg provides many informations about Proxy(squid,squidguard or dansguardian) users activities: times, bytes, sites, etc...

FIG. 2-36: Pacchetto OpenVPN Client Export Utiliy

della procedura, accedete alla sezione **Cert Management** grazie al menu **System**. É necessario creare adesso un certificato di autenticazione, che dovrà essere installato sul dispositivo mobile da collegare in VPN alla LAN. Il certificato, infatti, sarà presente nel sopraccitato archivio di file compressi. A tal fine cliccate sul tasto di aggiunta di un nuovo CA (*Certificate Authority*) e, alla voce *Method*, esplicitate di voler creare un ente certificatore interno (FIG. 2-37). Avete la possibilità di scegliere fra altre due opzioni (come, ad esempio, importare un CA già creato precedentemente), ma al momento nessuna delle due deve destare il vostro interesse.

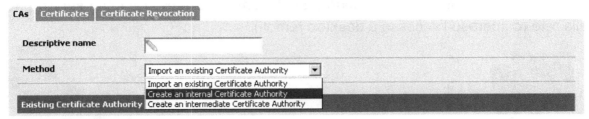

FIG. 2-37: Creazione di un CA (primo step)

Compilate la scheda inserendo tutti i dati necessari: il nome dell'ente (vale a dire l'azienda stessa), lo Stato in cui si trova, l'indirizzo email ecc. Dovete anche stabilire il periodo di validità del certificato, quindi specificate il numero di giorni nella casella *Lifetime*. Dopo aver salvato le informazioni digitate, il CA comparirà nella sezione generale di **Certificate Authority Manager**.

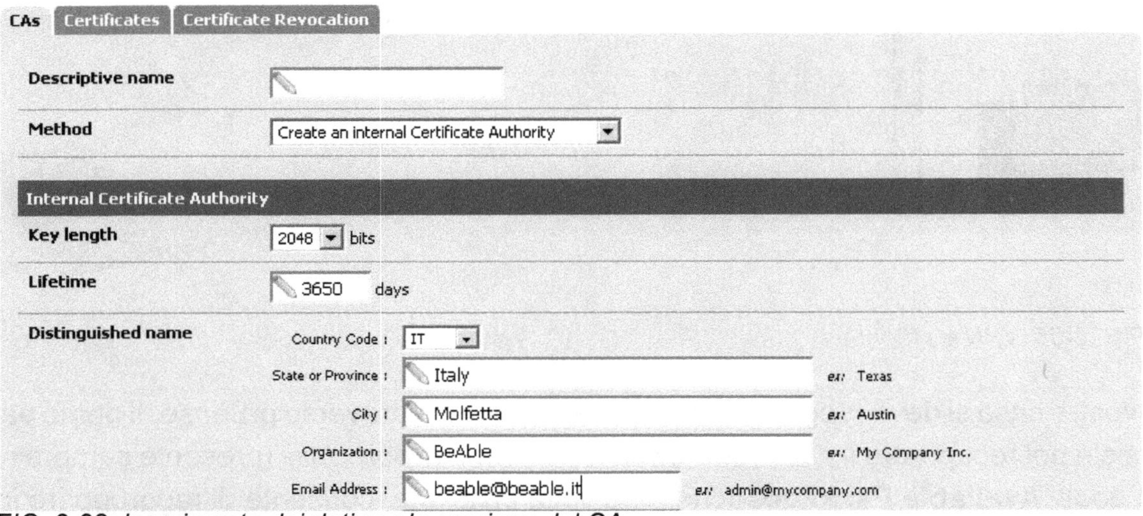

FIG. 2-38: Inserimento dei dati per la crazione del CA

Come ulteriore passo è fondamentale creare l'utente che deve usufruire del certificato: in **User Manager** (il cui accesso è garantito tramite **System**) cliccate sull'apposito comando per aggiungere un nuovo "*users*" e preparatevi a digitare alcuni dati fondamentali, ossia l'username, una password sicura e valida e il nome completo dell'utente. Successivamente spuntate la casella "*click to create a user certificate*" per la realizzazione della vostra certificazione; assegnatele un nome e convalidate il tutto con *Save*. Potrete avere conferma del buon esito della procedura, ritornando alla sezione **User Manager**, dove comparirà l'username ed il full name del nuovo utente.

Ora avete a disposizione tutti gli strumenti necessari per iniziare la configurazione della "*roadwarrior*", pertanto aprite il menu **VPN** presente all'apice della dashboard di pfSense e selezionate *OpenVPN*. La vostra attenzione si deve focalizzare sulla sezione **Wizard,** da cui potrete dare il via ad una procedura guidata di creazione del VPN server tramite il settaggio dei seguenti parametri:

- in primis stabilite la tipologia di server, optando per *Local User Access*;
- selezionate il CA (l'ente certificatore) che avete appena creato;
- in virtù di quanto spiegato precedentemente, è obbligatorio rendere sicura la rete

VPN, crittografando i dati, perciò scegliete l'algoritmo di criptazione dall'omonimo menu (**Encryption Algorithm**) in base al grado di sicurezza che si desidera assicurare alla rete[22] (nel mio esempio è stato impostato l'algoritmo *BF-CBC* a 128 bit);

- impostate un range per il **Tunnel Network**, avendo cura di scegliere una subnet differente da quella della LAN, in modo tale che ci sia la possibilità di effettuare il routing dalla sotto-rete alla quale appartiene il dispositivo mobile collegato in VPN (nell'esempio sottostante sono stati scelti gli IP address della sotto-rete 192.168.200.0/24); vi conviene comprimere i pacchetti che viaggeranno nel "tunnel" con l'algoritmo *LZO* e specificare il numero massimo di clients che avranno la possibilità di collegarsi contemporaneamente (**Concurrent Connections**) al server, prendendo in considerazione la banda di upload dell'ADSL utilizzata;

- proseguite attraverso il comando *NEXT*, lasciando inalterate tutte le altre impostazioni, e concludete la procedura guidata cliccando su *FINISH*.

Tunnel Settings	
Tunnel Network	192.168.200.0/24 This is the virtual network used for private communications between this server and client hosts expressed using CIDR (eg. 10.0.8.0/24). The first network address will be assigned to the server virtual interface. The remaining network addresses can optionally be assigned to connecting clients. (see Address Pool)
Redirect Gateway	☐ Force all client generated traffic through the tunnel.
Local Network	177.200.0.0/24 This is the network that will be accessible from the remote endpoint. Expressed as a CIDR range. You may leave this blank if you don't want to add a route to the local network through this tunnel on the remote machine. This is generally set to your LAN network.
Concurrent connections	Specify the maximum number of clients allowed to concurrently connect to this server.
Compression	☑ Compress tunnel packets using the LZO algorithm.
Type-of-Service	☐ Set the TOS IP header value of tunnel packets to match the encapsulated packet value.
Inter-client communication	☐ Allow communication between clients connected to this server
Duplicate Connections	☐ Allow multiple concurrent connections from clients using the same Common Name.

FIG. 2-39: Configurazione del Tunnel

Una volta conclusa l'operazione sopraccitata, cliccate sul link *Client Export*, presente sempre in **OpenVPN**. Rammentate ora il pacchetto installato *OpenVPN Client Export Utiliy*, poiché grazie ad esso potrete esportare automaticamente un archivio con tutti i file di configurazione e la licenza del CA, ma dovrete prima configurarlo correttamente. Se osserverete con attenzione l'immagine (FIG. 2-40), infatti, capirete che nella sezione in questione sono presenti i nomi dell'utente e del certificato da voi creato. Cliccate sul comando *Configuration archive* per far apparire la classica finestra di apertura/salvataggio di un file: specificate di salvare l'archivio su una penna USB flash drive, poiché successivamente dovrete ricopiarlo sul PC client. Fate attenzione, poiché le operazioni spiegate di seguito dovranno essere effettuate tramite il computer che desiderate collegare alla LAN aziendale in VPN[23].

---

22   Ricordatevi che un dato con un alto livello di "criptazione" richiederà un maggiore lavoro di decodificazione da parte dell'hardware del firewall.

23   Tale PC deve essere collegato ad Internet tramite una ulteriore linea dati, quindi esterno alla rete LAN aziendale.

Accedete al sito web *http://www.openvpn.net*, entrate nella pagina della community per scaricare ed installare il client *OpenVPN*[24] compatibile con il sistema operativo del vostro personal computer. Una volta conclusa tale operazione, aprite il file eseguibile appena salvato ed avviate la procedura di setup: accettate le condizioni della licenza di utilizzo e confermate l'installazione, che vi ruberà solo una manciata di secondi.

Adesso dovete aprire l'archivio contenente la configurazione e il certificato del CA, facendo particolare attenzione alla cartella a cui destinare i file de-compressi: accedete alla directory *C:* del PC e successivamente a *Programmi (x86)*; aprite la cartella *OpenVPN* e selezionate quella denominata *config*; estraete il contenuto dell'archivio in questa directory e chiudete il file compresso. Non dimenticate questo percorso (c:\programmi(x86)\ OpenVPN\config), se utilizzate Windows 7, poiché è necessario modificare il file *pfsense-udp-1194* presente nell'omonima cartella all'interno di *config*: cliccate con il tasto destro sul programma sopraccitato per visualizzare il menu contestuale e scegliete di aprirlo con il software *Word pad*, selezionabile nella finestra **Apri con**.

```
dev tun                                          dev tun
persist-tun                                      persist-tun
persist-key                                      persist-key
cipher BF-CBC                                     cipher BF-CBC
tls-client                                       tls-client
client                                           client
resolv-retry infinite                            resolv-retry infinite
remote 192.168.1.2| 1194 udp                      remote indirizzoIP| 1194 udp
tls-remote niko                                  tls-remote niko
auth-user-pass                                   auth-user-pass
pkcs12 pfsense-udp-1194-niko.p12                  pkcs12 pfsense-udp-1194-niko.p12
tls-auth pfsense-udp-1194-niko-tls.key 1          tls-auth pfsense-udp-1194-niko-tls.key 1
```

Nella prima delle due immagini soprastanti potete vedere come vi apparirà il file aperto con *Word pad*, in cui andrete ad inserire l'indirizzo IP statico della vostra ADSL, sostituendo così quello inserito automaticamente da pfSense accanto alla parola *"remote"* (nell'esempio è 192.168.1.2, che corrisponde all'indirizzo IP del router). Convalidate la modifica apportata salvando il file e andate sul desktop. Qui troverete l'icona di *OpenVPN GUI*, su

cui cliccherete con il tasto destro del mouse per eseguire il relativo software con i diritti di amministratore (scegliete *"Esegui come amministratore"* dal menu contestuale, attivato con il tasto destro, se usate Windows 7). Utilizzate sempre lo stesso tasto del mouse sull'icona che rappresenta 2 computer, presente nella taskbar, e cliccate su *"connect"*: a questo punto è necessario inserire le credenziali di autenticazione (l'username e la password digitate da voi durante la creazione di un nuovo utente) ed attendere che la connessione abbia esito positivo.

Congratulazioni: avete appena creato con successo una VPN di tipo Roadwarrior funzionante e potete accedere ai servizi presenti nella vostra rete LAN anche dall'esterno!

---

24   La versione del file da installare risale al periodo in cui è stato scritto questo libro. Probabilmente, quando lo leggerete, sarà stata implementata una nuova versione.

Capitolo 3

Asterisk e VoIP a volontà

Avvertenze prima della "ricetta"

Prima di gustare delle pietanze a base di VoIP ed Asterisk, vi consiglio di sedervi comodamente a tavola con un bel calice di "Buona volontà" ; contattate i vostri amici e parenti prima di iniziare il lauto pranzo, poichè potreste perdervi fra i dolci sapori della tradizione Open Source. Un consiglio: evitate di salare il tutto con perplessità e preconcetti.

Asterisk e VoIP a volontà

Asterisk e Voip: un piccolo antipasto prima del pranzo!

Diversi anni fa comparvero i siti web dei primi fornitori italiani di centralini VoIP che, rivolgendosi ad una vasta tipologia di utenti (dal privato alle grandi aziende), promettevano un vantaggioso ed appetibile abbattimento dei costi delle telefonate. L'invito, rivolto a tutti i potenziali clienti, si fondava sul riconoscimento dei limiti dell'obsoleta linea telefonica analogica PSTN (Public Switched Telephone Network), poiché la comunicazione aveva iniziato a viaggiare sulla Rete ed era necessario abbracciare una nuova realtà assolutamente rivoluzionaria. Ho voluto appositamente sottolineare tale aggettivo, poiché a quei tempi[1] il centralino VoIP veniva presentato come una vera e propria rivoluzione, frutto dell'evoluzione di una realtà informatica dalle mille potenzialità, una realtà in cui Internet e la tecnologia avevano invaso il settore economico con ritmi spaventosi, stravolgendo la tradizionale idea di business: l'IP (Internet Protocol), abbandonando le sue origini di mezzo di trasporto di Internet, si era trasformato in un valido strumento di comunicazione universale. In più l'utilizzo assiduo della rete aveva modificato l'industria delle telecomunicazioni, mentre il settore della telefonia si stava avvalendo sempre di più degli sviluppi tecnologici.

Sono consapevole che non tutti i lettori di questa guida abbiano seguito con lo stesso entusiasmo la nascita del VoIP, acronimo di Voice over Internet Protocol[2]: finalmente era possibile superare l'obsoleta rete a commutazione di circuito (PSTN), sfruttando i protocolli SIP e utilizzando il protocollo IP per inviare dati e voci attraverso Intenet; insomma non era più necessario far riferimento alle infrastrutture della Telecom ed era possibile avvalersi di numerosi apparati evoluti, come i softphone (telefoni software installati su PC), telefoni IP e Wireless. Si parlava, inoltre, di una fondamentale strategia per il futuro, in quanto si prevedeva che entro il 2009 oltre il 40% delle piccole e medie aziende europee avrebbe sfruttato il VoIP[3]. So di parlare quasi nostalgicamente del passato, ma ciò non deve trarre in inganno, poiché il "futuro" di sette anni fa si è trasformato in presente e le aziende devono prestare grande attenzione a quegli strumenti di comunicazione finalizzati a gestire la clientela, i contatti con il fornitore e la presentazione pubblicitaria del prodotto. La telefonia IP, il Voip e l'IP communication costituiscono adesso una concreta necessita che non può essere ignorata.... non più!

Di tale realtà erano e sono consapevoli le numerose aziende (europee e non) che ancor oggi operano sul mercato, fornendo servizi e dispositivi VoIP alle imprese e rimarcando con vigore sempre crescente l'importanza di un centralino. Il primo vantaggio che attira

---

1   Sono passati solo alcuni anni, ma -come voi ben sapete- nel settore dell'Information Tecnology anche una manciata di mesi può apparire come un arco di tempo lunghissimo.

2   Il primo sistema VoIP funzionante comparve per la prima volta verso la metà degli anni '90, ma ci sono voluti quasi dieci anni prima che divenisse accessibile per tutti.

3   Tale dato statistico è presente in Asterisk, il mondo del VoIP open source D.Gosmar, G. Innamorato, D. Osler, S. Osler, Apogeo s.r.l. 2008.

l'attenzione dei clienti, infatti, è l'abbattimento dei costi delle telefonate e delle infrastrutture telefoniche: se il segnale vocalico analogico viene codificato in formato digitale e trasmesso sotto forma di pacchetto in rete tramite IP, il costo di una chiamata a lunga distanza calerà sensibilmente e l'azienda potrà sfruttare le risorse di rete preesistenti senza dover affrontare spese aggiuntive.

E qui subentra il mio "MA", la più famosa congiunzione avversativa che fa capire a tutti i lettori che bisogna sempre confrontarsi con la realtà aziendale. Premetto che sono pienamente concorde con quanto scritto sopra, poiché il VoIP garantisce un risparmio economico e sono sempre più convinto che tale tecnologia debba essere implementata, ma il mercato -come ho già sottolineato- si evolve velocemente ed i competitor, per non perdere clienti, si adattano: gli attuali operatori telefonici, ad esempio, non soltanto propongono ai loro clienti telefonate a costo zero sul territorio nazionale, ma sono diventati loro stessi fornitori di servizi VoIP. Quel risparmio tanto declamato all'inizio, pertanto, non è più l'ago della bilancia che potrebbe esortare i clienti a scegliere un fornitore anziché un altro. Non fraintendetemi: le strategie per abbattere i costi nel settore IT rimangono ancora i pilastri di questo libro, ma non dimenticatevi che è altrettanto importante il rapporto qualità prezzo, perché è inutile proporvi soluzioni a basso costo senza efficienza e stabilità. In parole povere un centralino VoIP è ancora oggi una scelta intelligente, ma per altri vantaggi che sono legati alla comunicazione e non solo per effettuare telefonate spendendo pochissimo!

Al fine di essere maggiormente esaustivo, vorrei che analizzaste insieme a me le caratteristiche di un centralino (PBX)[4] VOIP attraverso il confronto con un centralino telefonico tradizionale:

- un PBX VoIP può essere ottimizzato con il passare del tempo, poiché è essenzialmente un software e, come tale, può essere aggiornato tramite upgrade. Un tradizionale PBX, invece, è un prodotto hardware "chiuso" destinato a diventare obsoleto già dopo un anno, a meno che il fornitore non abbia previsto delle "espansioni" hardware (viste come schede aggiuntive) oppure software (aggiornamenti del firmware);

- il vantaggio di utilizzare le risorse di rete preesistenti (evidenziato in molte offerte pubblicitarie) è un'eccessiva semplificazione, poiché è necessaria un'analisi preventiva della rete aziendale, al fine di evitare anomalie (la voce, ad esempio, potrebbe risultare frammentata); in ogni caso la "crescita" di un centralino VoIP è più facilmente gestibile[5];

- è possibile avere nuovi numeri geografici[6] ed aumentare il numero di linee telefoniche in tempi brevissimi; va precisato che tali vantaggi dipendono dal vostro operatore telefonico, ma indubbiamente l'utilizzo di un PBX VoIP ne semplifica l'implementazione rispetto ad uno tradizionale, che richiede l'intervento di un esperto in loco;

---

4 PBX è l'acronimo di Private Branch Exchange (centrale telefonica ad uso privato).

5 Se volete, ad esempio, aggiungere un interno, è sufficiente inserirlo via software (personalmente o con l'aiuto di un consulente che agirà "in remoto"), mentre in un centralino tradizionale dovrete pianificare il tutto e chiamare il famoso "tecnico", che dovrà effettuare in loco delle modifiche fondamentali alla vostra infrastruttura telefonica.

6 Il numero geografico è quel numero che ha un prefisso che identifica la zona geografica di appartenenza. Esso varia in base alla suddetta zona.

- se lo desiderate, è possibile ottenere facilmente telefoni in sedi distaccate; potete anche collegarvi al vostro centralino da qualsiasi località del mondo (purché sia presente un collegamento ad Internet) oppure avere un "interno" aziendale nel proprio appartamento;
- se comprate un centralino telefonico tradizionale, il più delle volte dovrete acquistare telefoni dallo stesso fornitore, mentre con un PBX VoIP non sussiste tale vincolo; per di più potete collegare un telefono in qualsiasi parte dell'azienda, sfruttando la porta ethernet più vicina;
- da quanto è stato scritto precedentemente ne consegue che i costi di infrastruttura e di cablaggio sono estremamente ridotti, poiché è necessario un solo "cablaggio" per gestire Internet, voce e dati (ciò è valido anche per i costi di manutenzione, che viene effettuata via remoto sul centralino);
- il centralino VoIP viene integrato all'interno della vostra rete aziendale con tutti i benefici che ne derivano; tale integrazione è fondamentale e ne parlerò dettagliatamente in questo capitolo.

Alla luce dei sopraccitati vantaggi l'impatto della "voce" over IP con il mercato è stato molto significativo, poiché ha favorito la nascita di una nuova industria del settore telefonico e di centralini telefonici ibridi in grado di gestire sia la tradizionale rete telefonica sia il VoIP, fornendo in un'unica "struttura" voci e dati e garantendo numerose ed utilissime funzionalità (opzionali e standard). Ritengo opportuno spiegarvele in sintesi attraverso il seguente elenco.

» **Segreteria telefonica e voicemail** - É possibile gestire completamente i messaggi ricevuti (cancellarli, salvarli, ascoltarli) attraverso il telefono e/o l'interfaccia utente; grazie alla voicemail, inoltre, potrete accedere ovunque ai messaggi tramite il web. Qualora sia presente un messaggio, l'utente riceverà un avviso tramite la posta elettronica.

» **Casella vocale** - Ogni utente è libero di personalizzare la propria casella vocale, al fine di lasciare messaggi destinati al chiamante (ad esempio in caso di assenza dalla postazione di lavoro). Il PBX VoIP può anche essere configurato per dare un messaggio di risposta automatico in determinati giorni e/o momenti della giornata in cui gli uffici sono chiusi.

» **IVR (risponditore telefonico multi-livello)** - Grazie a questa funzione il centralino risponde automaticamente alle chiamate in arrivo, creando diversi menù e sottomenù e smistandole tra i vari utenti/operatori; per di più è possibile personalizzare liberamente i messaggi vocali che guidano il chiamante durante la telefonata.

» **Gestione delle chiamate in attesa** - La chiamata in attesa viene inserita in una coda e può essere ripresa da qualsiasi utente. Potete mettere in attesa le chiamate, quando l'interno è occupato, e smistarle secondo regole programmabili, mantenendo così più telefonate in attesa su uno stesso interno.

» **Gestione dell'inoltro delle chiamate** - Oltre alla normale funzione di inoltro della chiamata da un interno ad un altro, è possibile inoltrare le chiamate anche verso numeri esterni e/o impostare il trasferimento automatico.

» **Registrazione dettagli chiamata** - É possibile registrare e visualizzare tutti i dettagli di una chiamata (chi sta parlando con chi, costo e durata); tali dati possono essere stampati, archiviati e utilizzati per analisi statistiche.

» **Integrazione con fax** - Se lo desiderate, il PBX può essere configurato per integrarsi con un dispositivo fax e per inviare tali documenti direttamente alla posta elettronica dell'utente.

» **Funzionalità multi-conferenza/teleconferenza** - É possibile mettere in comunicazione più utenti contemporaneamente.

» **Servizio di autenticazione** - In caso di necessità avete l'opportunità di impostare delle password e dei codici di sicurezza per gli utenti che accedono ai servizi del pbx.

» **CRM (Customer Relationship Management)** - Potete far interagire il vostro PBX con il CRM, cioè con un software che consente la gestione delle relazioni con i clienti reali e/o potenziali, al fine di averne sempre presente la situazione, di prevederne le necessità, di gestire email e progetti e di organizzare ottimamente il lavoro aziendale.

» **Least Cost Routing (Instradamento delle chiamate per minimizzare i costi)** - Sfruttando la tecnologia VoIP, è possibile instradare le chiamate attraverso diversi operatori telefonici (sia fissi sia VoIP), in modo da ridurre il costo delle chiamate utilizzando il provider più conveniente.

» Possibilità di creare un **Dial Plan** (piano di chiamata) che soddisfi qualsiasi esigenza aziendale.

» **Registrazione delle chiamate**, che può venire o in modo preimpostato o su richiesta dell'operatore.

Ovviamente le funzionalità sopra elencate (alcune delle quali possono essere gestite anche da centralini tradizionali ma a costi maggiori) potranno variare in base al contesto lavorativo in cui il PBX sarà inserito, soprattutto qualora i continui cambiamenti dell'IP business richiedano l'attivazione di nuovi servizi. Come se non bastasse, sono nate molte aziende che costruiscono sistemi basati su Asterisk[7], effettuando il ben noto re-branding di tecnologia open source attraverso una nuova "veste" grafica e (molto spesso) attraverso la "chiusura" del prodotto, annullandone i vantaggi. Per questo motivo vi proporrò l'utilizzo del software open source sopraccitato, per trasformare un vostro computer in un valido PBX VoIP: con Asterisk, infatti, ci troviamo di fronte ad una tecnologia in continua evoluzione e testata da milioni di utenti da diversi anni. Efficienza, stabilità e scalabilità[8] sono - ancora una volta - i parametri presi in considerazione dalla nostra proposta.

Detto ciò, occorre ora fornirvi indicazioni su come ottenere ed installare il software open

---

7   Asterisk, un progetto Open Source, è stato creato nel 1993 da Digium ed inizialmente era alquanto "rudimentale". Nonostante ciò ha ricevuto il supporto di un crescente gruppo di utenti e sviluppatori, che hanno favorito il suo sviluppo con il passare degli anni.

8   Il termine "scalabilità" in informatica indica la capacità di un sistema di "crescere" o "decrescere" in base alle esigenze e alle disponibilità.

source in questione (senza incorrere in prodotti proprietari) elencando tre possibili modalità.

Installazione "from scratch"

Partendo da zero, potete installare Asterisk attraverso una costruzione ed una configurazione manuale del sistema (from scratch, per l'esattezza). Per farlo, è necessario procurarsi il software ed i relativi pacchetti dalla sezione downloads del sito ufficiale (*http://www.asterisk.org*). Potete ben capire che spetterà a voi operare, affinché l'installazione ed il settaggio delle configurazioni portino ad un sistema pienamente funzionante: in primis dovrete installare il sistema operativo Linux, qualora la vostra macchina ne sia sprovvista; successivamente sarà necessario installare Asterisk con tutte le librerie che necessita per un corretto funzionamento; dopo questa fase dovrete configurarlo in base alle vostre esigenze ed al contesto lavorativo in cui sarà inserito; qualora vogliate effettuare l'installazione su una VM, quest'ultima dovrà essere adeguatamente configurata e testata, affinché non vengano generate anomalie o disservizi. Tutto ciò, pertanto, richiederà del tempo e l'eventuale intervento di un esperto.

Installazione tramite le varie distribuzioni Linux basate su Asterisk[9]

Vi trovate di fronte ad una modalità di gran lunga più semplice rispetto alla precedente, poiché l'utente non dovrà "costruire" dalle fondamenta l'intero sistema. Sarà sufficiente, infatti, scaricare una ISO da alcuni siti web specifici (ad esempio www.elastix.org e www.pbxinaflash.org), masterizzarla su un supporto ottico (cd o dvd) e procedere all'istallazione su una macchina virtuale, che dovrà essere configurata adeguatamente in seguito. Ci sono, tuttavia, dei contro: nonostante esistano diversi tutorial sull'argomento (sia in inglese sia in lingua italiana), è richiesta una buona preparazione ed un'adeguata conoscenza di Linux anche per la fase di installazione; per di più bisognerà settare determinati parametri per far in modo che il PBX sia integrato nella LAN, effettuando gli opportuni test; dovrete anche configurare la "nazionalizzazione" dei file audio che saranno utilizzati per i vari messaggi automatici rivolti all'operatore.

Acquisto di una VM già pronta per l'uso

Sebbene per molti lettori il verbo "acquistare" sia sinonimo di "spendere denaro" ed il contrario di "risparmiare", non dovete dimenticare che le precedenti modalità richiedono tempo e costi aggiuntivi non indifferenti. Con un VM già progettata sulla base delle esigenze del cliente, invece, tutto diventerà più semplice ed immediato: dovrete solo scaricare la virtual machine dal sito del produttore, configurare i parametri di base (ad esempio creazione di un interno e delle rotte d'entrata e di uscita) e avviare il PBX. Ovviamente non stiamo parlando di un prodotto "chiuso", poiché potrete sempre ottimizzare il vostro centralino VoIP in futuro senza alcun vincolo.

Per il momento voglio che focalizziate la vostra attenzione sull'ultima modalità, dimenticando le prime due, che sono rivolte a clienti sufficientemente esperti nel settore. Desi-

---

9   Le distribuzioni Linux sono "distribuzioni di software" che contengono un kernel Linux ed un insieme eterogeneo di pacchetti , al cui interno sono presenti specifiche applicazioni o componenti (librerie, font ecc.). Nel nostro caso la distribuzione includerà anche pacchetti relativi ad Asterisk ed all' installazione di una interfaccia web, che consenta un utilizzo più semplice del centralino.

dero mettervi in guardia da inconvenienti (se così banalmente possiamo definirli) in cui potreste imbattervi anche se optate per l'acquisto di una appliance virtuale. Molte aziende, infatti, hanno immesso sul mercato diverse tipologie di appliance virtuali, ma non tutte forniscono opportuna assistenza su di esse. C'è chi predilige la quantità, vendendo ai clienti moltissime virtual machine non configurate adeguatamente per l'ambito lavorativo di una media o piccola azienda: ci troviamo di fronte a VM efficienti e funzionanti, ma spetterà al cliente definire i parametri che consentiranno all'appliance di funzionare e provvedere alla risoluzione di anomalie. Altri, invece, preferiscono progettare e testare VM in numero limitato ma perfettamente integrate in contesti aziendali specifici e reali. Sto parlando di aziende che forniscono ai loro clienti appliance virtuali in Italiano (in grado di evolversi nel tempo tramite upgrade) e assistenza volta a risolvere tutti i problemi che potrebbero eventualmente nascere.

Prima di procedere oltre, voglio che vi soffermiate sul seguente schema: dopo aver parlato più volte di contesto aziendale reale, è giunto il momento di mostrarvi come un PBX VoIP possa integrarsi nella rete LAN di un'azienda.

Come potete vedere, il centralino VoIP può interagire con una variegata tipologia di di-

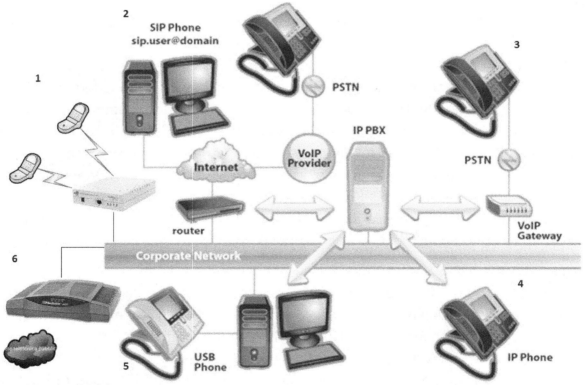

FIG. 3-1: il PBX VoIP integrato nella rete LAN

spositivi ed offrire un ampio ventaglio di funzionalità: avete la possibilità di collegare un IP Phone (4) direttamente al vostro PBX oppure potete utilizzare un telefono tradizionale, che si integrerà con l'infrastruttura VoIP tramite un gateway (3); è anche possibile l'inserimento di un USB Phone collegato ad un PC -interagente a sua volta con il centralino (5)- e/o un gateway di tipo gsm (o umts), che permetterà ad un utente di telefonare ad un numero di cellulare tramite PBX. Alle funzionalità di quest'ultimo si potrà accedere anche da computer esterni alla LAN aziendale, a patto che siano collegati ad Internet e che siano state preventivamente "aperte" determinate porte di comunicazione, una strategia

58

che non preferisco, perché va a ledere la sicurezza dell'intero sistema. Infine il nostro centralino, in quanto "ibrido", potrà gestire anche le telefonate che sfruttano la tradizionale linea pstn (6). Al di là di tutte queste possibili interazioni, ciò che mi preme sottolineare è la grande flessibilità del PBX VoIP: qualora riteniate necessario, ad esempio, cambiare il gateway pstn per aumentare il numero di linee tradizionali da gestire, potrete farlo senza dover modificare l'intera infrastruttura telefonica creata. Ciò è indubbiamente uno straordinario vantaggio per un'azienda che non vuole rimanere incatenata a infrastrutture statiche ed obsolete.

Gateway Mediatrix PSTN o ISDN

La crescente importanza del VoIP non deve farvi dimenticare che la comunicazione telefonica viaggia ancora sulle linee PSTN. Inoltre non potete ignorare la rete ISDN[10] (di qualche anno più recente rispetto alla precedente), che garantisce maggiore velocità di trasmissione e qualità dell'ascolto per i servizi locali. D'altronde un'azienda deve potersi avvalere anche delle tradizionali infrastrutture telefoniche, soprattutto in caso di anomalie legate ai collegamenti Internet: cosa succederebbe se l'ADSL aziendale creasse problemi e non ci fosse una linea analogica o digitale? L'azienda rimarrebbe "isolata" con gravi conseguenza per la business continuity. Vi consiglio, quindi, di non smantellare la classica linea telefonica, bensì di far in modo che il vostro PBX VoIP gestisca anche le "tecnologie di comunicazione" tradizionali. Per far ciò, è necessario acquistare un apposito gateway, che semplifichi e "solidifichi" l'intera infrastruttura.

Nel corso degli anni io ed il mio team abbiamo testato diversi tipi di schede telefoniche da posizionare all'interno di un pbx Asterisk, componenti hardware un tempo fondamentali per il corretto funzionamento del centralino[11] e che recentemente, invece, possono essere sostituite da un "ponte". In passato il loro utilizzo generava, infatti, diversi inconvenienti, poiché l'arco di tempo necessario alla configurazione di una scheda era molto ampio e non sempre era possibile garantire il suo corretto funzionamento al primo colpo, considerando che c'era un gran numero di variabili da valutare: oltre al tipo di distribuzione di Linux utilizzata, alla versione del kernel in essa contenuta o a quella di Asterisk, bisognava prendere in considerazione anche gli aggiornamenti del sistema operativo che, una volta effettuati, rendevano spesso non funzionante il PBX; in ultimo rammento la difficoltà di trovare dei driver adatti, dato che sul mercato erano presenti (e lo sono tuttora) molte schede richiedenti modalità di installazione differenti e l'utilizzo di driver diversi in base al fornitore, al kernel adottato e al tipo di scheda.

Non vorrei trasmettervi un messaggio errato, facendovi credere che una configurazione ottimale del PBX fosse quasi impossibile con l'utilizzo di schede telefoniche, per il semplice motivo che esse sono attualmente in commercio e che sono presenti in alcuni centralini pienamente funzionanti. Ciò che voglio evidenziare, invece, è che l'installazione di tali componenti -ancora oggi- sottrae tempo prezioso alle aziende e rende più salato il

---

10   La rete ISDN, acronimo di Integrated Services Digital Network (rete integrata di servizi digitali), permette la trasmissione di dati in forma digitale: il segnale non viene modulato secondo una determinata onda, ma codificato e inviato lungo la linea come una lunga sequenza di zeri e di uno (in binario).

11   Ancora oggi tali schede continuano ad essere utilizzate da molti fornitori di PBX VoIP.

conto dei consulenti. Questo aumento dei costi può sembrar strano in virtù del fatto che il prezzo di alcune schede è contenuto, ma il loro inserimento nell'infrastruttura telefonica richiede consulenze non sempre convenienti dal punto di vista economico. In presenza di improvvisi guasti hardware o di un errore di installazione, d'altronde, è necessario ri-configurare dal principio tutto il sistema, con un'ulteriore perdita di tempo e la lievitazione dei costi ai danni dei clienti. Per di più, se fosse realizzata un'infrastruttura telefonica simile a quella illustrata nel paragrafo precedente, le variabili da considerare in fase di configurazione aumenterebbero in modo esponenziale.

Fortunatamente l'avvento dei gateway ha cambiato in meglio la gestione delle tradizio-nali linee telefoniche per diversi motivi:

- il "ponte" non richiede eccessiva manutenzione informatica, perché gestisce sol-tanto un particolare tipo di collegamento esterno (esistono gateway PSTN, ISDN, GSM/UMTS ecc.);
- l'utilizzo delle tradizionali linee telefoniche avviene tramite Asterisk ma, al tempo stesso, non dipende unicamente dal PBX; in questo modo sarà sempre possibile effettuare telefonate anche in caso di rottura di Asterisk, collegando gli IP Phone direttamente al gateway, sostituendo il centralino fisico con un altro o (se si uti-lizza una VM) recuperando la macchina virtuale da un backup precedentemente effettuato;
- in caso di malfunzionamento del gateway, sarà sufficiente procurarsi un altro di-spositivo, inserirlo nell'infrastruttura e configurarlo senza considerare tutte quelle variabili precedentemente citate;
- se desiderate aggiornare l'infrastruttura telefonica, è sufficiente aggiungere un ulteriore gateway (senza conflitti con quelli preesistenti) oppure sceglierne uno più evoluto in grado di gestire un traffico telefonico maggiore.

Dopo aver letto ciò, se volete condividere la nostra scelta, evitando l'acquisto di schede telefoniche ed utilizzando un gateway, dovrete prestare attenzione alla "marca" del dispo-sitivo. Ancora una volta premetto che i miei consigli sono legati all'esperienza e che non desidero assolutamente essere depositario di verità assolute, soprattutto quando diverse aziende immettono sul mercato gateway funzionanti ed efficienti. Posso serenamente affermare che il mio team utilizza da anni Gateway Mediatrix PSTN o ISDN, perché sono solidi come una roccia e sono da me soprannominati "muli da soma": in primis va speci-ficato che la Mediatrix è un'azienda che opera da svariati anni nel settore della telefonia; in secondo luogo i suoi gateway -una volta configurati- lavorano instancabilmente, garan-tendo ottime prestazioni. Farò riferimento solo a quelli di fascia medio-bassa, che sono in grado di gestire max 2/4 linee ISDN o 2/4 linee PSTN e sono facilmente integrabili nelle infrastrutture progettate fino a questo momento. Tutte le informazioni e la documen-tazione tecnica sono disponibili sul sito del fornitore (*http://www.mediatrix.com*), perciò sarò conciso nella spiegazione tecnica di tali dispositivi, concentrandomi principalmente sul loro collegamento ad Asterisk. Vi anticipo che i gateway che rispondono alle "nostre" richieste (sia per il costo sia per le caratteristiche tecniche) sono:

- » i **Mediatrix 4401**, **4102** e **4104**, che riescono a gestire fino ad un massimo di quattro canali ISDN per un totale di otto comunicazioni con l'esterno;

» i **Mediatrix C730** e **C733**, che riescono a gestire fino ad un massimo di otto linee PSTN (vi ricordo che ogni linea PSTN consente una sola comunicazione).

FIG. 3-2: Gateway Mediatrix serie 4xxx   *FIG. 3-3: Gateway Mediatrix serie C7*

Entrambi sono utilizzabili senza alcun problema in progetti VOIP, sono compatibili con Asterisk e con i vari codec audio, consentono un pieno supporto FAX (incluso il protocollo *T.38*) ed hanno una fantastica interfaccia WEB, tramite la quale si possono configurare nei minimi dettagli. Per la guida farò riferimento ad un Mediatrix della serie 44xx, ma i passi da compiere con gli altri dispositivi non dovrebbero essere differenti, considerando che hanno la stessa interfaccia web.

Dopo aver effettuato i collegamenti di rito (alimentazione, rete dati e rete telefonica), dovete risalire all'indirizzo IP che ha acquisito l'apparecchio durante la fase di caricamento del firmware, affinché possiate iniziare la procedura di configurazione tramite la comoda interfaccia web. Qualora il vostro dispositivo abbia anche un'interfaccia FXS[12], basterà collegare un normale telefono analogico e comporre ***#*0** : una voce guida, in lingua inglese, vi comunicherà l'informazione che state cercando; un'altra valida opzione è rappresentata dall'utilizzo di un apposito "scanner" (ad esempio *angry IP scanner*[13]), che dopo un'analisi completa della rete LAN vi mostrerà tutti gli indirizzi configurati, tra i quali troverete sicuramente quello del vostro Mediatrix.

Una volta ottenuto l'indirizzo desiderato (nel mio esempio è 192.168.0.119), aprite un browser ed inseritelo nell'apposita barra, ottenendo così la richiesta delle credenziali di autenticazione di default (username: *public* / password: *<vuoto>*).

FIG. 3-4: Mediatrix - credenziali di autenticazione

---

12   Foreign eXchange Subscriber (FXS) e Foreign eXchange Office (FXO) sono i nomi più comuni delle interfacce telefoniche. La FXO è l'interfaccia che riceve il servizio di telefonia da un accesso POTS. Ad esempio è la presa (plug) presente sui telefoni standard. In questo caso è possibile affermare che un'interfaccia FXO "vede" il fornitore del servizio. La FXS è l'interfaccia che fornisce il servizio di telefonia proveniente direttamente dalla centrale della compagnia telefonica. Ad una interfaccia FXS è necessario collegare un apparato come telefono, modem o fax. Si dice anche che un'interfaccia FXS "vede" direttamente l'usufruitore del servizio.

13   Liberamente scaricabile dal sito http://angryip.org/w/Download.

Dopo l'autenticazione verrà visualizzata la dashboard iniziale, contente l'elenco delle informazioni principali sul dispositivo (molto utili per conoscere la versione del firmware e l'uptime) (FIG. 3-5).

FIG. 3-5: Mediatrix - dashboard iniziale

La prima operazione da fare consiste nel "fissare" la raggiungibilità del dispositivo, in modo che il suo indirizzo IP sia sempre lo stesso anche in seguito ad eventuali riavvii del gateway. Tramite il menu **Network > Status**, inoltre, si ha la possibilità di verificare lo stato delle interfacce configurate, il nome del dominio e l'SNTP.

FIG. 3-6: Menu Network - Status

Cliccando su **Network > Host**, invece, è possibile effettuare alcune modifiche: utilizzate l'Uplink come interfaccia *IPv4* automatica. Nella stessa pagina impostate l'indirizzo IP statico del gateway della rete (non mi sto riferendo al Mediatrix), che coincide con quello del firewall pfSense; specificate il DNS, l'SNTP ed il fuso orario (*Static Time Zone*) che nell'immagine è stato già definito per il territorio italiano (FIG. 3-8). Cliccate su "*Submit*" per effettuare il salvataggio delle impostazioni.

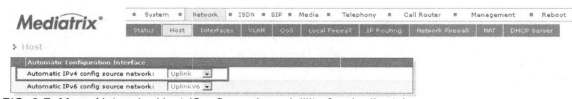

FIG. 3-7: Menu Network - Host (Configurazione dell'iterfaccia di rete)

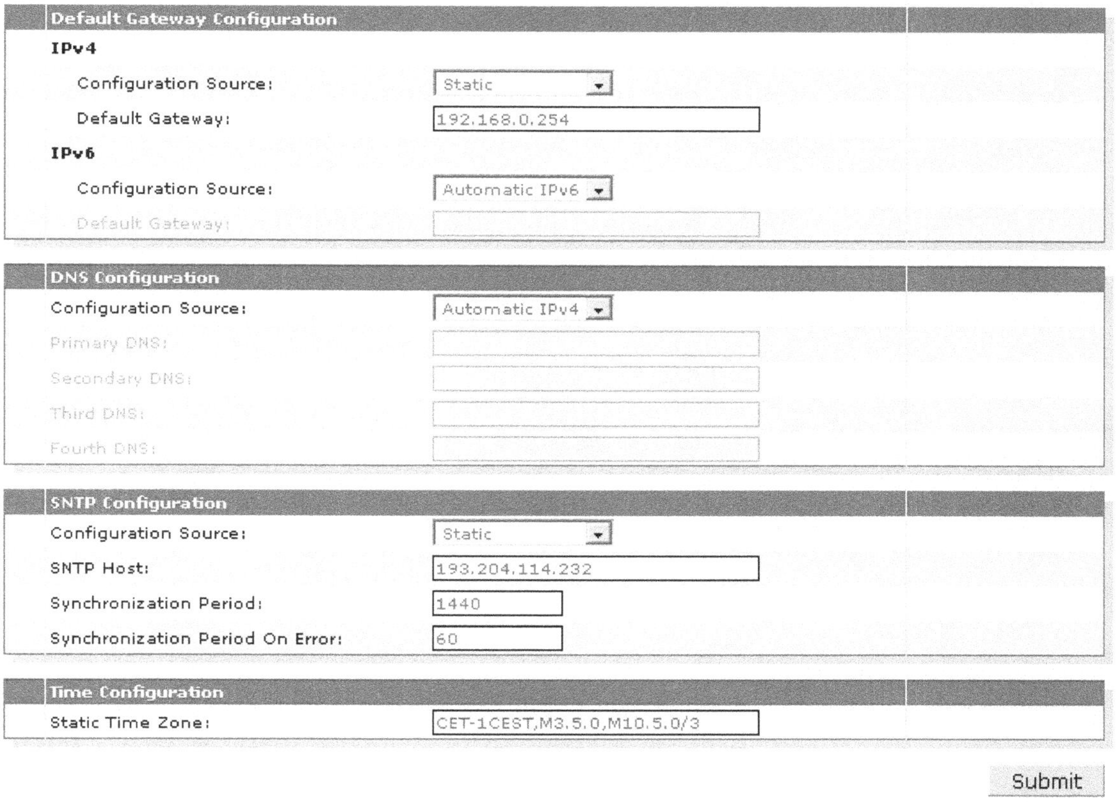
Default Gateway Configuration
IPv4
Configuration Source:
Static
Default Gateway:
192.168.0.254
IPv6
Configuration Source:
Automatic IPv6
Default Gateway:
DNS Configuration
Configuration Source:
Automatic IPv4
Primary DNS:
Secondary DNS:
Third DNS:
Fourth DNS:
SNTP Configuration
Configuration Source:
Static
SNTP Host:
193.204.114.232
Synchronization Period:
1440
Synchronization Period On Error:
60
Time Configuration
Static Time Zone:
CET-1CEST,M3.5.0,M10.5.0/3
Submit

FIG. 3-8: Menu Network - Host (dettagli sulla definzione del Gateway, DNS, SNTP e Time Zone)

In **Network > Interface** specificate le interfacce da utilizzare, associando *Lan1* ed *Uplink* alle porte *eth1* ed *eth2*; successivamente inserite l'indirizzo IP di ciascuna. Così facendo e collegando il cavo di rete ad una delle due porte (*eth1/eth2*), il Mediatrix acquisirà gli indirizzi ad esse associati.

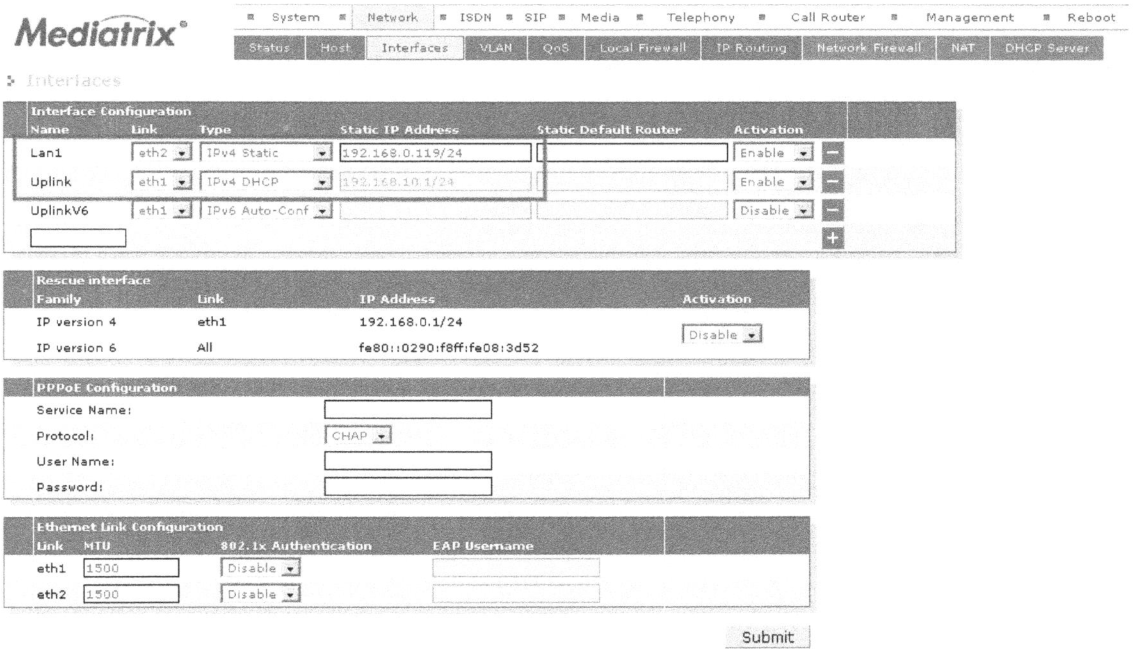
Mediatrix
System
Network
ISDN
SIP
Media
Telephony
Call Router
Management
Reboot
Status
Host
Interfaces
VLAN
QoS
Local Firewall
IP Routing
Network Firewall
NAT
DHCP Server
Interfaces
Interface Configuration
Name
Link
Type
Static IP Address
Static Default Router
Activation
Lan1
eth2
IPv4 Static
192.168.0.119/24
Enable
Uplink
eth1
IPv4 DHCP
192.168.10.1/24
Enable
UplinkV6
eth1
IPv6 Auto-Conf
Disable
Rescue interface
Family
Link
IP Address
Activation
IP version 4
eth1
192.168.0.1/24
IP version 6
All
fe80::0290:f8ff:fe08:3d52
Disable
PPPoE Configuration
Service Name:
Protocol:
CHAP
User Name:
Password:
Ethernet Link Configuration
Link
MTU
802.1x Authentication
EAP Username
eth1
1500
Disable
eth2
1500
Disable
Submit

FIG. 3-9: Menu Network - Interface

Come si deduce dall'immagine precedente (FIG. 3-9), l'interfaccia logica *Lan1*, corrispondente a quella fisica *eth2* (presente sullo chassis del dispositivo), ha 192.168.0.119 come indirizzo IP fisso, mentre l'interfaccia logica *Uplink*, corrispondente a quella fisica *eth1*, ha assunto un indirizzo IP dinamico.

Dopo aver configurato la rete, recatevi nella sezione **SIP > Gateways** per aggiungere due nuovi dispositivi (chiamati *asteriskbri1* ed *asteriskbri2*) ed associarli rispettivamente alle porte *5061* e *5062*, che corrispondono alle due interfacce ISDN di Mediatrix.

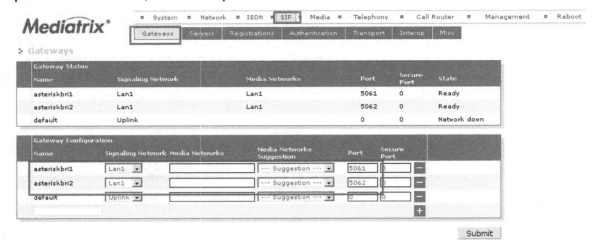

FIG. 3-10: Menu SIP - Gateways

Fate attenzione: è sempre opportuno utilizzare una porta TCP differente per ogni gateway definito nella suddetta sezione. Detto ciò, accedete alla sezione **Servers** per settare l'indirizzo IP corrispondente al vostro PBX Asterisk.

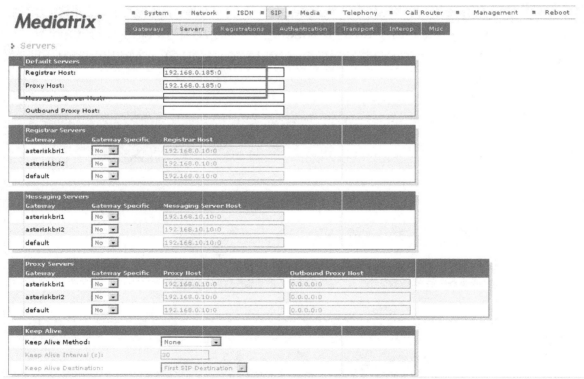

FIG. 3-11: Menu SIP - Servers

Nei campi *Registrar Host* e *Proxy Host* inserite 192.168.0.185:0, dove "0" corrisponde alla porta tcp *5060*. Compiuto tale passo nella sezione **SIP > Registrations** aggiungete due "*Unit registration*", dando loro dei nomi identici ai fasci che creerete in futuro in FreePBX, ed associatele ai gateway appena creati.

64

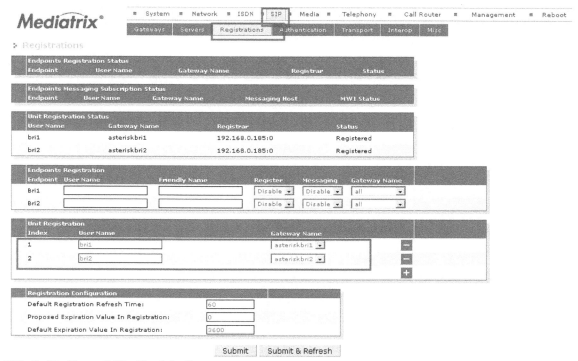

FIG. 3-12: Menu SIP - Registrations

La configurazione termina con la definizione dei parametri di autenticazione nella sezione **SIP > Authentication**, quindi cliccate sul simbolo "+" e seguite le mie indicazioni:

» in **Apply to** scegliete la tipologia di gateway utilizzando il menu a tendina;

» associate il **gateway** precedentemente creato (nel "nostro" scenario *asteriskbri1* ed *asteriskbri2*);

» disabilitate l'impostazione **Validate Realm**;

» inserite (nel campo omonimo) lo stesso **username** che definirete nel fascio configurato in FreePBX (bri1 e *bri2*);

» digitate la medesima **password** che stabilirete all'interno del fascio in FreePBX.

FIG. 3-13: Menu SIP - Authentication

FIG. 3-14: bri1 e bri2

Conclusa la definizione di bri1, ripetete la procedura anche per bri2.

Dopo aver configurato il gateway Mediatrix, non vi resta che definire i fasci *bri1* e *bri2* direttamente in Asterisk grazie alla comodissima interfaccia grafica di FreePBX, a cui bisogna accedere con le credenziali di amministratore; successivamente cliccate su **Connectivity > Fasci** e su "*Aggiungi Fascio SIP*" per aggiungerne uno nuovo.

La sezione **Impostazioni generali** del nuovo fascio SIP deve essere configurata nel seguente modo:

Impostazioni generali

Nome Fascio :	Mediatrix
Outbound CallerID :	
CID Options :	Allow Any CID ▼
Numero Massimo di Canali :	2
Asterisk Trunk Dial Options	Tt ☐ Override
Continue if Busy :	☐ Check to always try next trunk
Disabilita il fascio :	☐ Disattiva

FIG. 3-15: Menu Connectivity - Fasci (Impostazioni generali)

» in **Nome Fascio** inserite il nome del fascio (esempio "*mediatrix*");
» in **Outbound CallerID** digitate il numero telefonico corrispondente alla linea telefonica che dovete utilizzare;
» in **Numero Massimo di Canali** impostate il valore 2, perché state configurando un fascio che dovrà corrispondere ad una linea ISDN.

Impostazioni in uscita

| Nome Fascio : | bri1 |

Dettagli PEER :

```
type=peer
secret=
nat=no
port=5061
qualify=yes
host=dynamic
dtmfmode=info
context=from-pstn
canreinvite=no
t38pt_udptl=yes
```

FIG. 3-16: Menu Connectivity - Fasci (Impostazioni in uscita)

Prestate massima attenzione alla configurazione della sezione **Impostazioni in uscita**, contenente le configurazioni che vi consentiranno di collegare il fascio SIP al Mediatrix:

» il campo Nome Fascio è riservato al nome del fascio, che è identico a quello inserito all'interno del Mediatrix (cioè *bri1*);

» specificate i **Dettagli PEER**:

* *type=peer*
* *secret=PASSWORD (identica a quella configurata all'interno dell'autentica-zione bri1 nel Mediatrix)*
* *nat=no*
* *port=5061 (stessa porta tcp utilizzata nella configurazione di asteriskbri1 del Mediatrix)*
* *qualify=yes*
* *host=dynamic*
* *dtmfmode=info*
* *context=from-pstn (dipende dal contesto ma, se avete seguito interamente i consigli del manuale e state usando la VM consegnatavi, non dovreste avere problemi)*
* *canreinvite=no*
* *t38pt_udpt1=yes*

Lasciate "vuote" le sezioni **Impostazioni in entrata** e **Registrazione**, salvate il fascio appena creato e procedete alla creazione del "*Mediatrix2*", avente le stesse caratteristiche di "*Mediatrix1*" ma con differenti credenziali che gli consentiranno il collegamento al gateway:

» in **Nome Fascio** digitate *bri2*;

» In **Dettagli PEER**, *secret* e *port* devono avere parametri identici a quelli di *aste-riskbri2.*

Trunk Sequence for Matched Routes

0   Mediatrix   ▼ 🗑

1   Mediatrix2   ▼

Aggiungi Fascio

FIG. 3-17: Menu Connectivity - Rotte in uscita

Dopo aver salvato quest'ultimo fascio, occorre definire una rotta di uscita: accedete alla sezione **Connectivity > Rotte in uscita** e create una rotta stabilendo la sequenza di inoltro (nel primo campo inserite "*Mediatrix*" mentre nel secondo"*Mediatrix2*") (FIG. 3-17). Rallegratevi: la fase delle configurazioni è terminata! L'unica cosa che vi rimane da fare è verificare l'effettivo collegamento tra Asterisk ed il gateway Mediatrix, utilizzando e due differenti modalità:

» potete accedere direttamente al Mediatrix ed analizzare (nella sezione **SIP > Regi-strations**) lo stato delle unità *bri1* e *bri2*, che nel mio esempio sono state "registra-te" (*Registered*) (FIG. 3-18).

» utilizzate l'interfaccia FreePBX, accedete alla sezione **Reports > Asterisk Info** e cliccate su *SIP info* (presente nel menu laterale); in questo modo si aprirà la pagina **SIP Peers**, dove verranno visualizzati tutti i collegamenti SIP (nell'immagine sottostante *bri1* e *bri2* risultano *OK*) (FIG. 3-19).

Unit Registration Status			
User Name	Gateway Name	Registrar	Status
bri1	asteriskbri1	192.168.0.185:0	Registered
bri2	asteriskbri2	192.168.0.185:0	Registered

FIG. 3-18: Menu SIP - Registrations (stato delle unità bri1 e bri2)

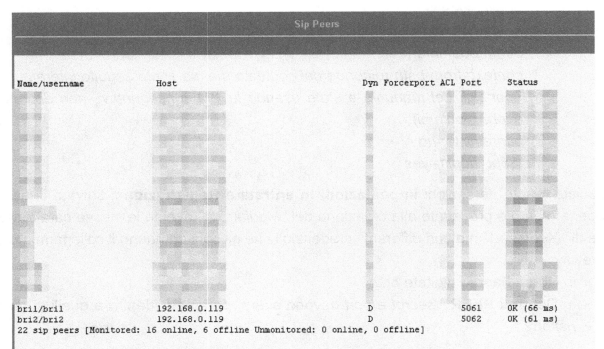

```
                                     Sip Peers


Name/username          Host                        Dyn Forcerport ACL Port    Status






bri1/bri1              192.168.0.119               D                   5061    OK (66 ms)
bri2/bri2              192.168.0.119               D                   5062    OK (61 ms)
22 sip peers [Monitored: 16 online, 6 offline Unmonitored: 0 online, 0 offline]
```

FIG. 3-19: Menu Rapporti - Asterisk Info - Info SIP (visualizzazione di tutti i collegamenti SIP)

Chiaramente, dopo tutto questo tempo trascorso ad inserire parametri e configurazioni, è il momento di passare alla fase di test: se qualcosa "fosse andata storta", non riuscireste ad effettuare telefonate e dovreste ricontrollare tutto ex novo per trovare l'errore commesso in fase di configurazione.

Qualora non doveste "cavar un ragno dal buco", potreste definire all'interno del Mediatrix l'utilizzo dei log nella sezione System > Syslog ed una volta definiti quali di questi, siano necessari per la risoluzione del problema e la loro granularità utilizzare un software syslog server per scovare il problema!

Prima di chiudere definitivamente questo paragrafo, vorrei darvi alcuni importanti e pratici consigli: nella sezione **Media > Codecs** sono presenti tutti i codec disponibili nel Mediatrix con tutte le loro possibili configurazioni. La configurazione che ha dato i migliori risultati nella gestione dei fax (sia come qualità di invio e ricezione sia come percentuale di fax andati a buon fine) è la seguente:

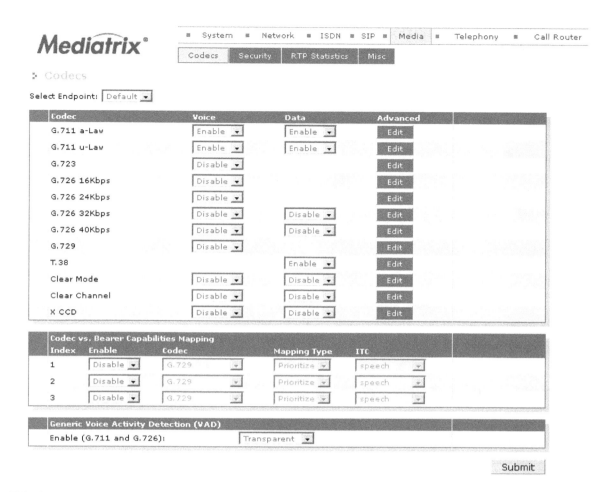

FIG. 3-20: Menu Media - Codecs (configurazione ottimale per la gestione dei fax)

All'interno della schermata, prestate particolare attenzione alla configurazione di *G.711 u-Law*, perché è utilizzato all'interno dell'estensione *1100* (il fax virtuale), come vedremo successivamente. Cliccate su *"Edit"*, per aprire la sezione "Advanced", contenente altri parametri da inserire e/o abilitare. Sarebbe opportuno usare i seguenti valori:

> Codecs

Select Endpoint: | Default ▾ |
Select Codec: | G.711 u-Law ▾ |

G.711 u-Law		
Voice Transmission:	Enable ▾	
Voice Priority:	0	
Data Transmission:	Enable ▾	
Data Priority:	0	
Minimum Packetization Time:	20 ms ▾	
Maximum Packetization Time:	20 ms ▾	

Submit   Cancel

FIG. 3-21: Menu Media - Codecs - G.711 u-Law Advanced

L'ultima modifica da effettuare nell'ambito della configurazione dei *Codec* audio riguarda il sottomenu **Misc** della sezione **Media**. Per entrambi gli *Endpoint* (sia *bri1* sia *bri2*) conviene usare queste impostazioni, molto legate alla qualità della vostra linea telefonica:

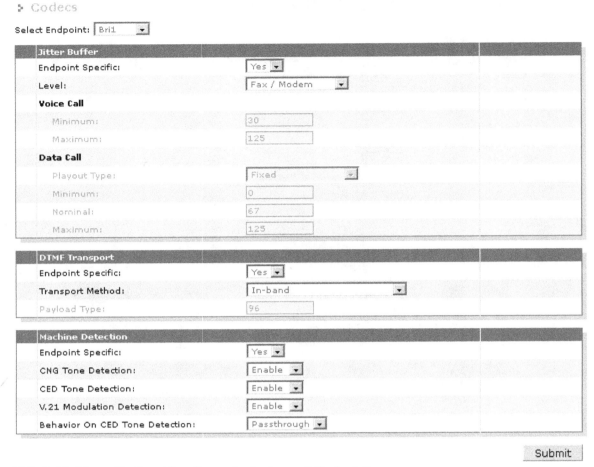

FIG. 3-22: Menu Media - Misc (impostazioni per gli Endpoint)

I gateway PORTech GSM/UMTS

Abbiamo già accennato al fatto che Asterisk riesce a gestire anche le telefonate da e verso i cellulari, funzionalità che risulta essere molto vantaggiosa, se consideriamo che in Italia (nella maggior parte dei casi) il traffico telefonico fra telefoni cellulari è molto conveniente dal punto di vista economico. I dispositivi di telefonia mobile sono alla portata di tutti e da tempo sul web si parla di interazione fra VoIP e "reti mobili", senza dimenticare i numerosi fornitori di centralini VoIP che garantiscono la creazione di piani di chiamata con tariffe convenienti. Ovviamente è necessario far riferimento ad alcuni gateway, appositamente creati per integrare linee GSM/UMTS all'interno dell'infrastruttura gestita da un PBX VoIP. Anche in questo caso è pienamente valido il discorso fatto precedentemente sui benefici di un "ponte" e sulla marca da scegliere, pertanto non mi dilungherò ulteriormente.

Vorrei aprire, però, una piccola parentesi sul livello di "disponibilità", poiché sono sicuro che qualche lettore avanzerà delle obiezioni sull'utilità o meno di tale dispositivi. D'altronde mi è spesso capitato di interagire con alcune aziende che, pur avendo un PBX Asterisk, non ne sfruttavano appieno tutte le potenzialità: in parole povere il gateway GSM/UMTS era inserito all'interno della LAN aziendale e collegato al centralino, ma era stato completamente dimenticato e rimaneva inutilizzato. Evitate di commettere un simile errore, anche se ritenete superfluo l'interazione con le linee sopraccitate. A fronte di una piccola spesa, infatti, potrete ottenere diversi benefici! Qualora dovesse verificarsi un guasto alla linea telefonica, ad esempio, potrete continuare a telefonare usando le SIM presenti all'interno del gateway, eliminando tutte le regole di chiamata create in precedenza e facendo in modo che il centralino instradi tutto il traffico telefonico (anche quello relativo alla rete fissa) verso il gateway GSM/UMTS. Inoltre i gestori telefonici propongono continuamente le più svariate tariffe telefoniche e riuscirete, senza ombra di dubbio, a trovarne una estremamente conveniente in grado soddisfare le vostre esigenze. Proprio in tale contesto va ribadito che un'azienda, se aderisse a dei piani tariffari contenenti chiamate gratuite nella stessa flotta, inserendo una SIM di tale piano nel PORTech, potrebbe chiamare gratuitamente i propri dipendenti.

FIG. 3-23: Gateway PORTech serie MV

Merita anche delle considerazioni la DISA, la tecnologia integrata di *Direct Inward System Access*, che consente di creare un collegamento sicuro[14] fra un utente esterno ed il PBX. Tale tecnologia risulta essere molto utile, in particolar modo quando un dipendente non è presente in azienda ed ha necessità di raggiungere gli interni o effettuare telefonate, sfruttando il centralino VoIP e tutte le sue funzionalità. Il possessore della SIM aziendale, inoltre, può utilizzare il PBX come ponte per effettuare telefonate verso altri Stati, sfruttando il *Least Cost Routing*[15] e, quindi, la tariffa più conveniente.

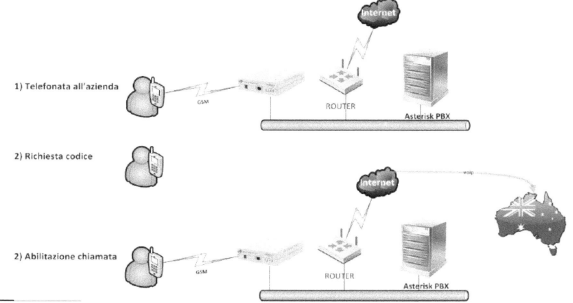

14   L'utente può collegarsi al centralino solo dopo aver immesso una password.

15   Il Least Cost Routing è una funzione di pre-instradamento di una chiamata per la selezione di un operatore piuttosto che un altro. Tale funzione, in base al prefisso nazionale e geografico del numero chiamato, seleziona l'operatore che, secondo specifici criteri di qualità e costo, rappresenta la scelta migliore verso cui instradare la comunicazione. Tuttavia essa è subordinata alla creazione di un pacchetto di regole da parte dell'utente in base alle tariffe dei propri operatori: ad esempio potrete stabilire che tutte le chiamate con prefissi nazionali vengano instradate attraverso la rete Telecom, mentre quelle internazionali con prefisso 00 avvengano tramite un operatore VoIP. Ovviamente il Least Cost routing non riguarda solo le linee GSM/UMTS ma anche le chiamate che avvengono tramite le linee PSTN o ISDN.

In genere i modelli gateway PORTech utilizzati dalla mia azienda (in fase di progettazione di infrastrutture telefoniche per piccole imprese) sono essenzialmente 2:

VOIP MV-370	MV-370 è un gateway GSM/UMTS per VoIP contenente un alloggiamento per una scheda telefonica SIM
VOIP MV-372	MV-372 è un gateway GSM/UMTS per VoIP contenente due alloggiamenti per due schede telefoniche SIM

Come i gateway Mediatrix, anche i dispositivi Portech sono dotati di una semplice interfaccia grafica, che permette all'utente di collegarli con poche difficoltà al centralino aziendale. Tale interfaccia può essere utilizzata anche per analizzare la qualità del segnale GSM/UMTS e per inviare SMS verso altri cellulari (grazie alla presenza della SIM aziendale all'interno del dispositivo[16]). I Portech sono dotati di una comoda antenna esterna, da orientare in base al luogo in cui sono posizionati per ottenere una migliore ricezione del segnale.

I telefoni VoIP

Ritengo opportuno dedicare un paragrafo ad una categoria di dispositivi che risulta essere alquanto eterogenea e che raggruppa un numero enorme di telefoni VoIP: stiamo parlando di tutti quegli apparecchi telefonici (dai Soft Phone agli IP Phone) che permettono di effettuare chiamate usando il Voice Over IP e che sono stati immessi sul mercato in quantità industriale, lasciando talvolta spiazzato il cliente che vuole acquistarne uno. La scelta, infatti, non è mai semplice: bisogna prendere in considerazione la marca del telefono ed ovviamente il prezzo, che oscilla fra poche decine di euro fino ad una o più centinaia; al di là di brand e della spesa economica, un altro parametro da valutare è l'insieme delle caratteristiche di un determinato apparecchio, poiché il telefono da scegliere varia anche in base alle proprie esigenze. É inutile spendere una cifra elevata per un IP Phone che verrà utilizzato solo per effettuare semplici telefonate. Se dovete, invece, smistare le chiamate tramite il centralino, è consigliabile un telefono dotato di ampia configurabilità per i numeri veloci ed in grado di gestire un maggior numero di chiamate contemporaneamente. Mi sento in dovere, pertanto, di fornirvi dei consigli basilari in vista di un possibile acquisto di Soft phone e/o IP Phone.

In primis dovete comprendere la differenza[17] fra protocollo SIP e quello IAX2. Il primo è un protocollo di rete basato su IP, mentre il secondo è un protocollo nativo di Asterisk: entrambi sono impiegati per garantire telefonate che sfruttano il VoIP, ma IAX2 sarà la scelta più sensata, qualora vogliate collegare al PBX Asterisk un'estensione presente fisicamente fuori dalla LAN aziendale (ad esempio in una filiale), perché minimizza l'uso di banda trasmissiva ed è facilmente utilizzabile "dietro ad un firewall". Ne consegue che i telefoni SIP sono maggiormente adatti, se collocati all'interno della Local Area Network

---

16   Vorrei ricordarvi che l'invio di SMS è una forma di comunicazione veloce finalizzata al risparmio di tempo: ad esempio userete un sms per informare un cliente che la propria merce è pronta. Stesso sistema può essere utilizzato per eventuali campagne di marketing tramite l'invio di un singolo SMS a decine o centinaia di clienti, approfittando delle tante offerte telefoniche esistenti.

17   Ho accennato ad una sintetica differenza, poiché questo libro esula da tale argomento.

dell'impresa.

In secondo luogo vi guiderò nella scelta di un telefono VoIP, citando i miei fornitori ed i modelli più usati nei progetti del mio team. Anticipo che i dispositivi SIP Grandstream sono ottimi, anche perché tale azienda opera nel mondo del VoIP sin dall'inizio, mentre Yuxin mi hanno sempre fornito telefoni IAX2 alquanto funzionali: purtroppo -in quest'ultimo caso- la scelta non è vasta, dal momento che i telefoni che sfruttano tale protocollo sono prodotti da poche aziende.

Modelli di telefoni SIP

GXP280/GXP285 Small Business 1-line
La qualità dell'audio è elevata ed il telefono è dotato di un display LCD128x32 e di diverse funzionalità. Può gestire un solo account SIP ed ha due porte di rete (10/100), per essere integrato senza problemi all'interno della vostra LAN. Supporta diverse lingue ed è consigliabile a chi desidera un dispositivo non estremamente complesso ed evoluto per lo svolgimento del proprio lavoro.

GXP2124 4-line Enterprise HD IP Phone
A differenza del primo, questo telefono è in grado di gestire fino a 4 account SIP ed è dotato di un display LCD più grande (240x120). Ha anche 24 tasti programmabili (ad esempio per la memorizzazione di numeri telefonici da chiamare digitando un singolo tasto). Sono presenti due porte LAN ed è generalmente destinato ai dipendenti che hanno il compito di smistare le telefonate.

Modello di telefono IAX2

Yuxin IAX/SIP : YWH201
Una delle principali caratteristiche del YWH201 è la piena compatibilità con i protocolli IAX2 e SIP (a seconda del firmware caricato), che lo rendono facilmente integrabile in qualsiasi struttura LAN/WAN. Garantisce anche una buona qualità della voce sulla rete IP.

Un'altra azienda, che si sta imponendo nel mondo delle infrastrutture VOIP, è *la Yealink*, nel cui catalogo è presente l'interessante *W52P,* telefono cordless DECT[18] dotato anche di protocollo OpenVPN, utile al collegamento di sedi remote in totale sicurezza (così come vi mostrerò successivamente).

Non ho voluto inserire altri modelli, anche se sul mercato esistono validi dispositivi, e so

---

18   L'acronimo DECT (Digital Enhanced Cordless Telephony) indica una tecnologia wireless digitale creata in Europa per telefoni cordless e wireless. Le applicazioni di tale tecnologia interessano tutti quei dispositivi telefonici senza filo (sia di uso domesico sia aziendali) che si collocano all'interno di un'area geografica "coperta" da un segnale radio (generato da una o più antenne).

già che alcuni lettori avranno qualcosa da obiettare, criticandomi per tale scelta e replicando che è possibile acquistare altri telefoni con prestazioni migliori. Vorrei sottolineare che uno dei fini di questa guida è garantire l'abbattimento dei costi delle infrastrutture IT e che i modelli da me citati sono stati a lungo testati, hanno un prezzo contenuto e sono perfettamente funzionanti all'interno dei contesti aziendali analizzati.

Come installare una VM contenente Asterisk/FreePBX

Dopo una lunga premessa, fatta di delucidazioni e consigli su VoIP e PBX, per voi è

giunto il momento di sperimentare personalmente tutti i vantaggi di un centralino basato su Asterisk, ma prima dovrete procurarvi una virtual machine, progettata ad hoc per soddisfare le esigenze della vostra azienda. Non è mia intenzione -in questo paragrafo- spiegarvi come rendere operativo il PBX attraverso l'installazione di una distribuzione di Asterisk oppure "from scratch", bensì vi mostrerò quanto sia facile ottenere lo stesso risultato grazie ad una VM adeguatamente creata per voi. Purtroppo non posso indicarvi alcun sito web utile per effettuarne il download, sebbene i fornitori di virtual appliance si possano trovare attraverso una semplice ricerca su Google.

Premesso ciò, immaginate di aver ottenuto il file OVF[19]; le fasi di preparazione all'installazione consistono nell'accedere al VMware Hypervisor tramite il client, cliccando sull'apposita icona ed inserendo le proprie credenziali di autenticazioni. Quando verrà visualizzato il pannello di controllo di vSphere, cliccate sul menu **File** e selezionate il comando deploy OVF Template (fate riferimento all'immagine sottostante).

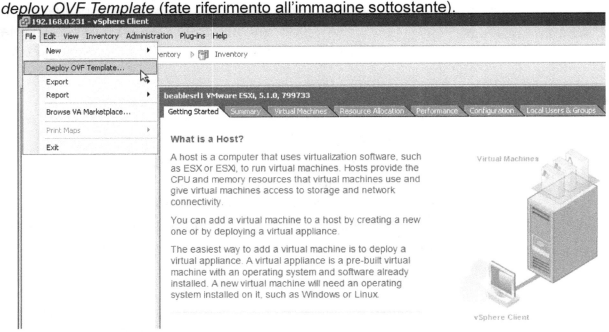

FIG. 3-28: Menu File - Deploy OVF Template

In questo modo inizierà la procedura guidata di Deploying, che vi permetterà facilmente di installare la VM senza dover perdere la testa nel settaggio di alcun parametro. L'unica

---

19   L'acronimo OVF (Open Virtualization Format) indica un "formato aperto" per la "pacchettizzazione" e la distribuzione di software da eseguire su VM. Lo standard OVF non è legato a nessun particolare hypervisor né all'architettura del processore.

cosa che dovrete fare sarà selezionare la cartella in cui avete estratto i file compressi (a tal fine utilizzate il comando *Browse*) e cliccare sempre su *Next*, finché non troverete il tasto *Finish*. Quest'ultimo darà il via all'installazione, che durerà una manciata di minuti.

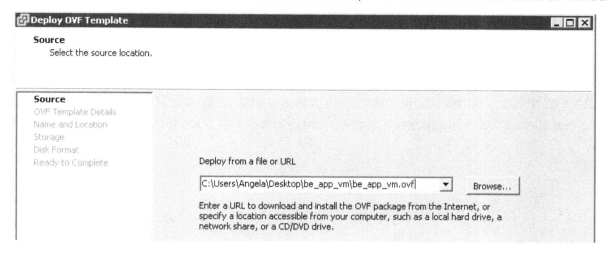

FIG. 3-29: procedura guidata di Deploying

Una volta terminata l'installazione, dovrete avviare la VM così come vi ho spiegato nel capitolo su pfSense: cliccate sull'indirizzo IP del server (presente in alto, a sinistra del pannello di controllo) con il tasto destro del mouse, per visualizzare il menu contestuale; aprite la console della macchina virtuale attraverso l'apposito comando (*Open console*) e cliccate su *Play*. Ora Asterisk freePBX è funzionante e pronto per essere configurato.

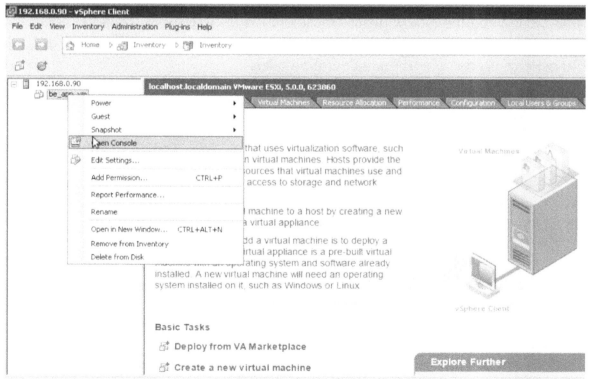

FIG. 3-30: avvio della VM

Configurazione di Asterisk/FreePBX

Trattandosi di una VM già progettata per essere inserita nel vostro contesto aziendale,

la configurazione del PBX VoIP non sarà affatto complicata. Per prima cosa aprite un qualsiasi browser ed inserite l'IP address del vostro centralino nella barra degli indirizzi, al fine di visualizzare la pagina web di "benvenuto"; successivamente cliccate sul link *FreePBX Administration*. Dovete ora inserire le credenziali di autenticazione, pertanto digitate *admin* sia come nome utente sia come password, in quanto il sistema ha impostato per default tali credenziali. Anche in questo caso vi consigliamo di modificarle dopo

FIG. 3-31: freePBX - inserimento credenziali di autenticazione

il primo accesso.

Nell'immagine seguente viene mostrata l'interfaccia Web del vostro PBX, ossia il pannello di controllo tramite il quale potrete monitorare il funzionamento del sistema, analizzando (ad esempio) la percentuale di utilizzo della CPU e della memoria, lo stato del server e le statistiche del centralino (chiamate interne ed esterne, canali attivi ecc.). La vostra attenzione, però, deve ricadere sulla barra, contenente vari menù a tendina e posizionata in alto, che vi permetterà di gestire facilmente le diverse funzionalità del centralino e configurarlo opportunamente. Di seguito troverete alcune indicazioni su come garantire i servizi essenziali che ogni azienda dovrebbe avere.

FIG. 3-32: FreePBX System Status (messaggi e statistiche di sistema)

FreePBX Statistics	
Totale chiamate attive	0
Chiamate interne	0
Chiamate esterne	0
Totale canali attivi	0

FreePBX Connections	
Telefoni IP Online	6
Fasci IP Online	8
Registrazioni Fasci IP	2

Reti	
eth0 riceve	0.67 KB/s
eth0 trasmette	1.05 KB/s

Stato Server	
Asterisk	OK
MySQL	OK
Server Web	OK
Server SSH	OK

Tempo di esercizio

Sistema: 2 settimane, 16 ore, 46 minuti

Asterisk: 1 settimana, 3 giorni, 16 ore, 38 minuti

Ultimo ricaricamento: 1 day, 14 minuti

FIG. 3-33: FreePBX System Status (statistiche, stato del server e Uptime)

Creazione di un'estensione

La prima funzionalità basilare che dovete saper gestire è l'inserimento di un nuovo interno aziendale, quindi cliccate sul menù **Applications** e successivamente sulla voce *Interni*. Nella finestra mostrata dall'immagine sottostante avete la possibilità di scegliere il tipo di dispositivo telefonico per cui state creando l'estensione.

Amministrazione ▼   Applications ▼   Connectivity ▼   Rapporti ▼   Settings ▼   User Panel

Aggiungi un Interno

Selezionare il tipo di apparato e fare click su Conferma

- Device

Apparato   Apparato SIP generico   ▼

Conferma

FIG. 3-34: aggiunta di un interno

Potete collegare fisicamente il telefono VoIP anche prima di avviare tale procedura, ciononostante vi consiglio di farlo in un secondo momento, per verificare che la connessione sia avvenuta[20]. Nel nostro esempio abbiamo scelto un telefono SIP, ma è possibile selezionare anche altri dispositivi come, ad esempio, gli IAX2. Qualunque sia la vostra scelta, confermatela con l'apposito comando e andate avanti.

In fase di creazione dell'estensione SIP, dovete inserire diversi parametri di configurazio-

---

20   Per far ciò, potete analizzare le informazioni presenti sia sul display LCD dell'IP Phone sia sull'interfaccia grafica del Soft Phone (qualora abbiate optato per tale soluzione).

ne: in primis è necessario stabilire il numero dell'interno, il nome da visualizzare e l'alias
SIP. Le informazioni presenti nell'immagine sottostante sono puramente indicative.

FIG. 3-35: creazione dell'estensione SIP

In seguito occorre digitare una password alfanumerica, ricordando che lunghezza e
complessità sono parametri fondamentali per garantire una maggiore protezione sull'utilizzo dell'estensione.

Abilitate anche la casella vocale (immagine 3-36), dato che per default essa è disattivata,
digitate una password numerica e specificate l'indirizzo di posta elettronica al quale sa-

FIG. 3-36: casella Vocale

ranno inviati i messaggi della segreteria telefonica sotto forma di allegato. Accettate l'opzione *allegato Email* (spuntando l'apposita casella) e ricordatevi di abilitare l'eliminazione
del messaggio vocale. Per il momento lasciate inalterati gli altri parametri. Cliccate sul
tasto *conferma*, collocato alla fine della scheda, e successivamente sul comando *Apply
Config*, affinché venga effettuato il "ricaricamento" [21].

Configurazione interno SIP

La procedura di creazione di un'estensione non è sufficiente per l'inserimento di un nuo-

---

21   Grazie al "ricaricamento" (così come viene specificato nel messaggio) tutte le modifiche apportate in freePBX saranno applicate al motore del centralino stesso e rese operative.

vo apparecchio telefonico nella vostra infrastruttura, poiché è necessario configurarlo manualmente. Vi avviso che l'interfaccia di configurazione non è univoca, ma dipende dalla tipologia di telefono collegato, sebbene i parametri da inserire siano gli stessi. Procederò, quindi, con ordine e vi spiegherò come configurare un soft-phone.

» Solitamente -nelle infrastrutture progettate dal mio team- viene utilizzato Zoiper, poiché è dotato anche di versione gratuita ed è disponibile per diversi sistemi operativi (Windows, Linux ecc.). Preciso, per chi non lo sapesse, che un softphone ("telefono software") è un programma client utilizzabile come un vero e proprio telefono VoIP ed installabile su PC, palmare, telefono IP ecc. Essendo essenzialmente un programma, è necessario effettuarne il download dal web: accedete al sito web *http://www.zoiper.com* e scaricate l'ultima versione aggiornata.

» Dopo aver installato correttamente il soft-phone (la procedura è semplicissima e lineare, quindi non occorre spiegarla), cliccate sull'icona di *Zoiper* presente sul desktop e attendete che venga visualizzata la seguente maschera. Sfruttate il tasto a forma di "chiave inglese" per configurare le opzioni e preparatevi a creare un account.

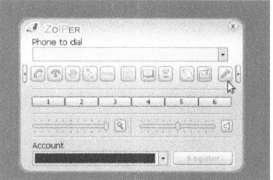

FIG. 3-38: Zoiper Windows edition

» Nella scheda opzioni specificate di voler aggiungere un nuovo account SIP: inserite il numero dell'interno (ad esempio *100*) e cliccate su *OK* per accedere alla schermata successiva.

» È fondamentale inserire il dominio (corrispondente all'indirizzo IP del centralino Asterisk), username e password (scelte durante la fase di creazione dell'estensione

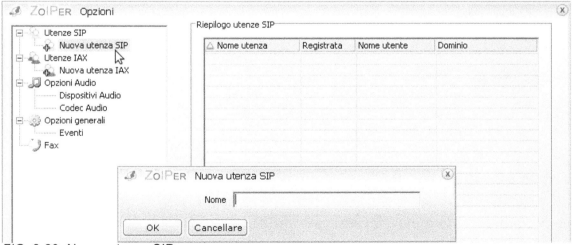

FIG. 3-39: Nuova utenza SIP

SIP) e nuovamente il numero dell'interno. Applicate le modifiche apportate tramite il tasto *Apply* e convalidate il tutto con il comando *OK*. Per avere conferma della corretta configurazione del softphone, ritornate sul pannello di controllo di Asterisk, cliccate sul menu **Rapporti** e selezionate *Asterisk Info*; successivamente scegliete di visualizzare *Peers* (alla vostra destra sarà presente il tasto omonimo), verificando

che l'interno si sia registrato (FIG. 3-42).
Come si può vedere dalle seguenti schermate, l'interno 100 é stato registrato.

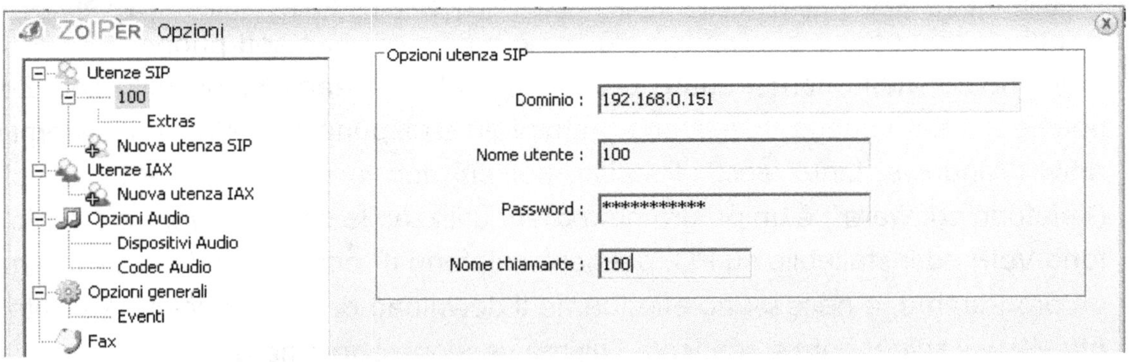

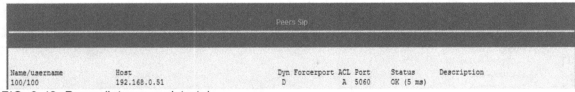

ZoIPER Opzioni
Utenze SIP
100
Extras
Nuova utenza SIP
Utenze IAX
Nuova utenza IAX
Opzioni Audio
Dispositivi Audio
Codec Audio
Opzioni generali
Eventi
Fax
Opzioni utenza SIP
Dominio : 192.168.0.151
Nome utente : 100
Password : ************
Nome chiamante : 100
FIG. 3-40: Zoiper - SIP account options

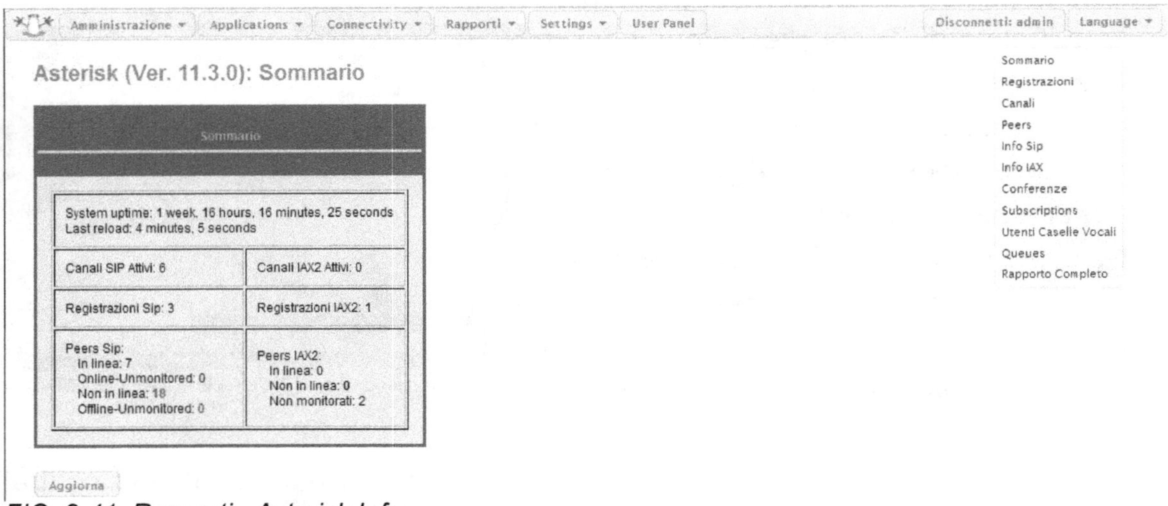

Amministrazione
Applications
Connectivity
Rapporti
Settings
User Panel
Disconnetti: admin
Language
Asterisk (Ver. 11.3.0): Sommario
Sommario
System uptime: 1 week, 16 hours, 16 minutes, 25 seconds
Last reload: 4 minutes, 5 seconds
Canali SIP Attivi: 6
Canali IAX2 Attivi: 0
Registrazioni Sip: 3
Registrazioni IAX2: 1
Peers Sip:
In linea: 7
Online-Unmonitored: 0
Non in linea: 18
Offline-Unmonitored: 0
Peers IAX2:
In linea: 0
Non in linea: 0
Non monitorati: 2
Sommario
Registrazioni
Canali
Peers
Info Sip
Info IAX
Conferenze
Subscriptions
Utenti Caselle Vocali
Queues
Rapporto Completo
Aggiorna
FIG. 3-41: Rapporti - Asterisk Info

Asterisk (Ver. 11.3.0): Peers
Peers Sip
Name/username Host Dyn Forcerport ACL Port Status Description
100/100 192.168.0.51 D A 5060 OK (5 ms)
FIG. 3-42: Peers (interno registrato)

Creazione e configurazione di un account IAX2

Per la creazione di un account IAX2, non è necessario fornire troppe spiegazioni: se avete compreso come creare un'estensione SIP, allora riuscirete facilmente a collegare in interno IAX2, poiché la procedura è identica. Ricordatevi soltanto di specificare (nella finestra **Aggiungi interno**) di voler installare un *apparato IAX2 generico*. Dovrete ovviamente inserire il numero dell'interno, password, abilitare la voicemail e settare tutti gli altri parametri così come vi ho mostrato precedentemente. Un identico ragionamento si può fare per la configurazione dell'account, quindi prendete in considerazione le mie indicazioni al punto 2.

Creazione di un fascio Eutelia

La sola presenza di un PBX VoIP non garantisce un proficuo abbattimento dei costi delle telefonate, in quanto è fondamentale scegliere uno o più operatori telefonici VOIP in grado di assicurare un significativo risparmio economico tramite tariffe molto vantaggiose. Ecco perché è necessario creare un fascio legato ad un operatore VOIP come, ad esempio, Eutelia, sebbene sia anacronistico parlare ancora di tale S.p.a: l'azienda di Arezzo, comparsa con il nome Eutelia agli inizi del 2004, era nata come brand per la commercializzazione di prodotti e servizi di telecomunicazione e si era imposta sul mercato italiano offrendo servizi voce, dati, Internet e fonia VoIP; dal primo giugno 2012 l'azienda è stata assorbita da Clouditalia Comunications, che ha assicurato l'erogazione dei servizi già esistenti e si è posta sul mercato con un progetto innovativo anche per le aziende. Le tariffe proposte da Clouditalia, ad esempio, sono molto appetibili. Se volete verificare quanto ho appena detto, basta entrare nel sito web *http://www.clouditaliaorchestra.com* ed analizzare le offerte ed il listino prezzi proposto ai clienti. In alternativa potete far riferimento alla seguente tabella, in cui ho inserito alcuni esempi di abbattimento dei costi delle telefonate internazionali.

Destinazione	Prezzo/minuto	Prezzo/minuto con IVA	Scatto alla risposta con IVA
Francia (numeri fissi)	€ 0,008	€ 0,010	nessuno
Giappone	€ 0,027	€ 0,032	nessuno
Gran Bretagna	€ 0,008	€ 0,010	nessuno
Italia (numeri fissi)	€ 0,015	€ 0,018	nessuno
Spagna	€ 0,008	€ 0,010	nessuno
USA	€ 0,008	€ 0,010	nessuno

Un surplus di spesa (con aggiunta di scatto alla risposta) interessa le telefonate verso i cellulari e dipende dagli operatori telefonici presenti nei vari Stati. Clouditalia Orchestra, inoltre, ha elaborato una serie di promozioni interessanti per chiamate in Europa e nel Nord America: con un solo centesimo al minuto è possibile telefonare verso numeri fissi negli USA, in Francia, in Germania, Canada, ecc, mentre con un lieve aumento dei prezzi potete effettuare telefonate verso il Belgio (1,8 centesimi) oppure verso la Russia (solo 3,8 centesimi). Sebbene questi esempi possano spingervi verso Clouditalia, vorrei precisare che esistono altre aziende fornitrici di servizi VoIP, quindi, è opportuno valutare tutte le offerte presenti sul mercato prima di scegliere per una tariffa in particolare.

In base alla vostra decisione, qualunque essa sia, il vostro centralino vi garantirà determinati vantaggi economici, ma sarà necessario creare prima un trunk/fascio VoIP, una specie di canale che consente di interfacciarsi direttamente ad un determinato operatore. Per crearne uno, è necessario accedere all'interfaccia web di FreePBX, cliccare sulla voce *Fasci* presente nel menu **Connectivity**.

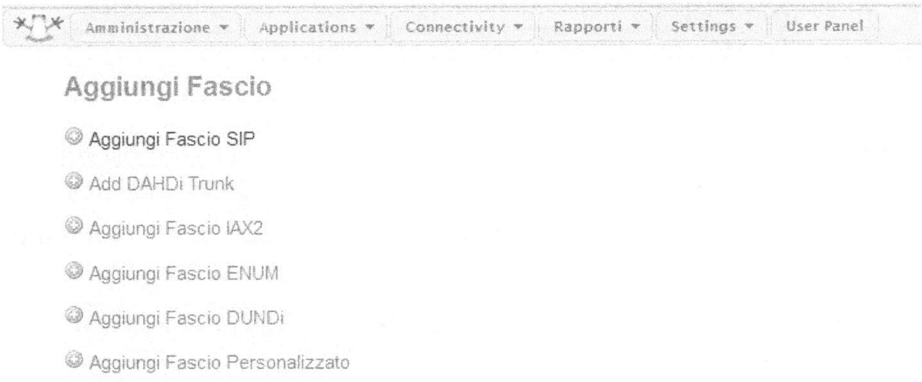

Aggiungi Fascio

○ Aggiungi Fascio SIP

○ Add DAHDi Trunk

○ Aggiungi Fascio IAX2

○ Aggiungi Fascio ENUM

○ Aggiungi Fascio DUNDi

○ Aggiungi Fascio Personalizzato

FIG. 3-43: Aggiunta di un fascio

Il sistema vi chiederà di specificare la tipologia di fascio da creare e voi dovrete optare solo per il fascio SIP; l'aggiunta di un fascio IAX2 va presa in considerazione solo quando è necessario collegare due centralini Asterisk presenti in due filiali diverse. Va anche evidenziata la possibilità di creare più fasci in base alle necessità aziendali. Ad esempio potete stabilire che i telefoni dell'ufficio amministrativo utilizzino un fascio Eutelia, mentre quelli dell'ufficio vendita sfruttino un altro operatore; avete anche la facoltà di decidere di quale operatore servirvi per telefonare negli USA o in Giappone, destinando altri fasci per le telefonate in Italia e in Europa. Le possibilità -in parole povere- sono innumerevoli così come sono eterogenee e numerose le esigenze di un'azienda. Non mi dilungherò, pertanto, su tale argomento e procederò nella mia spiegazione.

Il passo successivo consiste nell'impostare alcuni parametri:

» inserite lo stesso numero telefonico (comunicatovi da Eutelia in fase di creazione di un account) nelle caselle **Nome Fascio** e **Outbound CallerID** (fig.3-44); in base alle regole create sarà utilizzato un canale al posti di un altro;

» nella sezione delle **Impostazioni in uscita** (fig.3-45) definite il nome del fascio,

Aggiungi Fascio SIP

Impostazioni generali

Nome Fascio :	0802141234
Outbound CallerID :	0802141234
CID Options :	Allow Any CID ▼
Numero Massimo di Canali :	
Asterisk Trunk Dial Options	Tt ☐ Override
Continue if Busy :	☐ Check to always try next trunk
Disabilita il fascio :	☐ Disattiva

FIG. 3-44: Impostazioni generali

utilizzando un identificativo univoco; in seguito, in **Dettagli PEER**, inserite la configurazione che vedete in figura, avendo cura di sostituire la password con quella fornitovi all'atto della creazione dell'account ed immettendo il numero telefonico ottenuto;

```
Impostazioni in uscita

Nome Fascio    :         0802141234
Dettagli PEER  :
context=from-trunk
fromuser=0802141234
host=voip.eutelia.it
insecure=very
qualify=yes
secret=PASSWORD
type=friend
username=0802141234|
```

context=from-trunk
fromuser= num_Eutelia
host=voip.eutelia.it
insecure=very
qualify=yes
secret= password_Eutelia
type=friend
username= num_Eutelia

FIG. 3-45: Fascio SIP - Impostazioni in uscita

» le stesse considerazioni si possono formulare per la definizione delle **impostazioni in entrata** (fig.3-46); dopo aver inserito il già citato numero telefonico nella casella User, infatti, dovete immettere come **dettagli-utente** la password, l'indirizzo IP fisso della propria ADSL, il numero telefonico ottenuto e l'host di Eutelia;

```
Impostazioni in entrata

Contesto UTENTE (USER)  :  0802141234
Dettagli UTENTE  :
username=0802141234
type=user
srvlookup=yes
secret=PASSWORD
realm=voip.eutelia.it
nat=yes
insecure=very
host=voip.eutelia.it
fromuser=0802141234
fromdomain=voip.eutelia.it
externip=INDIRIZZO_IP_ESTERNO
```

username=num_Eutelia
type=user
srvlookup=yes
secret=password_Eutelia
realm=voip.eutelia.it
nat=yes
insecure=very
host=voip.eutelia.it
fromuser= num_Eutelia
fromdomain=voip.eutelia.it
externip=IP_FISSO
canredirect=yes
canreinvite=no

FIG. 3-46: Fascio SIP - Impostazioni in entrata

» per la creazione della stringa di registrazione, occorre tener presenti le informazioni inviatevi da Eutelia (cioè numero telefonico e password) ed utilizzarle ricorrendo alla seguente stringa: *numero_telefonico:password@voip.eutelia.it/numero_telefonico"* (FIG 3-47).

Stringa di registrazione :
0802141234:PASSWORD@voip.eutelia.it/08

FIG 3-47: Fascio SIP - stringa di registrazione

Ricordatevi che una delle maggiori cause di problemi nel collegamento di un numero telefonico VOIP ad un centralino Asterisk (presente all'interno di una rete LAN) è il NAT, ossia la tecnica più diffusa per celare la presenza di host multipli dietro un arco di indirizzi IP. L'audio della telefonata, ad esempio, potrebbe risultare "non bidirezionale". Per ovviare a questo inconveniente, è necessario andare in **Settings > Asterisk Sip Settings**, abilitare il NAT (**NAT** = *yes*) ed impostare i successivi due parametri nel seguente modo:

» **External IP** = indirizzo IP del centralino telefonico (ad esempio 192.168.0.151). In alcuni casi è necessario inserire l'indirizzo IP fisso della propria ADSL;

» **Local Networks** e **subnet** pari al range di indirizzi IP della rete LAN (ad esempio192.168.0.0/255.255.255.0).

FIG. 3-48: Settings - Asterisk Sip Settings

L'ultimo step consiste nell'effettuare il *port forwarding* della porta *UDP 5060* dal router e del firewall pfSense direttamente sull'indirizzo IP del centralino.

Definizione dei gruppi di interni

La creazione di gruppi di risposta risulta essere molto utile, se volete ottimizzare la gestione delle telefonate in entrata, suddividendo gli interni telefonici in appositi gruppi e smistando le chiamate in base a regole ben precise: ad esempio potete creare un gruppo di risposta dell'ufficio amministrativo comprendente tutti telefoni in esso presenti, che squilleranno all'unisono nel momento in cui un cliente chiamerà il numero telefonico associato a quel gruppo. In questo modo, qualora una chiamata venga inoltrata ad un interno dove l'utente non è presente, gli altri dipendenti potranno rispondere da un altro apparecchio telefonico dello stesso ufficio.

Per rendere possibile tutto ciò, occorre aggiungere dei gruppi di chiamata attraverso l'apposito comando presente nell'interfaccia web di FreePBX (menu *Applications - Gruppi di Chiamata*). Osservando attentamente l'immagine *3-49*, noterete che è possibile settare numerosi parametri, ma io vi fornirò indicazioni solo su quelli essenziali: in primis definite un numero interno da associare al gruppo (nel nostro caso *600*), che successivamente verrà collegato ad una determinata rotta di ingresso; digitate una descrizione del gruppo (ad esempio "ufficio amministrativo") e scegliete la tipologia di squillo[22]; stabilite

---

22   **Strategie di squillo:**
- Ringall: fa squillare tutte le estensioni presenti nel gruppo di chiamata, finché qualcuno non risponde alla chiamata.
- Hunt: fa squillare a turno ogni estensione
- MemoryHunt: fa squillare la prima estensione della lista, successivamente la seconda, la terza e così via...
- Ringall-Prim: fa squillare tutte le estensioni disponibili nel gruppo, finché qualcuno non risponde alla chiamata, a meno che la prima estensione della lista non sia occupata o programmata su "non disturbare"; in quest'ultimo caso non fa squillate le altre estensioni appartenenti al gruppo
- Hunt-Prim: fa squillare a turno tutte le estensioni disponibili, a meno che la prima estensione non sia occupata o programmata su "non disturbare"; in quest'ultimo caso non fa squillare le restanti estensioni del gruppo
- MemoryHunt-Prim: fa squillare la prima estensione della lista, successivamente la seconda e così via. Se la prima estensione nella lista è occupata oppure programmata su "non disturbare", non fa squillare le restanti estensioni.
- FirstAvailable: fa squillare solo la prima estensione disponibile.
- FirstNotOnPhone: fa squillare solo la prima estensione disponibile, ignorando l'avviso di chiamata.

Aggiungi Gruppo di Chiamata

Aggiungi Gruppo di Chiamata

Gruppo di Chiamata Numero:	603
Descrizione Gruppo:	tutti
Strategia di Squillo:	ringall ▼
Ring Time (max 300 sec)	20
Lista Interni:	100 101
Selezione Veloce Interno	(scegliere l'interno) ▼
Annuncio:	Nessuno ▼
Riproduci Musica di Attesa?	Squillo ▼
Prefisso ID Chiamante:	
Alert Info :	
Ignora Impostazioni Trasf. Chiamata :	☐
Salta Agenti Occupati :	☐
Enable Call Pickup :	☐
Conferma Chiamate :	☐
Annuncio Remoto	Predefinito ▼
Annuncio Troppo-Tardi	Predefinito ▼

FIG. 3-49: aggiunta di un Gruppo di Chiamata

per quanti secondi debba squillare il telefono prima che la telefonata venga instradata verso un altro interno, qualora abbiate scelto precedentemente l'apposita strategia; inserite la lista degli interni presenti nel gruppo e, per il momento, tralasciate tutte le altre opzioni. Occorre specificare, però, la destinazione di una telefonata nel caso nessuno risponda (vedi FIG. 3-50). Come potete notare, avete a disposizione un buon numero di opzioni: è possibile scegliere un determinato interno oppure un fascio (cioè un altro gruppo da voi creato); la telefonata senza risposta potrà essere terminata oppure sarà registrata nella casella vocale ed inviata tramite email sotto forma di allegato audio. Avete l'imbarazzo della scelta, ma prestate attenzione al salvataggio delle impostazioni, confermando e applicando i cambiamenti.

FIG. 3-50: selezione destinazione alternativa

Destinazione se nessuna risposta:

== choose one == ▼

Creazione delle rotte in entrata

Uno dei compiti essenziali di ogni centralino è quello di smistare le telefonate in entrata in modo efficiente, stabilendo quali interni dovranno squillare, qualora un utente esterno chiami un determinato numero telefonico. Considerando ciò, la creazione di una rotta (funzionale anche ai gruppi di chiamata) rientra a pieno titolo in questo paragrafo: potrete definirne una, cliccando su *Connectivity* e successivamente su *Rotte in entrata*. Nell'esempio (FIG. 3-51) è stata creata una rotta in entrata, identificata con nome "Be Able": inserendo 0802146851 come **Numero selezione passante**, qualsiasi chiamata verso quel numero sarà trasferita al gruppo di chiamata 600; in pratica tutti i clienti saranno automaticamente smistati a tutti gli interni appartenenti a quel gruppo, che squilleranno in base alle strategie di squillo da voi stabilite nella sezione precedente.

Creazione delle rotte in uscita

In qualsiasi azienda il flusso di telefonate non avviene solo in un'unica direzione ed un PBX deve saper gestire anche le chiamate verso clienti, fornitori e qualsiasi altro utente esterno da contattare per i più disparati motivi. D'altronde abbiamo già evidenziato l'importanza di creare i fasci, al fine di effettuare chiamate nazionali e/o internazionali a costi ridotti.

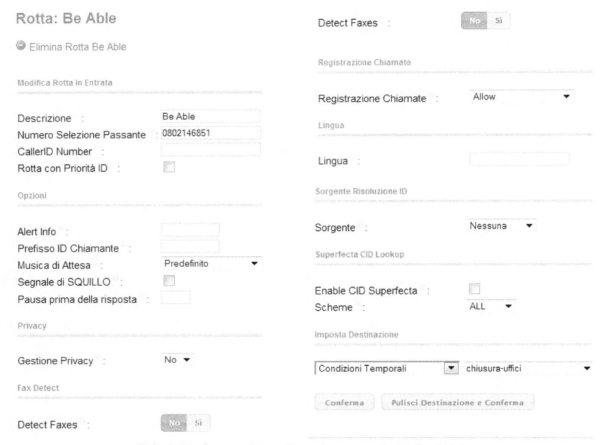

FIG. 3-51: Connectivity - Rotte in entrata (rotta Be Able)

Pertanto è doveroso creare una o più rotte in uscita (non ci devono essere collisioni tra queste), stabilendo per ognuna di esse regole ben precise: ad esempio i dipendenti dell'azienda possono effettuare le chiamate verso numeri internazionali sfruttando un fascio (trunk) VoIP, mentre possono avvalersi di un altro fascio per le telefonate nazionali; è possibile anche stabilire che, ogni qual volta si componga il numero di un cellulare, la telefonata venga instradata sfruttando il fascio collegato al gateway GSM/UMTS.

La procedura di creazione di una rotta in uscita non è complessa ed è molto simile a quella spiegatavi al punto precedente (**Creazione delle rotte in entrata**): sempre sul pannello di controllo del vostro PBX troverete –nel menu **Connectivity**- il comando *Rotte in uscita*; cliccando su di esso, accederete ad una pagina di configurazione in cui dovrete effettuare il settaggio di alcuni parametri. Osservate adesso l'immagine *3-52*, affinché le mie indicazioni siano più chiare.

Nell'esempio ho inserito il nome della rotta ed il pattern (numero di preselezione seguito da un punto)[23], che corrisponderà al tasto dell'apparecchio telefonico da utilizzare prima di comporre un qualsiasi numero telefonico (fisso o mobile). Successivamente ho individuato il fascio da associare alla rotta.

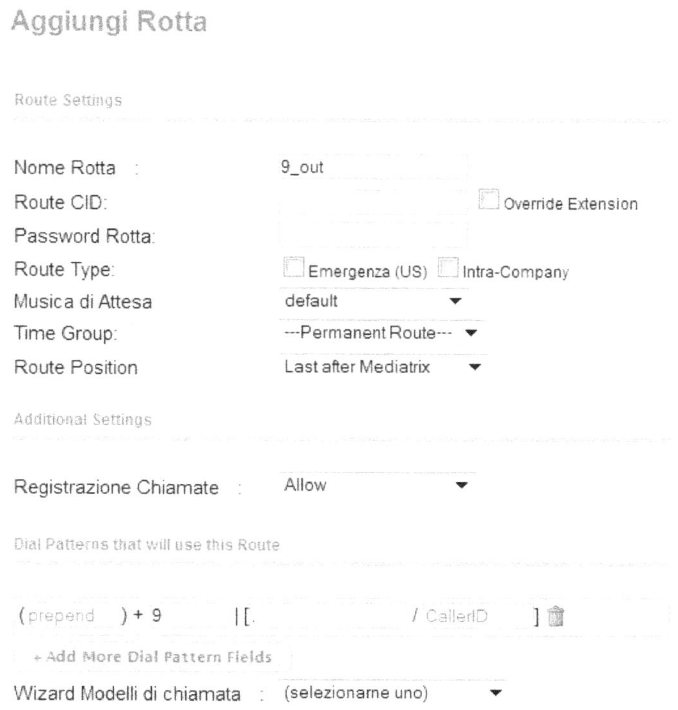

Aggiungi Rotta

Route Settings

Nome Rotta   :   9_out
Route CID: ☐ Override Extension
Password Rotta:
Route Type: ☐ Emergenza (US) ☐ Intra-Company
Musica di Attesa   default   ▼
Time Group: ---Permanent Route--- ▼
Route Position   Last after Mediatrix ▼

Additional Settings

Registrazione Chiamate :   Allow   ▼

Dial Patterns that will use this Route

(prepend) + 9 | [.   / CallerID   ] 🗑
+ Add More Dial Pattern Fields
Wizard Modelli di chiamata : (selezionarne uno) ▼

FIG. 3-52: aggiunta di una rotta in uscita

Settando questi parametri, quindi, posso digitare 9 (usato come prefisso di rotta), seguito dal numero da contattare, e far in modo che la telefonata sfrutti il fascio VoIP di Eutelia con tutti i vantaggi tariffari ad esso connessi. La pagina di configurazione, inoltre, vi dà anche la facoltà di selezionare un altro fascio (ad esempio il Mediatrix), che verrà utilizzato automaticamente dal centralino nel caso in cui il primo dovesse essere occupato o inutilizzabile.

La procedura sopraccitata risulta fattibile in presenza di una sola rotta in uscita, ma la situazione sarà più complessa, se la vostra azienda utilizza più fasci.

Trunk Sequence for Matched Routes

0   0802146851 ▼   🗑
1   ▼

Aggiungi Fascio

FIG. 3-53: sequenza dei fasci

---

23   L'inserimento di un punto dopo il numero di preselezione (vedi immagine 3-52) è fondamentale per far capire al sistema che tutti i numeri digitati dopo il pattern (nel nostro caso 9) dovranno sfruttare la rotta impostata.

Per la creazione delle regole di chiamata si possono usare i seguenti "caratteri speciali", ognuno dei quali controlla una singola digitazione all'interno del modello creato:

- » **X** accetta la digitazione dei numeri da 0 a 9
- » **Z** accetta la digitazione dei numeri da 1 a 9
- » **N** accetta la digitazione dei numeri da 2 a 9
- » **[]** accetta la digitazione dei numeri specificati tra le parentesi

Come abbiamo visto nel precedente esempio, un altro carattere speciale è rappresentato dal punto, che consente la digitazione di qualsiasi numero dopo di esso. Utilizzando i caratteri speciali nelle regole di chiamata, inoltre, possiamo far a meno del prefisso visto precedentemente (il numero 9 nel mio esempio). La regola potrebbe essere riscritta in questo modo:

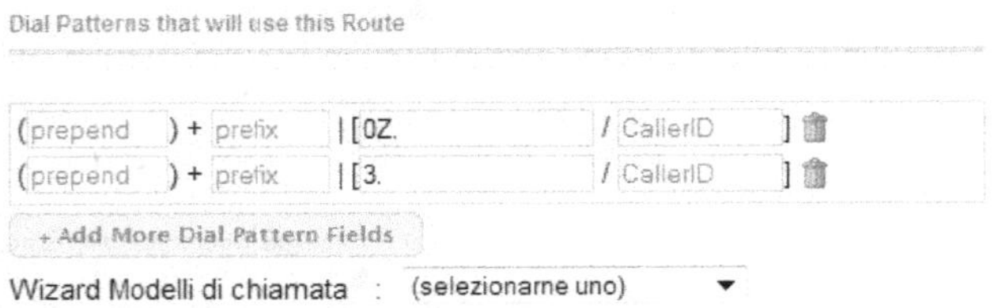

FIG. 3-54: la "regola" di chiamata

Strutturando la "prima riga" così come è mostrato nell'immagine sovrastante, avrete la possibilità di chiamare tutti i numeri telefonici che hanno come prima digitazione lo 0 e come seconda un numero compreso tra 1 a 9. La regola presente nella seconda riga, invece, riguarda tutte le chiamate verso i cellulari il cui numero inizia per 3. Con questo set di regole, tuttavia, non potrete effettuare telefonate internazionali, perché manca **00**. E' chiaro che, se aveste a disposizione un gateway Portech, la regola di chiamata ai cellulari dovrebbe essere eliminata dal fascio Eutelia ed inserita (in modalità solitaria) nel fascio collegato al Portech.

Voicemail

Tutti i centralini VoIP presenti sul mercato mettono a vostra disposizione la gestione della Voicemail, che è una vera e propria casella di posta vocale con funzioni avanzate di messaggistica e consultazione: come ho già accennato all'inizio di questo capitolo, è possibile gestire completamente i messaggi ricevuti (cancellarli, salvarli e ascoltarli) attraverso il telefono e/o l'interfaccia utente; potete anche creare dei messaggi di benvenuto per il chiamante e ricevere notifiche di messaggi ricevuti via email. Nonostante ciò, sarebbe errato considerare la voicemail come una semplice segreteria telefonica, in quanto si tratta di un centro messaggi che fornisce all'utente altri vantaggi e funzionalità:

- allegare all'email di notifica il file audio del messaggio;
- re-indirizzare un messaggio vocale ad altri utenti;
- accedere alla voicemail da qualsiasi parte del mondo tramite web.

Osservando attentamente l'immagine *3-55,* potete constatare che è identica a quella mostratavi precedentemente. L'abilitazione di una voicemail per un interno, infatti, vi è stata già spiegata in fase di creazione di un'estensione, così come il settaggio della configurazione (password numerica per accedervi, invio di notifiche via email con allegato

88

ecc.). Impostando in modo corretto la casella vocale[24], potrete accedere ad essa tramite interfaccia web e visualizzare i messaggi in essa conservati. Per far ciò, è necessario cliccare su *User Panel* (FIG. 3-56).

FIG. 3-55: Casella Vocale

FIG. 3-56: User Panel

Dopo aver effettuato il login con le credenziali corrispondenti al numero dell'interno e con la password inserita durante la fase di configurazione della casella vocale, vi apparirà l'interfaccia web presente in FIG. 3-57. Grazie ad essa sarà possibile ascoltare, scarica-

FIG. 3-57: Interfaccia web della Casella Vocale

re e cancellare i messaggi vocali, ai quali potrete accedere anche tramite un qualsiasi telefono VoIP, componendo il codice di servizio *97 (impostato per default). Chiaramente quest'ultimo codice può essere cambiato, accedendo al menu **Amministrazione** e cliccando su *Codici Servizi*. Sfruttando questa pagina (vedi immagine 3-58), inoltre, è pos-

Casella Vocale

Casella Vocale	*98	✓	Attivato ▼
Direct Dial Prefix	*	✓	Attivato ▼
Casella Vocale Personale	*97	✓	Attivato ▼

Conferma Cambiamenti

FIG. 3-58: Amministrazione - Codici Servizi

---

24   Se mantenete la configurazione mostratavi nell'immagine 3-55, la casella vocale sarà sempre vuota, in quanto avete spuntato la casella del sì ed il sistema cancellerà automaticamente tutti i messaggi, dopo averli inviati via email.

sibile cambiare tutti i codici associati a determinate funzionalità: è necessario individuare la "casella vocale personale" e modificare il codice collocato alla sua destra, facendo attenzione alla presenza del segno di spunta ed alla conferma delle eventuali modifiche.

Creazione e configurazione di un IVR

L'IVR, acronimo di *Interactive Voice Response*, può essere definito come un "rispondi-tore telefonico multilivello", grazie al quale il centralino risponde automaticamente alle chiamate in arrivo, creando diversi menù e sotto-menù e smistandole tra i vari utenti/operatori. Per crearne uno e configurarlo correttamente, dovete seguire con attenzione i seguenti passaggi ed essere consapevoli che potete personalizzate come volete i messaggi che guideranno il chiamante durante la telefonata.

Partirò da come registrare un messaggio. Potete farlo personalmente, registrandolo da un interno, oppure avete la possibilità di sfruttare una delle tante voci "sintetizzate" (maschili o femminili) disponibili sul mercato e ottenibili in vario modo: alcuni fornitori vendono ai propri clienti dei software in grado di riprodurre qualsiasi testo tramite una sin-tetizzazione della voce umana, la cui qualità dipende dal tipo di programma acquistato; in altri casi è possibile ottenere risultati soddisfacenti sfruttando alcuni siti web che, gratui-tamente, consentono agli utenti di creare messaggi vocali, adatti all'IVR di un centralino. Quest'ultima via, tuttavia, non sempre è percorribile, poiché viene inserita una musica di sottofondo nel messaggio registrato, allo scopo di renderlo inutilizzabile e costringendo il cliente ad acquistare il servizio; in altri casi non è possibile salvare la registrazione. For-tunatamente io ed il mio team abbiamo scoperto come aggirare questo ostacolo e ve lo mostreremo in seguito. Per ora si proceda in modo graduale, spiegandovi come utilizzare la propria voce e le funzionalità del vostro PBX.

Accedete a FreePBX e cliccate su *Registrazioni di sistema* (menu **Amministrazione**), per visualizzare la pagina di FIG. 3-59. Immettete il numero dell'interno tramite cui effet-tuare le registrazione, selezionate il tasto *VAI* e date un nome al messaggio vocale (ad esempio "prova registrazione da interno").

FIG. 3-59: Amministrazione - Registrazione di Sistema (fase 1)

Registrazioni di Sistema

Aggiungi Registrazione

Fase 1: Registrazione o caricamento

Utilizzando il proprio telefono, chiamare *77 and speak the message you wish to record. Press # when finished.

FIG. 3-60: Amministrazione - Registrazione di Sistema (fase 2)

Una volta salvato il tutto, comparirà alla vostra destra il link relativo alla registrazione. Cliccate su di esso e date il via alla registrazione, utilizzando il pulsante azzurro (immagine 3-61). Per esempio potete registrare il seguente messaggio: "*benvenuti alla Be Able; per parlare con l'ufficio amministrativo, digitate uno; per parlare con l'ufficio vendite, digitate 2 ... oppure rimanete in linea per parlare con il primo operatore disponibile.*"

Registrazioni di Sistema

Modifica Registrazione

🔊 Rimuovi Registrazione *(Nota: non rimuove il file dal computer)*

Cambia Nome   prova-registrazione-da-i

Nome Descrittivo
Nessuna descrizione completa disponibile

Collega ad un Codice Servizio : ☐ Codice Servizio Opzionale *2927
Password Codice Servizio

File:

custom/prova-registrazione-da-interno 🔊 ↘ 🗑

▼ 🔊 ↗ 🗑

Salva

FIG. 3-61: registrazione del messaggio

Non appena riaggancerete la cornetta, ponendo fine alla registrazione, quest'ultima sarà automaticamente salvata dal sistema, pertanto non è necessario cliccare su *Salva*, bensì sul comando *IVR* presente nel menu **Applications** e, successivamente, su *Aggiungi IVR* (FIG. 3-62).

Amministrazione ▼   Applications ▼   Connectivity ▼   Rapporti ▼   Settings ▼   User Panel

IVR

Add a new IVR

FIG 3-62: Applications - IVR (aggiunta di una nuovo IVR)

Assegnate un nome al vostro IVR (FIG. 3-63), selezionate l'annuncio da voi creato e stabilite il timeout, cioè dopo quanti secondi il centralino instraderà la telefonata verso una destinazione (da voi programmata), se il chiamante non digiterà alcun numero. Tralasciate gli altri parametri e preparatevi a specificare le destinazioni delle varie telefonate in entrata, in modo tale che il chiamante, seguendo le indicazioni contenute nel menu vocale da voi creato e digitando un ben preciso numero, sia indirizzato verso un interno aziendale. Nell'esempio mostratovi (vedi FIG. 3-63) ho stabilito che il chiamante, digitando *1*, sarà messo in comunicazione con l'interno *100*, digitando *2*, farà squillare i telefoni del gruppo di chiamata *600* (in base alle regole da voi stabilite)[25]. Salvate le modifiche apportate e testate l'IVR appena creata.

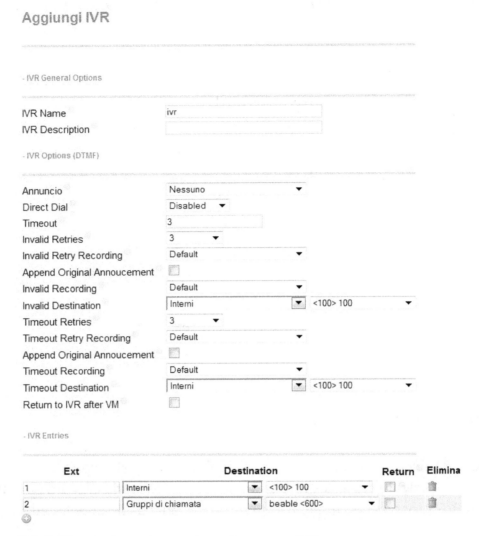

FIG. 3-63: scheda per la creazione di un nuovo IVR

Qualora l'annuncio registrato non sia di vostro gradimento e vogliate un messaggio vocale caratterizzato da una voce gradevole e da una dizione corretta, manterrò fede alla mia promessa e vi spiegherò come utilizzare gratuitamente una voce sintetizzata. Aprite, quindi, un browser Internet qualsiasi e digitate –nella barra degli indirizzi – *http://www. oddcast.com/home/demos/tts/tts_example.php?sitepal.*

Come potete vedere nell'immagine *3-64*, il sito in questione vi offre la possibilità di impostare svariate caratteristiche vocali, prima di immettere il testo del messaggio e "dargli voce" tramite un sintetizzatore vocale. Scegliete la lingua e il tipo di voce da utilizzare[26] ed inserite nell'apposita casella il testo che avete elaborato. Dato che il sito web vi consente soltanto di provare la voce e non di registrarla, è necessario bypassare questo ostacolo usando un registratore di suoni.

---

25   Fate riferimento alla configurazione di un gruppo di chiamata.

26   In base alla lingua scelta, vi sarà presentato un ventaglio di voci da poter utilizzare (sia maschili sia femminili), ognuna delle quali ha un timbro ben definito.

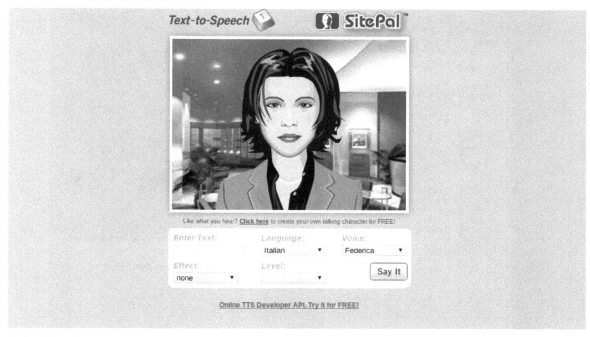

FIG. 3-64: http://www.oddcast.com

La tecnica di registrazione da utilizzare viene identificata come "recording what you hear": facendo una ricerca tramite il noto motore di ricerca Google, verrete catapultati in tantissimi tutorial, che vi forniranno diverse soluzioni in base al sistema operativo utilizzato. Con Windows 7,ad esempio, per abilitare la possibilità di registrare tutto quello che si ascolta tramite speaker (salvando il tutto in un file di tipo wav), si devono prendere in considerazione i seguenti step:

» cliccate con il tasto destro del mouse sullo speaker, presente nell'area di stato (*system tray*), e selezionate *Dispositivi di registrazione (FIG 3-65)*;

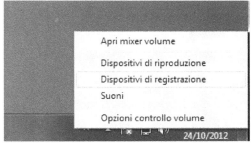

FIG. 3-65: dispositivi di registrazione in Windows 7

» nello spazio vuoto premete il tasto destro e scegliete *Mostra dispositivi disattivati*, facendo così apparire il *Missaggio stereo* (o *Stereo Mix*) nella scheda **Registrazione**; cliccate con il tasto destro su quest'ultimo e scegliete *Abilita*;

» dopo averlo abilitato, fate apparire il menu contestuale (utilizzando il tasto destro su *Missaggio Stereo*) e selezionate *Imposta come dispositivo di comunicazione predefinito* (FIG. 3-66)

93

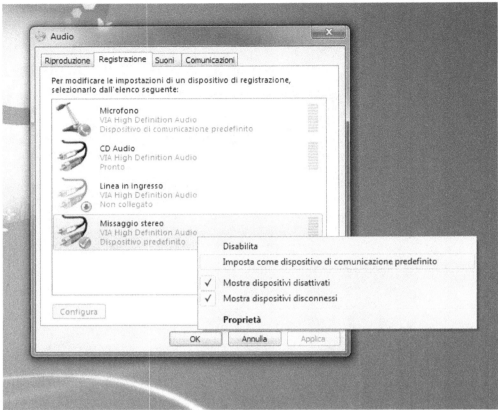

FIG. 3-66: missaggio stereo

A questo punto siete pronti per registrare il vostro messaggio vocale con una voce sin-tetizzata. Aprite un browser qualsiasi ed accedete al sito web citato precedentemente; scrivete nell'apposita casella il testo che volete far pronunciare e -grazie al registratore di suoni di sistema- potrete registrarlo come file wav (FIG. 3-67).

FIG. 3-67: registrazione voce

Testate varie tipologie di messaggio e di voci, finché non sarete soddisfatti; in seguito salvate il file audio in una directory a vostra scelta ed accedete alla ben nota pagina di *Registrazioni di sistema*; tralasciate la registrazione dell'annuncio dal proprio interno e caricate il sopraccitato file attraverso il pulsante sfoglia. Dovete ora creare un nuovo IVR,

94

seguendo la stessa procedura che vi ho indicato precedentemente e che spero sia stata spiegata in modo chiaro ed esaustivo.

FIG. 3-68: aggiunta di una registrazione

L'ultimo passo da compiere è la configurazione delle rotte in entrata, affinché l'IVR sia completamente operativo: nella pagina dove sono presenti tutte le rotte create (**Connectivity** – *Rotte in entrata*), selezionatene una ed impostate la destinazione, scegliendo dall'elenco la voce *IVR*, in modo tale che le telefonate relative a quella rotta vengano instradate verso l'*Interactive Voice Response*. Nel caso in cui vogliate collegare differenti rotte a differenti IVR, dovrete creare tante inbound route quanti sono i numeri telefonici della vostra azienda, facendo attenzione a modificare –per ogni rotta- il campo **Numero selezione passante**, in cui inserirete uno dei vostri numeri aziendali.

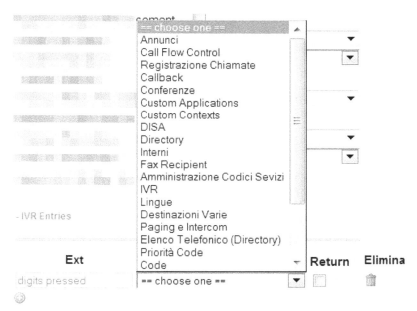

FIG. 3-69: scelta della voce IVR dall'elenco

Creazione e configurazione di una Blacklist

Spesso capita che un'azienda venga contattata da persone indesiderate, ad esempio promoter di prodotti/servizi o clienti particolarmente assillanti ed opprimenti. Pertanto, se avete la fortuna che il loro numero non risulti anonimo, potrete bloccare le loro telefonate, inserendole in una "lista nera": accedete al pannello di controllo del PBX e aprite la pagina della **Blacklist** attraverso l'omonimo link presente nel menu **Amministrazione**; inserite il numero del seccatore nell'apposito spazio (con l'eventuale aggiunta di una descrizione), confermate i cambiamenti ed il gioco è fatto. Ogni volta che quella persona proverà a chiamare la vostra azienda, "troverà sempre occupato"!

Follow me

Quante volte vi è capitato di non essere presenti in azienda per i più svariati motivi e di perdere una telefonata importante? Immagino che ciò sia successo diverse volte. Fortunatamente il PBX Asterisk giunge in vostro aiuto anche in questo caso, poiché mette a disposizione una funzionalità molto utile, chiamata "*Seguimi*" (*Follow me* in lingua inglese): potete dirottare tutte le chiamate destinate al vostro interno verso un altro dispositivo telefonico ed essere sempre reperibili.

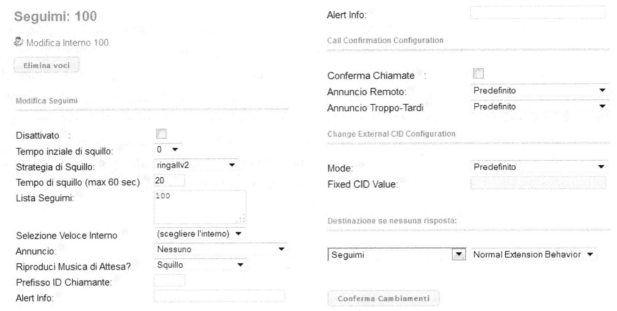

FIG. 3-70: Applications - Seguimi

Il comando per accedere alla relativa pagina di configurazione è presente sempre nel menu **Applications** del PBX, nella sezione **Seguimi**; cliccate sull'interno per il quale volete attivare il *Follow me* (la lista di tutti gli utenti/interni creati è collocata alla vostra destra) e apportate le seguenti modifiche:

» mantenete abilitata tale funzionalità, quindi non spuntate la casella del *Disattivato*;

» stabilite dopo quanti secondi la telefonata diretta a quell'interno verrà instradata ad un altro numero (se il tempo iniziale è pari a zero, la chiamata sarà instradata sin dal primo squillo);

» scegliete la strategia ed il tempo di squillo;

» specificate il numero del telefono verso il quale instradare la chiamata, digitandolo nella lista *Seguimi* oppure selezionandolo velocemente da una lista di interni già configurati; Se desiderate che la chiamata giunga sul vostro cellulare, dovrete inserire il carattere # alla fine del numero telefonico ed un eventuale prefisso all'inizio dello stesso;

» potete stabilire che, qualora non possiate comunque rispondere, la telefonata venga inviata alla casella vocale, affinché il chiamante possa lasciare un messaggio.

Gestione degli orari lavorativi

In un'azienda di qualsiasi dimensioni esistono orari d'ufficio ben precisi e numerosi interni sono raggiungibili solo in determinate ore della giornata. Tuttavia non mancano clienti o

96

fornitori che cercano di contattare la vostra azienda nei momenti più disparati, quando nessuno può rispondere alle loro telefonate a causa della chiusura degli uffici. Asterisk permette di gestire in modo efficiente anche questa situazione, mettendo a disposizione un'interessante funzionalità che vi consentirà di instradare tutte le chiamate ricevute di notte (o al di fuori degli orari d'ufficio) verso una segreteria o una casella vocale. Inoltre è possibile automatizzare il servizio giorno/notte, affinché si abiliti autonomamente in orari configurabili da FreePBX.

FIG. 3-71: Applications - Gruppo Temporale

Premesso ciò, accedete al pannello di controllo di Asterisk e create un "gruppo temporale", cliccando sull'apposito comando (menu **Application – Gruppi Temporali**). È fondamentale inserire il maggior numero di informazioni possibili, se volete definire delle regole temporali adatte alle vostre esigenze. Ipotizzate, quindi, che i vostri uffici siano chiusi dalle 20:00 alle 8:00 durante i primi cinque giorni della settimana, mentre nel weekend dalle ore 13:00 di sabato fino alle 8:00 del lunedì successivo. Iniziate a configurare il tutto gradatamente:
  » dopo aver inserito una breve descrizione del gruppo, è necessario stabilire il primo e l'ultimo giorno della settimana lavorativa; optate nel primo caso per lunedì e nel secondo caso per venerdì;
  » scegliete le ore 8:00 come orario iniziale e le ore 20:00 come orario finale;
  » stabilite l'inizio e la fine dell'anno lavorativo (ad esempio 1 gennaio e 31 dicembre);

» dopo aver cliccato sul tasto *Conferma*, compariranno ulteriori maschere perfetta-mente identiche a quella precedente, in cui potrete "affinare" ulteriormente le vostre regole;

Aggiungi Gruppo Temporale

- Gruppo Temporale

Descrizione   [   ]

- Nuova Data/Ora

Ora iniziale:	13 ▼ : 00 ▼
Ora finale:	23 ▼ : 59 ▼
Giorno della settimana iniziale:	Sabato ▼
Giorno della settimana finale:	Sabato ▼
Giorno del mese iniziale:	1 ▼
Giorno del mese finale:	31 ▼
Mese iniziale:	Gennaio ▼
Mese finale:	Dicembre ▼

[Conferma]

FIG. 3-72: un esempio di configurazione

» sussiste sempre la possibilità di effettuare qualsiasi variante riteniate necessaria e potete inserire ulteriori fasce orarie, al fine di creare regole temporali funzionali agli orari di chiusura-apertura della vostra azienda; ricordatevi di salvare il gruppo e accedete alla pagina **Condizioni Temporali** (menu **Applications**);

» inserite il nome della "condizione" (FIG 3-73) e selezionate il gruppo da voi crea-to dall'apposito elenco; specificate anche la destinazione delle telefonate ricevute durante le ore di chiusura degli uffici (*Destinazione se la condizione esiste*); potete stabilire, infatti, che tutte le telefonate in entrata vengano instradate all'IVR, ad una casella vocale oppure ad dispositivo ben preciso (telefono fisso o cellulare);

» è necessario decidere cosa succederà nelle altre ore della giornata (cioè quando gli uffici sono aperti), quindi scegliete la destinazione "*se la condizione non esiste*".

Detto ciò, vorrei richiamare la vostra attenzione su quanto sto per comunicarvi: nel mio esempio vi ho mostrato come creare delle regole in base agli orari di chiusura dell'azien-da, ma è possibile realizzarne altre relative agli orari lavorativi. Inoltre si possono creare gruppi temporali per giorni festivi ed i periodi di vacanza.

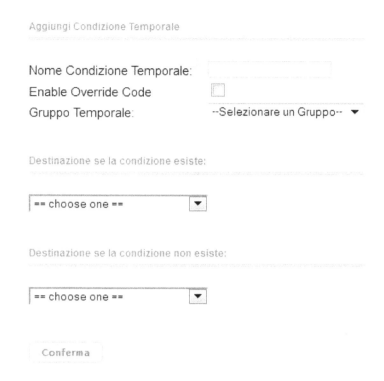

FIG. 3-73: Applications - Condizioni Temporali

Invio e ricezione di Fax grazie ad Hylafax/AvantFax

Se volete potenziare maggiormente un centralino VoIP e renderlo ancor più efficiente all'interno del vostra azienda, dovete considerare la possibilità di installare e configurare, insieme ad Asterisk, l'applicazione Hylafax. I vantaggi che ne deriverebbero sarebbero molteplici, poiché quest'ultimo è un fax server in grado di centralizzare ed ottimizzare la gestione dei fax. Sebbene qualche lettore possa affermare che ormai la posta elettronica sia lo strumento migliore per lo scambio di informazioni, il servizio fax è molto richiesto, in quanto diverse aziende lo considerano ancora pratico ed efficiente. Ordini, fatture, preventivi e qualsiasi comunicazione viene inviata e ricevuta via fax, che rimane la soluzione più veloce e semplice per piccole aziende, ma che in contesti lavorativi più ampi diventa obsoleta e alquanto scomoda. Numerosi, infatti, sono gli aspetti negativi, soprattutto quando un'azienda ne fa un uso cospicuo e costante: guasti meccanici, consumo di inchiostro e di quintali di carta sono dei contro che hanno spinto molte aziende a sfruttare le email o altre forme di comunicazione veloce.

E qui entra in gioco Hylafax! Stiamo parlando essenzialmente di un software che si occupa di sostituire le funzionalità di un tradizionale dispositivo fax e che consentirà di unificare voce e fax, se installato sullo stesso PBX; può gestire più linee fax in entrata ed in uscita ed è accessibile sfruttando la rete (sia LAN che WAN). Grazie ad Hylafax sarà possibile superare i diversi limiti dei fax tradizionali, cioè:

- preparare il documento, stamparlo e faxarlo;
- riprovare più volte finché il fax del cliente non risponda;
- accumulo ingombrante di carta nell'archivio;

- dover contattare un tecnico per far pulire il rullo di trascinamento carta e/o per sostituire il toner.

Avrete accesso, inoltre, ad utili e vantaggiose funzionalità: potrete gestire fax in formato PDF ed inviarli verso indirizzi email; sarà possibile creare utenze illimitate e gestire infinite linee fax; ridurrete notevolmente l'utilizzo di carta e di toner; invierete fax direttamente dal vostro computer e potrete conservarli in un archivio digitale; infine avrete l'opportunità di rinviare automaticamente un fax per un numero predefinito di volte, qualora risulti occupato. Hylafax, pertanto, è la scelta ideale anche per una piccola impresa.

Se concordate anche voi con la mia affermazione, provate ad utilizzare la VM di Asterisk freePBX su cui sono già integrati Hylafax ed AvantFax; quest'ultimo è un'applicazione WEB che vi permetterà di gestire il server fax direttamente da una pagina web. Esistono, infatti, due modalità per inviare/ricevere i fax:

- in modo semplice ed intuitivo **attraverso AvantFax**, sebbene tale applicazione abbia un limite, poiché riesce a gestire solo file *.pdf* e *.txt*; pertanto un utente deve creare il documento, trasformarlo nella formato supportato e poi inviarlo (per chi vuole inviare fax velocemente, questa procedura è alquanto lunga);

- **attraverso il software Hylafax client**, interagente con un dispositivo fax virtuale; l'accesso a tale client avviene tramite l'utilizzo di una stampante virtuale, installata localmente, e ciò ne rappresenta un limite, poiché potrete gestire i fax solo se avrete accesso alla macchina in questione.

Entrambe le modalità vi saranno spiegate, affinché siate pronti a sfruttarle in base alle diverse situazioni lavorative. Partirò da AvantFax, considerando che qualsiasi utente può padroneggiare tale applicazione abbastanza velocemente. Inserite l'indirizzo IP del centralino seguito da **/fax** e digitate le credenziali di autenticazione, ottenute all'atto dell'acquisto della VM (fate attenzione, poiché non sono le stesse del PBX).

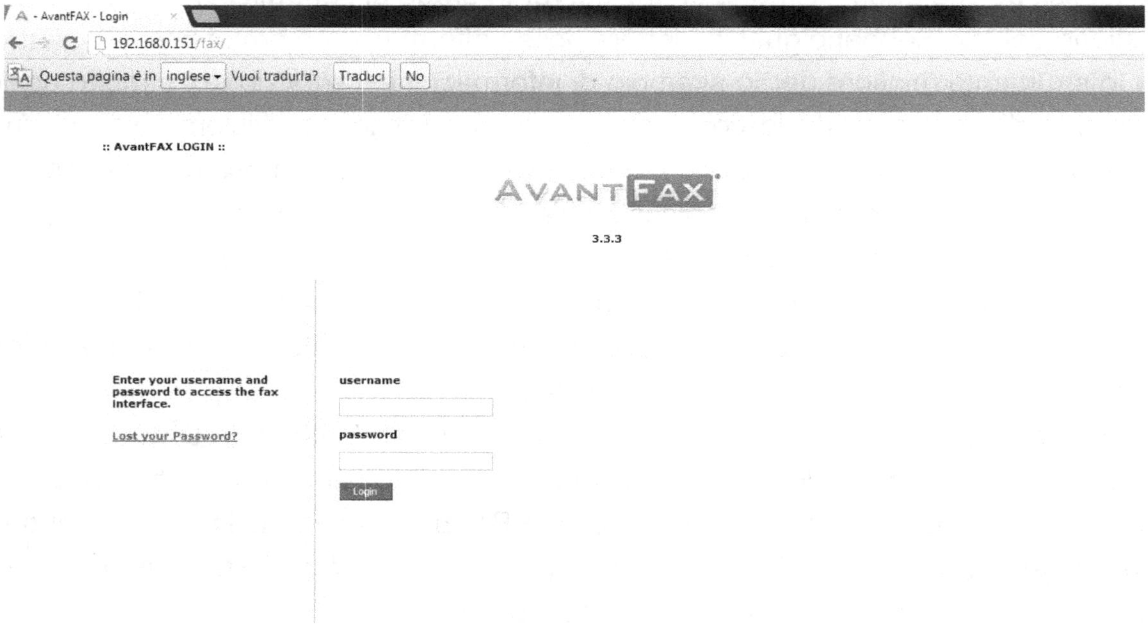

FIG. 3-74: AvantFax - inserimento delle credenziali di autenticazione

FIG. 3-75: AvantFax - Ingresso

Vi troverete di fronte ad una pagina web (immagine 3-75) da cui avrete accesso a diverse funzionalità:

» oltre ad accedere alla gestione dei fax in formato pdf, è possibile inviarli ad un indirizzo di posta elettronica, senza utilizzare un client email;

» la procedura di invio è molto semplice: l'utente deve compilare i campi presenti nella pagina web di invio (immagine sottostante), avendo cura di specificare il numero di telefono del destinatario (utilizzando le regole di composizione impostate in FreePBX), di selezionare il file da inviare tramite *Sfoglia* e di inserire ulteriori dati come, ad esempio, il nome del mittente (o quello della sua azienda) ed eventuali commenti; non appena il vostro documento sarà spedito, potrete visualizzare la coda di tutti i fax in uscita (cliccando direttamente sulla pagina web **Uscita**);

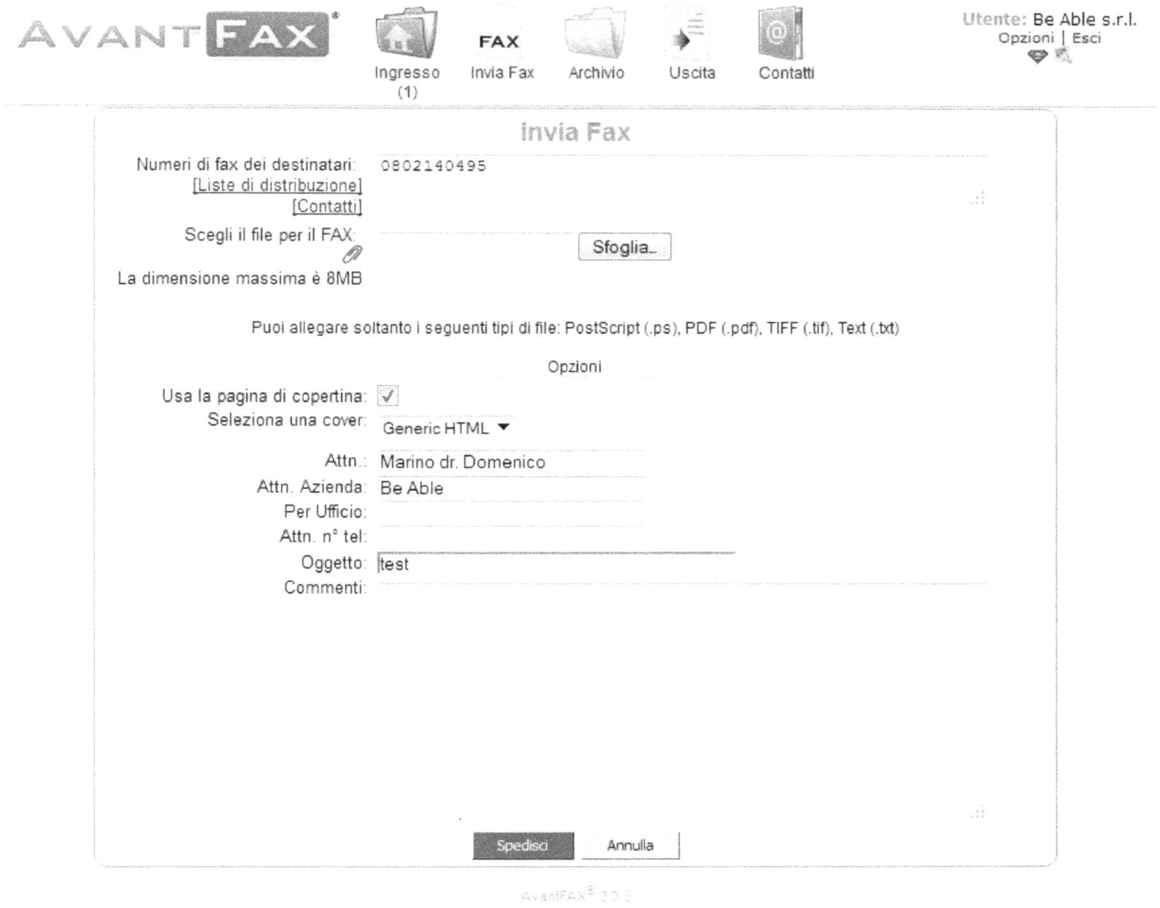

FIG. 3-76: AvantFax - Invia Fax

» la lettura dei fax in arrivo è possibile tramite la pagina iniziale di AvantFax, mentre, per leggere quelli già conservati, è sufficiente accedere all'archivio cliccando sull'o-monima icona; per facilitarvi nella lettura di un vecchio fax, il sistema mette a vostra disposizione diversi strumenti di ricerca avanzata; potrete così risalire ad un ben preciso documento, inserendo negli appositi campi la data di ricezione e/o di invio, una determinata parola chiave o il nome dell'utente;

» è possibile archiviare manualmente i fax tramite l'icona *sposta in archivio*; succes-sivamente, accedendo all'archivio, potrete visualizzare l'elenco dei documenti, se-lezionarne uno ed aggiungere una descrizione (cliccando sull'apposito comando e salvando il tutto in una determinata categoria);

» AvantFax è dotato di una comoda rubrica in cui inserire tutti i numeri ed i dettagli dei vostri contatti; potrete così trovare velocemente i numeri dei destinatari dei vostri fax, senza aver l'ingrato compito di cercarli in altre rubriche (cartacee o digitali).

FIG. 3-77: AvantFax - Archivio

FIG. 3-78: AvantFax - Contatti

Non mi dilungherò ulteriormente su questo argomento, perché l'utilizzo dell'applicazione web in questione non richiede spiegazioni complesse. Tuttavia occorre mostrarvi come creare e gestire un nuovo utente. In primis accedete ad AvantFax in qualità di amministratore (inserendo come indirizzo http://IPdelPBX/fax/admin), aprite il menu e selezionate la voce *Nuovo utente*.

FIG. 3-79: creazione di un nuovo utente

Non spaventatevi, perché la scheda è molto intuitiva e di facile compilazione: date un nome alla vostra creazione, stabilite le credenziali di autenticazione (se lo ritenete necessario, potete indicare una scadenza per la password e/o se sia possibile riutilizzare quelle vecchie), inserite l'indirizzo email dell'utente (campo obbligatorio) e tutti i dati che ritenete necessari (nome dell'ufficio, numero di telefono ecc.); non dimenticatevi di stabilire la tipologia di utente, poiché in base ad essa la persona che accederà ad AvantFax avrà determinate limitazioni o vantaggi[27]; salvate il tutto ed il vostro nuovo utente è pronto.

Ora avete gli strumenti necessari per sfruttare le principali funzionalità di AvantFax, quindi è giunto il momento di parlare di Hylafax client. Premetto che, se volete installare personalmente il server fax in questione, l'operazione sarà tutt'altro che semplice per un neofita. D'altronde questo paragrafo non ha lo scopo di rappresentare un vero e proprio tutorial di installazione di Hylafax e AvantFax (ne esistono già tantissimi sia in forma cartacea sia in quella digitale), ma di spiegarvi come utilizzare software già installati e pronti per l'uso. Per semplificarvi ancora di più la vita, nella VM di Asterisk freePBX (come in tutte le VM di cui parlerò) è integrato Webmin[28], un'interfaccia web che ha il compito di semplificare i compiti di un sistemista Linux e che, grazie a poche e semplici operazioni, vi permetterà di creare un utente con i diritti per usare Hylafax (FIG. 3-80).

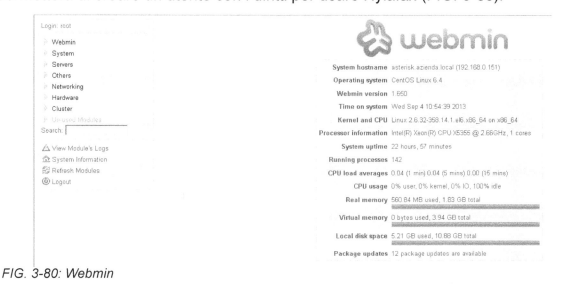

FIG. 3-80: Webmin

---

27   Potete creare, ad esempio, un super user oppure stabilire se l'utente possa eliminare o meno i fax.

28   Webmin è un programma "pacchettizzato" disponibile non solo per Linux ma anche per Windows. Avendo una struttura modulare, può essere espanso con ulteriori moduli per gestire diverse tipologie di servizi.

Iniziate dall'accedere alla suddetta interfaccia, avvalendovi di un qualsiasi browser web: inserite l'indirizzo *http://ip-centralino-asterisk:9999* ed utilizzate le credenziali di autenticazione fornite insieme alla VM; nel campo **search** digitate *ssh2* e, dopo aver visualizzato i risultati della ricerca, cliccate su *SSH2 User interface* (immagine 3-81).

FIG. 3-81: risultati della ricerca in Webmin

```
SSH Server/Alias: 192.168.0.151
Connected to server running SSH-2.0-OpenSSH_5.3

Server's hostkey (ssh-rsa) fingerprint:
openssh md5:  b0:0f:56:52:4d:66:39:c1:3a:28:a2:4b:67:bb:93:d6
bubblebabble: xukor-nogac-rozoh-zehiv-fecan-lykal-pyfup-makif-gyvyb-vagar-raxex

File operations disabled, server identity can't be verified

192.168.0.151 login: root
root@192.168.0.151's password: ****************
Last login: Fri Aug 30 12:15:31 2013 from 192.168.0.97
[root@asterisk11 ~]# cd /script/
[root@asterisk11 script]# chmod +x hylafaxadduser.sh
[root@asterisk11 script]# ./hylafaxadduser.sh
```

FIG. 3-82: inserimento dei comandi in MindTerm

Avvierete in questo modo il terminale MindTerm, in cui dovrete opportunamente inserire alcuni semplici comandi (fate riferimento anche all'immagine 3-82):

» digitate la login e la password alfanumerica che avete utilizzato per l'accesso a Webmin;

» posizionatevi nella cartella **/script** (scrivendo *cd /script*);

» assegnate i permessi di esecuzione allo script *hylafaxdduser.sh* con il seguente comando: *chmod +x hylafaxdduser.sh*;

» eseguite lo script digitando ./hylafaxadduser.sh;

» specificate un nome utente, quando il terminale ve lo chiederà, e premete un qualsiasi tasto per continuare;

» inserite una password alfanumerica di vostra creazione (nome utente e password saranno le credenziali di autenticazione per poter usare Hylafax client);

» digitate *exit* per uscire da MindTerm.

Se avete portato a compimento il corretto inserimento dei precedenti comandi, dovrete installare e configurare *Hylafax Desktop Client*, in modo da gestire il server fax direttamente dal desktop del vostro computer. Prima, però, è necessario ottenere il file tramite download, entrando nel sito web di Hylafax ed individuando la pagina contenente l'elenco di tutti i client disponibili. In alternativa potete digitare direttamente il seguente indirizzo: *http://www.hylafax.org/content/Desktop_Client_Software*. La scelta del software dipende dal sistema operativo ed io posso soltanto ipotizzare che sul vostro PC sia installato un S.O. Windows. Vi esorto a scaricare, quindi, *Winprint HylaFAX Reloaded*, un Desktop client di facile utilizzo e compatibile con Windows 7.

Winprint HylaFAX	A simple-to-use Windows printer client	2008
Winprint HylaFAX for Windows 7	A simple-to-use Windows printer client - add support Windows 7, 32/64 bit	2011
Winprint HylaFAX Reloaded	A simple-to-use Windows printer client - supports Windows 7 32/64 bit. Can send multiple documents as one single fax. Handy installer.	2011
YajHFC	Yet another Java HylaFAX client. Runs under Windows, Linux, BSD and Mac OS X. Multi-language: English, French, German, Italian, Russian, Spanish and Turkish. Integrates "fax printer" for Windows 2000/XP/Vista/7	2011

FIG. 3-83: Winprint HylaFAX Reloaded

Cliccando sull'omonimo link, verrete indirizzati verso un sito mirror da cui potrete scaricare il software in questione. Salvatelo ed installatelo. La procedura è molto semplice ed è simile a quella di tanti altri software; prestate solo attenzione ad una delle ultime fasi di installazione (vedi immagine sottostante), quando vi verrà richiesto di installare una stampante virtuale: accettate tramite il segno di spunta e proseguite.

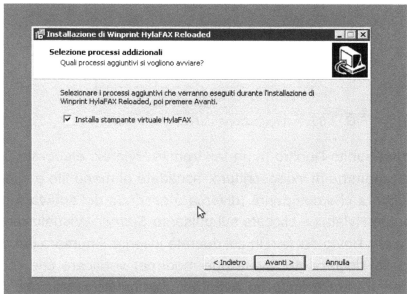

FIG. 3-84: installazione di Winprint HylaFAX Reloaded

Non appena sarà terminata l'installazione, individuate l'icona del software e cliccate su di essa per avviarlo. Il sistema vi avvertirà che il client non è configurato e vi chiederà se desideriate farlo o meno: la vostra scelta dovrà ricadere ovviamente sul sì. Al fine di evitare errori, settate i parametri nel seguente modo:

» nel campo **Indirizzo del server Hylafax** digitate l'IP address del vostro centralino Asterisk;

» inserite anche le credenziali di autenticazione (cioè quelle create tramite MindTerm) e l'indirizzo email per ricevere le notifiche di invio/ricezione fax;

» potete specificare il modem (virtuale) che volete utilizzare (riferitovi dal fornitore dell'appliance stessa) oppure lasciare vuoto il campo (in questo modo, però, sarà utilizzato il primo modem disponibile);

» definite la lingua e la risoluzione della pagina, specificandone anche la dimensione (ad esempio *formato A4*);

» convalidate tutte le modifiche apportate grazie al pulsante *OK* e controllate che la stampante virtuale sia presente fra quelle installate sulla vostra macchina.

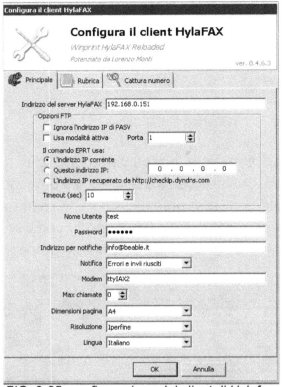

FIG. 3-85: configurazione del client di Hylafax

Vi consiglio di testare subito l'inoltro di un fax tramite Hylafax: elaborate un documento qualsiasi con un programma di videoscrittura, accedete al menu file e scegliete la voce *Stampa*; nella maschera che comparirà (diversa a seconda del software utilizzato) selezionate la stampante Hylafax e cliccate sul pulsante *Stampa*. Visualizzerete –a questo punto- la maschera per l'invio del fax, in cui dovrete inserire il numero del destinatario.

Subito dopo l'invio del documento, avete due modi per verificare che l'operazione sia avvenuta correttamente: accedendo ad Avantfax, esaminate la sezione dei fax inviati oppure controllate la vostra casella di posta elettronica alla ricerca della relativa notifica. Dopo che avete visto tutto ciò… cosa aspettate a cimentarvi con il vostro PBX?! Prima come studio, poi come test e successivamente nella vostra azienda!

Capitolo 4

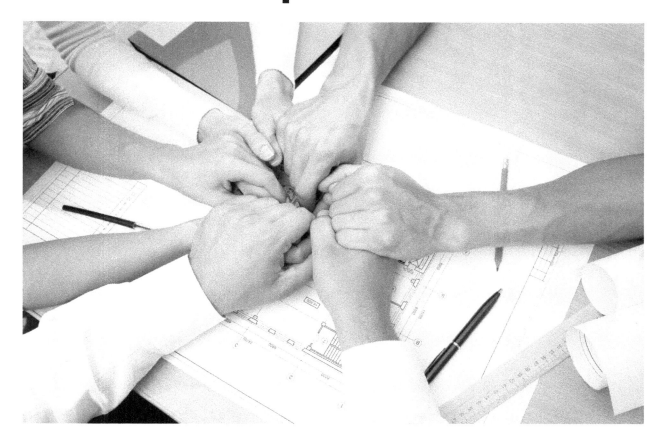

Zimbra è servito

Avvertenze prima della "ricetta"

Prima di servire a tavola il vostro Zimbra, contattate i vostri amici e parenti: non potete gustare appieno questa pietanza senza essere in buona compagnia. Vi consiglio di farvi aiutare dagli invitati nella preparazione di questo lauto pasto, poiché il lavoro di gruppo è fondamentale per servire al meglio Zimbra ai vostri commensali. Ricordatevi di accompagnare il tutto con degli ottimi zimlet.

Zimbra è servito

Riflessioni su groupware e cloud

Ultimamente il Cloud computing[1] ha invaso il mercato globale, attirando le attenzioni di tutti e apparendo come valida opportunità in una miriade di settori. Le offerte di Cloud (sia a pagamento sia free) si sono moltiplicate con il passare delle settimane e qualcuno afferma che ci troviamo di fronte ad un vero e proprio "tormentone della rete". Il termine stesso è così entrato nel nostro gergo attuale che sembra ormai demodé non utilizzarlo, quando si affrontano discorsi relativi all'IT comunication. Tale fenomeno, se così possiamo definirlo, ha assunto dimensioni rilevanti e attualmente i grossi colossi dell'informatica (tra cui Microsoft, Google, ecc) fanno a gara nell'offrire il maggior numero di spazio dati ed i servizi più disparati a qualsiasi utente. Altrettanto numerosi sorgono i dubbi dei potenziali clienti, che si chiedono se i dati memorizzati sui loro server siano effettivamente al sicuro ed inaccessibili per altri? Da ciò nasce il concetto di personal cloud. Quando mi si chiede il perché io sia più propenso al "personal cloud" che al "public cloud", tendo a sottolineare principalmente i vantaggi del primo, ma in tale contesto voglio fornirvi una breve spiegazione su entrambi, in modo che anche voi possiate decidere quale dei due sia maggiormente adeguato a soddisfare le esigenze della vostra azienda:

- **sicurezza dei dati:** con il personal cloud si è ben informati sul livello di sicurezza dei propri dati, oltre a conoscere l'esatta collocazione geografica dei server. La stessa cosa non si può dire del public cloud, in quanto ci si dovrebbe fidare solo e soltanto delle note legali scritte nelle pagine web delle aziende fornitrici di tale servizio, che talvolta comunicano ai clienti di essere esenti da qualsiasi responsabilità, qualora il server stesso sia compromesso. La sicurezza dei dati, pertanto, è uno dei motivi che mi spinge a consigliare ai miei clienti il personal cloud, sebbene non manchino quegli scettici che mi accusano di superbia e che commentano in questo modo le mie osservazioni: "sicché i tuoi consulenti informatici sono migliori di quelli di Amazon o Google ?!" Non sono sicuramente migliori, ma almeno fanno parte del mio team e so come intervenire (anche dal punto di vista legale) in caso di errori o disservizi. Non dimentichiamo, inoltre, che spesso le piccole aziende rischiano di subire danni ingenti per eventuali attacchi sferrati dai professionisti contro i sopraccitati "colossi".

- **il costo nel tempo:** nel caso in cui in azienda sia già presente un'infrastruttura informatica simile a quella presa in considerazione in questo libro (che ospiti un firewall ed un centralino telefonico, cioè servizi difficilmente gestibili tramite public

---

1   Nel settore IT la cosiddetta "nuvola informatica" (cloud computing) può essere vista come un'infrastruttura informatica finalizzata all'erogazione di servizi: sto parlando di risorse virtualizzate (sia hardware sia software) che sono configurabili e accessibili tramite la Rete; pertanto il cloud computing può essere visto come un insieme di modelli di servizio e si suddivide in tre categorie (una privata, una pubblica ed una ibrida). Nel primo caso ci troviamo di fronte ad un'infrastruttura dedicata alle esigenze di una singola organizzazione, dove le risorse utilizzate sono interne alla stessa. La pubblic cloud, invece, è di proprietà di un fornitore di servizi, che mette a disposizione dei suoi clienti un insieme di risorse via web (applicazioni informatiche, stoccaggio dei dati e capacità elaborativa); in questo modo i dati dell'utente non risiedono più sul suo server fisico, ma sono immagazzinati nei sistemi dei fornitori, i quali hanno il dovere di garantire adeguati livelli di sicurezza; le risorse, quindi, sono presenti all'esterno dell'azienda. Infine, nel cloud di tipo ibrido, le risorse sono in parte interne ed in parte esterne all'azienda.

cloud), è possibile installare, grazie alla virtualizzazione, un groupware (ad esempio Zimbra) oppure uno spazio di condivisione dati.

- **velocità di accesso:** molti sostengono che la velocità sia un ulteriore punto a favore del public cloud. I grandi colossi dell'IT, infatti, sono equipaggiati con linee-dati velocissime, totalmente differenti dalle nostre ADSL. Tuttavia, quando si deve effettuare la scelta, è fondamentale porsi le seguenti domande: quando sono "in mobilità", qual è la quantità di dati di cui ho bisogno? La mia linea ADSL riuscirebbe a gestirli? Quando sono in ufficio, gestisco dati di notevoli dimensioni? É chiaro che se ho dato una risposta affermativa alle ultime due domande, la soluzione è indubbiamente il personal cloud!

- **costo dell'energia e della gestione dell'infrastruttura:** un altro punto a favore del public cloud è la gestione dell'intera infrastruttura informatica. L'utente finale non deve imbattersi in costi di gestione energetica, di server e di tutto quello che serve "a far girare" i suoi servizi. Non deve aver a che fare neanche con eventuali down-time dell'infrastruttura: di questo se ne occuperanno gli amministratori di sistema del fornitore del servizio!

Prima di fare una scelta, è bene che voi ponderiate questi fattori: per voi è più importante la sicurezza e la gestione proprietaria del dato oppure il risparmio economico derivante dall'outsourcing dell'infrastruttura IT?

La nostra idea di cloud si avvicina molto a quella di tipo personal con una piccola variante relativa al groupware. Quest'ultimo viene installato localmente, lasciando la gestione delle caselle email direttamente al fornitore del servizio di hosting del dominio; le email vengono scaricate localmente con range di tempo prefissati. Questo comporta una sicurezza supplementare, perché nel caso in cui dovesse "saltare" la linea dati dell'azienda, potreste comunque leggere le nuove email, facendo uso di soluzioni di accesso alternative (ad esempio con chiavette di collegamento UMTS)[2]. Un altro possibile fault che si riesce a gestire è la caduta dell'intera infrastruttura informatica: durante la ricostruzione del sistema è possibile leggere comunque le email tramite il metodo sopraccitato.

I Groupware dal punto di vista di un improbabile utente finale

Preparatevi ad un cambio di testimone, poiché in questo paragrafo il dott. Domenico Marino lascerà a me, il più improbabile utente finale, il compito di elaborare una breve premessa su ciò che, a mio avviso, rappresenta un'ottima risorsa per la comunicazione in qualsiasi contesto lavorativo. L'improbabilità del mio ruolo dipende dal fatto che difficilmente un docente di lettere (per l'esattezza qualsiasi docente nella scuola pubblica e privata) si cimenti nell'analisi di software in grado di favorire e ottimizzare il lavoro di gruppo. Solitamente la comunicazione fra i miei colleghi avviene tramite consigli di classe, scambio di informazioni via email o grazie a forum presenti sui siti web di alcuni istituti scolastici. Siamo i primi ad esaltare il cooperative learning e il team-working, eppure ci scontriamo con una realtà ben diversa: la comunicazione langue ad ogni livello

---

2   Una soluzione alternativa (definita quasi "meccanica") potrebbe essere l'utilizzo di router dotati di doppio collegamento ad Internet, in modo che uno intervenga in caso di malfunzionamento dell'altro; tutti i problemi sono gestibili nell'IT, analizzando a priori le possibili variabili di fault. L'unico problema è la gestione dei costi.

sociale e lavorativo! Dal pubblico al privato, sia a scuola sia in un'azienda, il confronto fra dipendenti non sempre è proficuo e, in alcuni casi, è addirittura assente. Tutto ciò ha messo in allarme anche gli esperti, che continuano a sottolineare l'importanza del lavoro di gruppo e, al tempo stesso, a constatare che le riunioni sono uno strumento ancora poco usato nelle piccole e medie imprese, nonostante possano essere, se ben condotte, un efficace ausilio organizzativo e motivazionale: oltre ad aumentare la soddisfazione dei collaboratori, possono incrementare l'efficienza dell'impresa, aumentandone il valore. So bene che il termine "riunione" è generico, in quanto comprende una vasta tipologia di "teamworking" fra membri di un medesimo contesto lavorativo: riunioni del consiglio di amministrazione, collegi, programmazione della produzione e/o delle vendite sono alcuni esempi lampanti e rappresentano quei momenti in cui ci si siede attorno a un tavolo per strutturare un progetto o per una semplice condivisione di idee.

Nel campo della psicologia aziendale sono avvenuti grandi cambiamenti da quando è stata elaborata la piramide dei bisogni di Maslow[3]. Tale teoria ha spinto molte aziende ad abbandonare la classica gerarchia di tipo autoritario/paternalistico per lasciar spazio a stili di gestione aziendale più "partecipativi". Si ritiene, infatti, che se un'azienda favorisse la collaborazione e lo scambio di idee tramite il lavoro di gruppo, i dipendenti sarebbero più motivati e, quindi, l'impresa stessa risulterebbe maggiormente competitiva sul mercato. Nonostante ciò, in contesti aziendali più piccoli troppe riunioni potrebbero essere inutili, ma non si dovrebbe mai abbandonare una qualsiasi forma di team-work, soprattutto in presenza di un mercato così eterogeneo e sempre in movimento. Ho volutamente precisato "qualsiasi forma", per il semplice motivo che esistono diverse modalità di condivisione delle informazioni, che sono aumentate in maniera esponenziale grazie all'incessante evoluzione della tecnologia informatica. I groupware ne sono un esempio significativo. Sto parlando di quei software collaborativi progettati per rendere più efficace il lavoro cooperativo e che si fondano su un principio molto importante: se una buona comunicazione è alla base di un qualsiasi gruppo ed è sinonimo di coordinamento e collaborazione, la tecnologia moderna può e deve ottimizzare la cooperazione fra utenti attraverso software specifici.

Ammetto che fino a qualche anno fa non sapevo dell'esistenza di tali programmi (perdonatemi il termine alquanto banale), ma i miei orizzonti si sono allargati, quando mi è stato dato il compito di analizzare e correggere un manuale su uno dei più famosi groupware. Da quel momento la mia concezione del lavoro di gruppo è cambiata ed ho appreso come sia possibile migliorarla anche attraverso una proficua gestione delle email. D'altronde un groupware nasce come piattaforma di posta elettronica, poiché quest'ultima è diventata oramai così indispensabile che è possibile accedervi anche da tablet e smartphone. Per di più l'evoluzione delle email non si è ancora conclusa ed ha reso obsoleti tutti i client di posta elettronica, che non sono in grado di supportare la proliferazione di nuovi dispositivi ed il passaggio alla virtualizzazione ed al cloud.

L'incontro con Zimbra è stato, pertanto, illuminante! So con certezza che sul mercato sono state immesse anche altre piattaforme (sia open source sia "proprietarie"), che voi

---

3   Secondo Maslow, ogni individuo è unico e irripetibile, ma i bisogni sono comuni a tutti: si condividono, ci accomunano e fanno vivere meglio se vengono soddisfatti.

ne siate ben consapevoli e che qualche lettore protesterà per aver volutamente omesso i nomi di altri groupware, ma ormai avete compreso lo scopo di questo libro, cioè proporvi solo soluzioni testate in reali contesti aziendali, senza formulazioni di ipotesi o congetture. Se qualcun altro ha a portata di mano altri progetti IT, ben venga e vi illumini con un'altra guida di sopravvivenza. Senza dubbio vi motiverò anche la scelta di Zimbra, perché è fondamentale condividere le informazioni.

Inizierò con il precisare che Zimbra è un server di workgroup basato su tecnologia open source e finalizzato a migliorare la messaggistica e la collaborazione aziendale; è in grado di gestire le email, rubriche, agende, calendari di gruppo e file da condividere, garantendo una notevole ottimizzazione del lavoro di gruppo ed un appetibile risparmio economico: in poche parole è lo "strumento" essenziale per aziende, università ed enti pubblici. Non dimentichiamoci, inoltre, che grandi cambiamenti si stanno verificando nell'ambito lavorativo non soltanto grazie all'accesso al wireless e alle virtualizzazioni ma anche per l'implementazione del cloud computing. Tali fattori hanno contribuito a generare un ambiente globale di elaborazione e condivisione di risorse, in cui ognuno di noi desidera aver accesso a tutte le applicazioni strategiche in modo facile ed intuitivo, con modalità di funzionamento coerenti (sia offline sia online) e senza essere vincolati ad una determinata piattaforma. Zimbra garantisce tutto ciò, mantenendo invariate le sue funzionalità su qualsiasi sistema operativo e non essendo subordinato ad un browser internet predefinito, a differenza di altri prodotti proprietari che –a detta di alcuni esperti- mancano di coerenza: ad esempio Gmail, in modalità offline, non consente all'utente di accedere a determinate funzionalità (trascinamento e cartelle), mentre i feed RSS e i calendari di gruppo di Novell GroupWise sono disponibili solo sul client Windows e l'interfaccia web non supporta l'ordinamento dei messaggi; non mancano groupware che non sono compatibili con Outlook, uno dei client di posta elettronica più utilizzato.

Non siete ancora convinti? Ebbene, al fine di motivarvi ulteriormente nella scelta e di offrirvi contemporaneamente una rapida panoramica delle sue potenzialità, vi mostrerò velocemente le varie componenti di Zimbra e ciò che riuscirete a fare se deciderete di integrarlo nel vostro ambiente lavorativo. Ho citato il termine "componenti", in quanto il groupware in questione ha una struttura modulare ed ogni modulo aggiunge un set di funzionalità. Attualmente il team della Be Able sta creando VM con l'ultima versione disponibile di Zimbra, dando al cliente la facoltà di scegliere fra tre differenti tipologie di web-client:

- il **client Avanzato**, basato su Ajax, offre il set completo di funzionalità ed è utilizzabile solo con i browser più recenti e con una connessione ad internet veloce;
- il **client Standard** è ottimo, quando la connessione ad internet è lenta oppure quando gli utenti preferiscono un client basato su HTML;
- Il **client per smartphone** è l'ideale per chi desidera effettuare l'accesso a Zimbra tramite il proprio dispositivo mobile.

Tutte e tre i client differiscono, quindi, per la modalità di accesso al groupware, ma non ne alterano le funzionalità fondamentali[4].

---

4   Dopo una prima e veloce lettura potreste chiedervi quale sia la differenza fra agenda e gestione degli impegni: nel primo modulo è possibile gestire eventi inseriti in un apposito calendario (con tempi di durata ben precisi),

Moduli	Caratteristiche
Client Email	Zimbra, sebbene supporti anche Outlook, vi offre un client di posta elettronica molto avanzato, grazie al quale potrete accedere sia ad una gestione standard delle email (comporre ed inviare nuove email, allegare diverse tipologie di file, leggere e rispondere alle missive, inoltrarle ad uno o più destinatari ecc.) sia a funzionalità avanzate: creare cartelle personalizzate per organizzare le email, assegnare loro dei tag per identificarle immediatamente, raggrupparle in conversazioni, condividere le suddette cartelle con altri utenti, creare filtri per la posta in arrivo e configurare il proprio account per ricevere email da account POP3. Sono presenti anche degli strumenti di ricerca molto efficienti e di semplice utilizzo.
Rubrica	In nessun modo inferiore ad altre applicazioni simili, la rubrica di Zimbra 8 permette all'utente di aggiungere facilmente i contatti presenti nelle email, di importarli e/o esportarli. Potete creare, gestire e condividere (totalmente o parzialmente) con altre persone più rubriche.
Agenda	L'agenda è indubbiamente l'applicazione più usata in un groupware, quindi non può mancare in Zimbra. Grazie ad essa potrete creare dei calendari in cui inserire i vostri incontri e/o appuntamenti, scegliendo di condividerli con altri utenti: ciò garantirà maggiore comunicazione all'interno di un gruppo, poiché tutti i suoi membri potranno inserire nell'agenda condivisa determinati eventi e visualizzare quelli inseriti da altri. In ultimo avrete la possibilità di visualizzare a disponibilità di partecipanti ad un appuntamento e di importare (esportare) agende.
Impegni	Ogni azienda deve saper gestire, oltre agli appuntamenti con clienti e fornitori, innumerevoli impegni. Fortunatamente Zimbra vi consente di creare delle liste di impegni anche multipli (a cui possono partecipare più dipendenti), aggiungendo allegati ed impostando la loro priorità. Potrete così gestire meglio un impegno, visualizzarne l'evoluzione nel corso del tempo e condividere il vostro elenco con altri utenti
Valigetta	In presenza di un team work non può mancare la condivisione dei documenti: testi, tabelle, fogli di calcolo e qualsiasi tipo di documentazione digitale possono essere creati attraverso un editor HTML , condivisi con un gruppo e modificati online. Inoltre sarà sempre possibile personalizzarli con immagini, collegamenti a pagine web, schemi, grafici ecc.La valigetta è simile ad un deposito in cui stipare i documenti aziendali suddividendoli ed organizzandoli in varie cartelle, che possono essere facilmente condivise con altri utenti.
Preferenze	Presente in tutte le versioni del groupware, il modulo "preferenze" permette di accedere alle opzioni di personalizzazione di Zimbra: da qui è possibile gestire le funzionalità della posta elettronica, dell'agenda e della rubrica; l'utente può configurare diversi indirizzi di posta elettronica, creare dei filtri e configurare l'inoltro automatico delle email ad un altro account; è possibile anche creare dei messaggi di notifica, quando si è fuori ufficio, e scegliere una lingua differente per ciascun utente.

mentre nel secondo vanno inseriti progetti non calendarizzati di cui si devono costantemente monitorare le varie fasi di sviluppo.

Ho voluto schematizzare, nella precedente tabella, soltanto le caratteristiche standard di Zimbra, ma vi avverto che la lista dei suoi pregi non è terminata e non ho ancora accennato al supporto dei dispositivi, alla scalabilità e all'estensibilità. Se avete letto attentamente il capitolo precedente, infatti, avrete sicuramente compreso che sul mercato sono presenti diverse tipologie di dispositivi e che si è sviluppata una dura concorrenza fra produttori, operatori di rete e fornitori di software. Chi ne paga le principali conseguenza è il cliente, che si imbatte in incompatibilità e limiti apparentemente insormontabili. Non mancano anche domande inquietanti: perché Google offre un servizio gratuito? Quale utilità ricava dai dati e dai documenti dei suoi clienti? Perché dovrei mettere i miei dati su di un server di cui non conosco la collocazione geografica o che è collocato in uno Stato di cui non conosco le leggi? Con chi dovrei prendermela se qualcosa andasse storto? Chi mi ridarebbe i dati? Potrei continuare all'infinito, ma diventerei troppo prolisso e non giungerei al nocciolo della questione: Zimbra –oltre ad interagire con tutti i client di posta elettronica- supporta una vasta tipologia di protocolli, è compatibile con gli smartphone iPhone, Android, Windows e Blackberry; garantisce, inoltre, una maggiore flessibilità e una migliore scalabilità, due principi essenziali in contesti lavorativi con esigenze di crescita rapida.

Non va neanche dimenticata la possibilità di estendere le sue funzionalità grazie ad alcuni "add on" che prendono il nome di zimlet: si tratta di applicazioni aggiuntive che, una volta installate, permettono una maggiore personalizzazione e un'ottima integrazione con numerosi servizi web e applicazioni di terzi. Ad esempio uno zimlet consente il collegamento fra Zimbra e Asterisk, dando origine a quella messaggistica unificata (in inglese Unified Messaging) che rappresenta un unico sistema integrato in grado di gestire i più disparati canali di comunicazione aziendale: email, sms, telefonate VoIP ecc. Indubbiamente intuirete i vantaggi di tale sistema: potrete chiamare un contatto direttamente dalla rubrica e utilizzare un numero presente nel testo di un'email per avviare una telefonata. Sui suddetti plugin il dott. Marino si soffermerà dettagliatamente a conclusione di questo capitolo. Per ora è necessario concludere la mia premessa, ma non prima di aver aperto una piccola parentesi, poiché ho parlato in generale di Zimbra, ma non ho specificato che esistono due versioni del groupware: Zimbra Open source e Zimbra Network Edition. Entrambe si rivolgono a due differenti tipologie di clienti: la prima è la soluzione ideale per quelle aziende che hanno bisogno della massima libertà nell'attivazione degli utenti e che necessitano solo delle funzionalità standard; la seconda, invece, è rivolta ad organizzazioni piccole e grandi che vogliono una soluzione completa, un'assistenza altamente qualificata (proveniente direttamente da VMware tramite l'utilizzo di ticket di assistenza) e l'accesso a tutte le funzionalità sia per l'amministratore di sistema sia per l'utente finale ed il collegamento del client Outlook. Nella versione Open source, infatti, non sono supportati il client Outlook e la gestione dei blackberry tamite BlackBerry Enterprise Server (comunemente chiamato BES); non è possibile effettuare backup gestiti direttamente dal pannello di controllo di amministrazione di Zimbra[5] e non è consentita la gestione gerarchica dello storage; la versione professional di Zimbra Network edition, in più, permette il supporto dei dispositivi mobili attraverso ActiveSync ed è dotato di connettore MAPI,

---

5   Tale limite è facilmente superabile grazie all'utilizzo dell'ottimo prodotto Zextras Suite.

grazie al quale il cliente può utilizzare le funzionalità di condivisione di calendari, rubrica, e agenda, anche con il client di posta preferito (Microsoft o Apple). Nei paragrafi successivi la vostra attenzione si focalizzerà unicamente sulla versione Open source, sempre in virtù dell'abbattimento dei costi nell'ambito dell'IT comunication. Zimbra Network Edition, infatti, richiede una maggiore spesa aziendale e il listino dei prezzi varia a seconda del contesto in cui è inserito. Siete liberi –in ogni caso- di scegliere una o l'altra versione, ma chiedetevi prima se le vostre esigenze lavorative richiedano o meno l'accesso a funzionalità di Zimbra più complesse e complete.

Dott. Daniele Marzocca

Zimbra schermata per schermata

Non può mancare in questo capitolo un breve tutorial su come accedere alle funzionalità standard di Zimbra open source. Vi anticipo che le immagini presenti in questa sezione riguardano già la versione 8 di Zimbra, resa disponibile al pubblico da Settembre 2012 e, come al solito, ricchissima di novità. Probabilmente, quando avrete fra le mani questo libro, sarà presente sul mercato una nuova versione aggiornata. Purtroppo una guida di sopravvivenza cartacea non può essere aggiornata negli stessi tempi di una digitale, ma rimane –in ogni caso- pienamente valida, poiché le caratteristiche basilari del groupware in questione saranno pressoché identiche. Vi avverto, inoltre, che dovrete memorizzare due semplici linee guida prima di avventurarvi nella lettura di questo paragrafo. Considerando che Zimbra sfrutta un browser Internet:

- il tasto *Indietro* del browser vi reindirizza alla pagina precedentemente visualizzata; allo stesso modo è possibile utilizzare il pulsante *Avanti*;
- non usate il pulsante *Aggiorna* per ricaricare la pagina web, in quanto sarà riavviata la sessione di Zimbra utilizzata.

Premesso ciò, aprite una finestra del browser e digitate l'indirizzo IP di Zimbra, affiché possiate visualizzare la schermata del **login** ed inserire le credenziali di autenticazione (immagine 4-1).

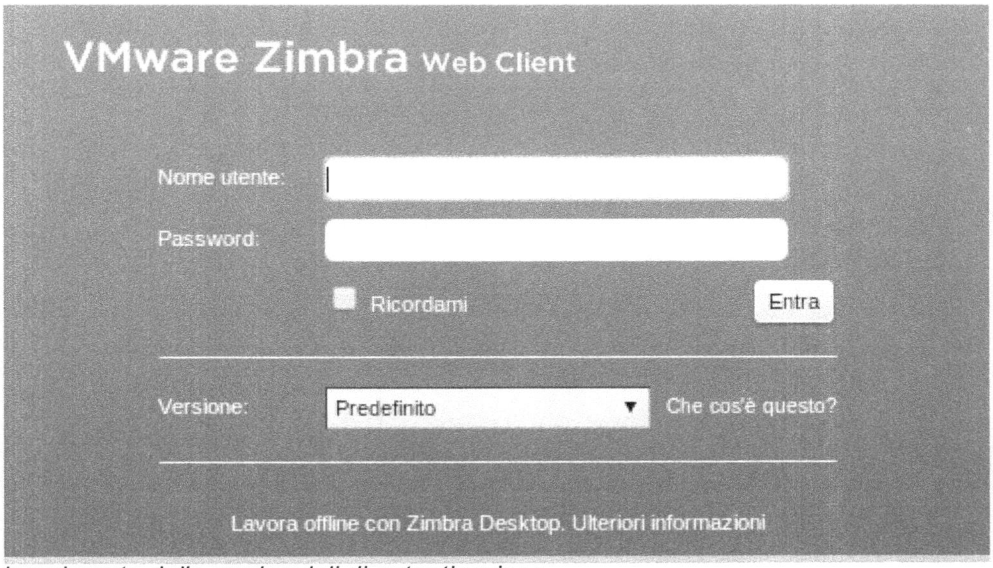

FIG. 4-1: inserimento delle credenziali di autenticazione

E' possibile memorizzare nome utente e password sul computer che si sta utilizzando sino al termine della sessione, spuntando la casella **Ricordami**: in tal modo non sarà necessario effettuare il login al riavvio del browser durante la giornata. Ciononostante io vi consiglio di non scegliere tale opzione per motivi di privacy e sicurezza, poiché è necessario evitare che altri utenti possano accedere al vostro account di Zimbra utilizzando il vostro computer. Ricordatevi, inoltre, di effettuare il logout cliccando sul pulsante *Esci* (immagine 4-2), quando deciderete di "uscire" da Zimbra. In caso contrario la sessione rimarrà attiva fino alla sua scadenza[6].

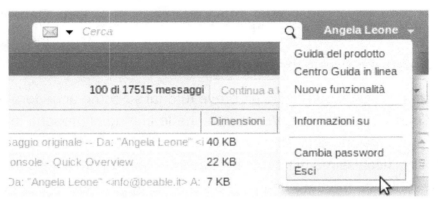

FIG. 4-2: Zimbra web client - logout

Nel mio esempio è impostata la versione avanzata come *predefinita*, ma avete la possibilità di selezionare quella *standard* tramite il menu delle versioni, presente nella maschera di log in. Se non volete effettuare la scelta ad ogni accesso, potete cambiare l'impostazione predefinita: dopo aver inserito le credenziali di autenticazione ed essere "entrati", aprite il modulo delle **Preferenze** e cliccate sulla voce *Generali*; optate per *Avanzato* o *Standard* nella sezione **Opzioni di accesso** e salvate le modifiche apportate.
Al prossimo accesso l'opzione selezionata verrà considerata come *predefinita*.

FIG. 4-3: Preferenze - Opzioni di accesso

---

6   Il sistema può essere configurato con un timeout di sessione, che viene chiusa automaticamente, se rimane inattiva per un periodo di tempo prestabilito. L'amministratore, infatti, ha la possibilità di impostare una "durata massima" della sessione e decidere, ad esempio, l'arco di tempo nel quale si può effettuare l'accesso, indipendentemente dall'esecuzione di una qualsiasi attività. Pertanto è possibile che venga riproposta periodicamente la schermata di login, anche se si è già loggati. Qualora si verifichi tale evento, è sufficiente effettuare nuovamente la procedura di accesso al proprio account per continuare a lavorare.

Zimbra e la posta elettronica

Iniziamo la nostra "navigazione" di Zimbra, "salpando" dalla prima pagina che verrà visualizzata, cioè quella per la gestione della posta elettronica. Volutamente non ho inserito un'immagine dell'intera schermata, perché il mio obiettivo è soffermarmi su tutte le sue componenti senza sacrificare dettagli e chiarezza; pertanto l'ho scomposta in varie sezioni, che ho opportunamente integrato con sintetici ma esaustivi commenti.

Partiamo dalla **barra di intestazione**, di cui vi ho già mostrato il frammento più importante nell'immagine 4-2: oltre al pulsante *Esci* (fondamentale per il logout) e ad *Aiuto* (utile per accedere ad una mini-guida di sistema su Zimbra), sono presenti una barra di ricerca ed il nome dell'utente che ha effettuato il login.

La **barra degli strumenti** è strutturata su tre livelli. In primis vi sono i link dei vari moduli di Zimbra (**email, rubrica**, **agenda** ecc.), cliccando sui quali si può accedere alle relative schede e, quindi, a tutti gli strumenti disponibili del groupware.

FIG. 4-4: barra degli strumenti

Il pulsante di ricerca (identificato da una "lente di ingrandimento"), invece, vi permette di aprire la maschera per le ricerche in Zimbra: potete trovare qualsiasi email archiviata, selezionando come chiavi di ricerca il nome del mittente o del destinatario, l'oggetto, il contenuto, il tag ecc.

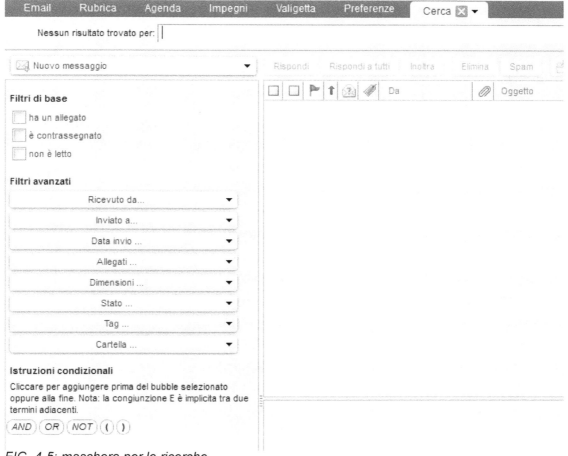

FIG. 4-5: maschera per le ricerche

Le possibilità sono innumerevoli ed avete la facoltà di abilitare contemporaneamente più chiavi (per ricerche maggiormente complesse e dettagliate) così come vi viene mostrato nell'immagine 4-6.

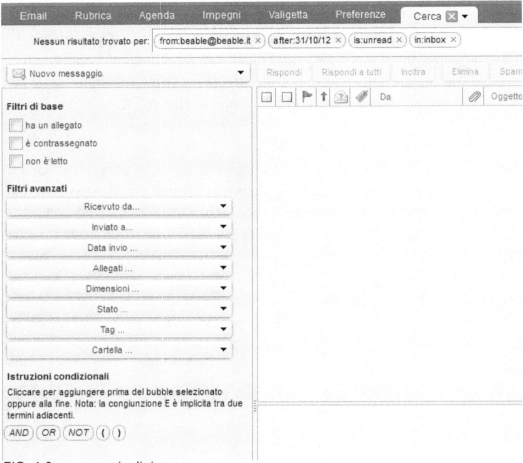

FIG. 4-6: un esempio di ricerca

In ultimo trovate la barra dei comandi relativi alla gestione della posta elettronica, grazie ai quali potrete creare una nuova email, inoltrarla ad altri indirizzi, eliminarla, stamparla ecc. Per default molti dei sopraccitati strumenti non sono abilitati e dovrete selezionare una email per effettuare determinate operazioni. In alternativa è possibile utilizzare il menu contestuale, cliccando con il tasto desto del mouse sulla missiva.

In ogni scheda è presente (alla vostra sinistra) un pannello verticale (che io definisco banalmente "Panoramica"), in cui sono contenute tutte le cartelle di Zimbra, organizzate in una struttura ad albero (FIG 4-7). Sto parlando sia delle cartelle di sistema (**In arrivo**, **Inviato**, **Bozze**, Posta Indesiderata, **Cestino**) sia di quelle create dall'utente. Non manca una sezione dedicata ai tag[7] (cliccando su

FIG. 4-7: Cartelle

_____

7   Un tag è una parola chiave o un termine associato a un'informazione (un'immagine, una mappa geografica, un post, un video clip ecc.), che ha lo scopo di definire sinteticamente un determinato "oggetto". I tag rendono possibile classificare i contenuti ed effettuare rapidamente delle ricerche grazie all'utilizzo di parole chiave.

uno di essi, sarà possibile visualizzare rapidamente tutti i messaggi salvati con lo stesso tag), ed un **Mini-Calendario**, che può essere disattivato accedendo a **Preferenze> Calendario**. Qualora abbiate installato delle zimlet, troverete anche un riquadro sulle diverse applicazioni da utilizzare all'interno della casella di posta.

La parte centrale della schermata è suddivisa in due sezioni, cioè **Pannello dei contenuti** e **Riquadro di lettura**. Il contenuto della prima area è ricco di informazioni relative alle email presenti nella cartella selezionata. Nel **Riquadro di lettura**, invece, viene visualizzato il "corpo" della email selezionata. Va precisato che esistono altre modalità di visualizzazione: *riquadro di lettura sotto* e *riquadro di lettura a destra*. Qualora non si desideri tale opzione, Zimbra consente all'utente di disattivare il **Riquadro di lettura**[8].

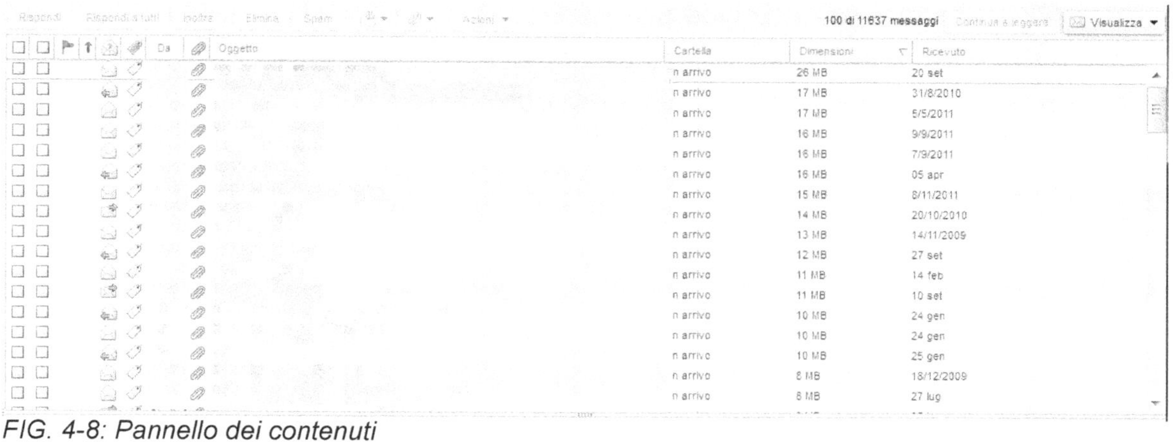

FIG. 4-8: Pannello dei contenuti

Non mi dilungherò su come scrivere un'email o su come sfruttare le funzionalità standard (ad esempio inserire un allegato, segnare un'email come non letta, stamparla o cancellarla), in quanto queste ultime sono identiche a quelle di un qualsiasi client di posta elettronica. É fondamentale, invece, soffermarsi su alcune interessanti caratteristiche del nostro groupware. Per prima cosa va evidenziata la possibilità di utilizzare il corpo di una lettera per effettuare determinate operazioni:

» cliccando sul nome del mittente presente in una email, esso viene aggiunto rapidamente come contatto della rubrica;

» cliccando su un qualsiasi messaggio di posta elettronica con il tasto destro del mouse, è possibile aggiungerlo rapidamente all'agenda o alla lista degli impegni tramite l'apposito comando;

» cliccando su una data, inoltre, si possono visualizzare rapidamente tutti gli appuntamenti presenti.

Un utente può organizzare le email in modo tale da semplificare ed ottimizzare la comunicazione aziendale: al di là della possibilità di ordinarle per data di ricezione, mittente e dimensioni, appare indubbiamente utile il poterle visualizzare "per conversazione", raggruppando in base all'argomento i messaggi di posta elettronica (ricevuti ed inviati) presenti anche in cartelle differenti. L'oggetto della conversazione compare una sola volta nel riquadro di visualizzazione ed il numero dei messaggi che ne fanno parte è visibile nella colonna delle "dimensioni". Per attivare questa opzione, dovete cliccare sul pulsan-

---

8   Per impostare il tipo di visualizzazione, è sufficiente cliccare su *Visualizza*, presente sulla barra degli strumenti, e selezionare *Riquadro di lettura a destra*.

te *Visualizza* (presente sulla **barra degli strumenti**) e scegliere il comando *per conversazione*.

FIG. 4-9: barra degli strumenti della posta elettronica

Se ciò non vi è sufficiente per un'organizzazione efficiente, sappiate che esistono altri "strumenti" come i tag, che risultano fondamentali per classificare le email, i contatti, gli impegni e gli appuntamenti; possono essere utilizzati anche per effettuare delle ricerche, se si vuole, ad esempio, visualizzare tutti i messaggi identificati con una stessa "parola chiave". Per aggiungerne velocemente uno, utilizzate il menu contestuale e cliccate, quindi, sulle email desiderate con il tasto destro del mouse: come potete vedere nell'immagine 4-10, avete due opzioni, cioè scegliere un tag già creato oppure elaborarne uno nuovo; in quest'ultimo caso dovete dare un nome al vostro tag e sceglierne il colore. Preciso che i nomi dei tag possono contenere qualsiasi carattere, ad eccezione dei "due

punti", dello slash (/) e delle virgolette; i nuovi tag, inoltre, saranno inseriti nell'apposito elenco (presente sul pannello verticale) e potrete applicarne diversi ad un singolo messaggio di posta elettronica[9]. Qualora desideriate non soltanto organizzare ma anche filtrare le email, Zimbra vi mette a disposizione diversi filtri avanzati, sebbene affronterò questo argomento successivamente, quando parleremo del modulo **Preferenze**. Ciò che ho intenzione di approfondire, invece, prima di continuare la nostra navigazione, riguarda la condivisione delle cartelle della posta elettronica con altri utenti, sia interni sia esterni all'azienda: selezionate la cartella che volete condividere (fate riferimento alla struttura ad albero delle directory sul pannello

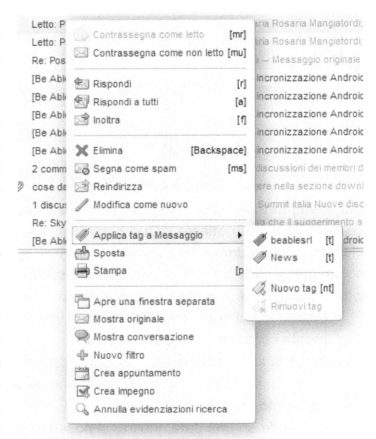

FIG. 4-10: applicare un tag

verticale), cliccate con il testo desto del mouse e scegliete dal menu contestuale il comando *Condividi cartella* (FIG. 4-11); comparirà una maschera, in cui dovrete specificare la tipologia di condivisione. Vi consiglio di non optare per ospiti esterni o per il "pubblico": se desiderate che qualcuno possa accedere alle email condivise dall'esterno dell'azienda. Digitate l'indirizzo email della persona con cui effettuare la condivisione e definitene il ruolo, stabilendo se può solo visualizzare i messaggi di posta elettronica oppure modificarli, rimuoverli ecc: gli utenti con il ruolo di gestore, ad esempio, hanno il permesso di

---

9   Potete assegnare tag multipli anche alle conversazioni ed ai contatti. Vi ricordo che, cliccando su un tag presente sul pannello verticale, potrete visualizzare tutti gli elementi contrassegnati con la stessa parola chiave.

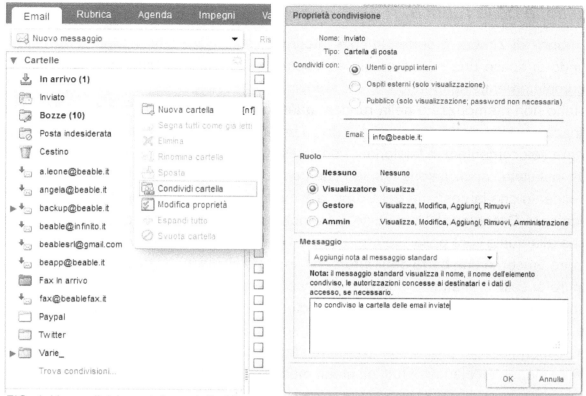

FIG. 4-11: condivisione delle cartelle (1)   FIG. 4-12: condivisione delle cartelle (2)

visualizzare e modificare il contenuto della cartella di posta condivisa, creare nuove sotto-cartelle e cancellare messaggi di posta elettronica; gli utenti con il ruolo di amministratore, invece, hanno l'autorizzazione completa per visualizzare e modificare il contenuto della cartella di posta, creare nuove sottocartelle, cancellare email e condividere la cartella con altri utenti. Potete aggiungere, eventualmente, un messaggio per comunicare ulteriori informazioni sull'elemento condiviso, sulle autorizzazioni e sui criteri di accesso. In base alle vostre scelte l'utente riceverà una email simile a quella mostratavi nell'immagine 4-13, in cui sono disponibili i pulsanti di accettazione e di rifiuto dell'elemento condiviso: inutile dire che il primo sarà essenziale per portare a buon fine la condivisione.

FIG. 4-13: "invito" alla condivisione

Gestione della rubrica

La rubrica di Zimbra è perfettamente integrata con tutti gli altri moduli del groupware: quando si scrive una nuova email, ad esempio, l'utente può usufruire della funzione di completamento automatico[10]; se si invia un messaggio di posta elettronica ad un contatto non memorizzato nella rubrica, quest'ultima salverà automaticamente il nuovo indirizzo di posta elettronica[11]; cliccando su un numero di telefono di un contatto, potrete avviare velocemente una telefonata tramite PBX VoIP, ammesso e non concesso che sia stata installata l'applicazione (zimlet) che permette l'integrazione con Asterisk. Va anche sottolineato che la gestione della rubrica è molto semplice e non richiede particolari delucidazioni. Osservando l'immagine 4-14, noterete un'interfaccia grafica di facile utilizzo, grazie alla quale sarà possibile organizzare i vostri contatti in modo efficiente e rapido: è sempre presente una barra degli strumenti, in parte simile a quella degli altri moduli (sarà sempre possibile effettuare ricerche ed accedere alle altre schede); il pannello verticale ingloba tutte rubriche da voi create, le directory di sistema, le ricerche memorizzate, i tag e le zimlet; nel riquadro dei contenuti vengono visualizzate le schede dei vostri contatti, che possono essere passate in rassegna sfruttando l'indice alfabetico o il riquadro verticale, contenente l'elenco di tutti gli utenti memorizzati nella rubrica.

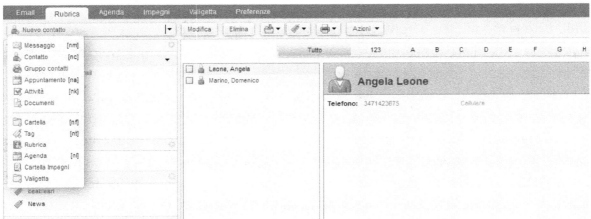

FIG. 4-14: Zimbra - Rubrica (o Contatti)

Cliccando su *Nuovo* e visualizzando l'omonimo menu, avrete accesso a diverse opzioni:
- creazione di una nuova rubrica (dopo averle dato un nome, dovrete stabilire in quale directory collocarla;
- creazione di un tag per classificare determinati contatti;
- creazione di un gruppo di contatti;
- inserimento di un nuovo contatto.

Scegliendo l'ultima delle opzioni sopraccitate, verrà visualizzata una maschera per l'inserimento di una vasta tipologia di informazioni: oltre a digitare il nome e cognome del contatto, l'indirizzo di posta elettronica e il numero telefonico, potrete inserire l'indirizzo

---

10   La funzione di completamento automatico ha il compito di aiutare l'utente, "suggerendogli" i contatti da digitare nei campi **A**, **Cc** e **Ccn** : quando si inserisce l'iniziale del nome del destinatario, infatti, viene visualizzato un elenco con tutti i possibili contatti della rubrica che iniziano con quella lettera.

11   È possibile disattivare questa funzionalità attraverso la disabilitazione dell'opzione **Aggiungi contatti** a "Contatti usati per email" da **Preferenze> Rubrica**.

della residenza e/o del domicilio, il giorno del suo compleanno/anniversario ed eventuali note. Ricordatevi di stabilire come Zimbra dovrà archiviare il contatto (per cognome e nome, per società ecc.) ed in quale directory salvarlo.

FIG. 4-15: inserimento di un nuovo contatto

In fase di creazione di una email potrebbe risultare conveniente l'utilizzo di un gruppo di contatti (formato da elenchi di indirizzi email multipli), in modo tale che tutti gli indirizzi inclusi nella lista siano automaticamente inseriti nel campo dei destinatari: sarà sufficiente digitare in tale campo il nome del gruppo ed il gioco sarà fatto! Se desiderate, quindi, crearne uno, scegliete l'opzione *Gruppo contatti* nel menu **Nuovo** e seguite le mie indicazioni:

» digitate il nome del gruppo nell'apposito campo;

» selezionate la rubrica nella quale si desidera aggiungere il gruppo di contatti;

» per aggiungere membri al gruppo di contatti:
  1. digitate un nome nel campo **Cerca**;
  2. scegliete la rubrica nella quale si desidera effettuare la ricerca, utilizzando il menu a discesa; i nomi che corrisponderanno alla ricerca saranno elencati nella casella sottostante il campo **Cerca**;
  3. individuate i nomi da aggiungere e fate clic su *Aggiungi* o *Aggiungi tutto*;

» è possibile digitare gli indirizzi email direttamente nella casella che contiene l'elenco dei membri, separandoli con una virgola (o un punto e virgola) oppure utilizzando *Invio*;

» scegliendo *Salva* sulla **barra degli strumenti**, il nuovo gruppo di contatti sarà aggiunto alla rubrica.

Prima di concludere questo sotto-paragrafo, vi avverto che avete la possibilità di condividere i contatti con altri utenti: selezionate una rubrica presente sul pannello verticale, cliccate con il tasto desto del mouse e scegliete il comando *condividi rubrica*. La maschera che comparirà è identica a quella mostratavi precedentemente per la condivisione delle email, quindi non è necessario fornirvi informazioni su come compilarla.

Gestione dell'agenda

Grazie a questo modulo la pianificazione ed il monitoraggio di appuntamenti e riunioni sarà molto più semplice ed efficiente. Vi rammento che, a differenza del modulo relativo agli impegni (di cui parlerò successivamente), nell'agenda di Zimbra è possibile inserire solo eventi da "calendarizzare" e da collocare in un arco temporale ben definito (cioè delimitato da ore/giorni di inizio e di fine). Ho volutamente oscurato i nomi di alcuni dei miei clienti per motivi di privacy, ma ritengo che l'immagine seguente sia, comunque, esaustiva e vi faccia comprendere le molteplici possibilità di utilizzo.

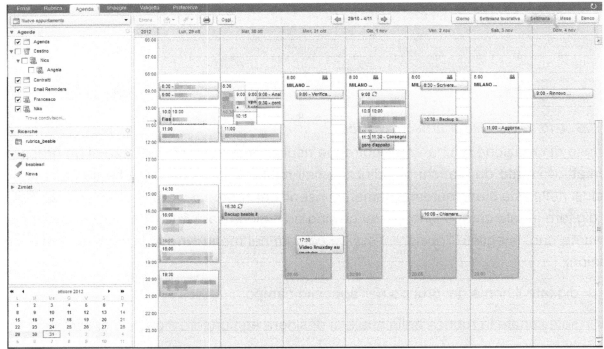

FIG. 4-16: Zimbra - Agenda

Sfruttando gli appositi strumenti, infatti, è possibile personalizzare l'agenda, condividerla con altri utenti, creare appuntamenti molto dettagliati e spostarli facilmente tramite il <u>drag and drop</u>. Per default la modalità di visualizzazione predefinita è quella settimanale (vedi immagine 4-16), ma è possibile cambiarla a vostro piacimento, accedendo a **Preferenze> Agenda** e scegliendo tra *Giorno, Settimana lavorativa, Settimana* o *Mese*. Attenzione: se effettuerete delle preferenze sfruttando la barra degli strumenti, modificherete la visualizzazione per la sola sessione in corso e al prossimo accesso ritornerà la visualizzazione di default. Detto ciò, dovrete apprendere come sfruttare le funzionalità base di questo modulo:

» la procedura di creazione di una nuova agenda è in parte simile a quella di creazione di una nuova rubrica, poiché sarà sufficiente cliccare su *Nuovo* (oppure digitare sulla tastiera *nl*)[12], aprire l'omonimo menu e selezionare la voce *Agenda*; digitate il nome dell'agenda nel campo **Nome** e selezionate un colore; se necessario, scegliete le altre opzioni come, ad esempio, e*scludi questa agenda quando si segnalano*

---

12   I tasti veloci di Zimbra accelerano le quotidiane attività: ad esempio la creazione di un nuovo messaggio email avviene digitando "nm"; un nuovo contato si crea digitando "nc", mentre un appuntamento tramite "na", un'attività con "nk", una cartella con "nf" ed un tag con "nf". Tutti i tasti di scelta rapida sono reperibili nella sezione **Preferenze**.

124

gli orari libero/occupato (la disponibilità di questa agenda non sarà visualizzata, se saranno presenti altri appuntamenti); va precisato che un'agenda sarà automaticamente creata, ogni qual volta sarà creato un nuovo utente;

» le icone di tutte le agende di Zimbra sono presenti nel relativo riquadro del pannello verticale; spuntando o meno le apposite caselle, potrete visualizzare una o più agende in contemporanea ed avrete, così, un quadro degli appuntamenti maggiormente completo;

» l'inserimento di un nuovo evento richiede qualche delucidazione in più, in quanto è possibile settare numerosi parametri e specificare diverse informazioni; partite dalla creazione dell'appuntamento: cliccate con il tasto destro del mouse sul calendario[13] e scegliete il comando *Nuovo appuntamento*, per aprire la maschera di **aggiunta rapida**; obbligatoriamente dovete indicare l'oggetto dell'appuntamento, la fascia oraria in cui va collocato e l'agenda in cui deve essere memorizzato; in più potete stabilire il luogo dell'evento ed un promemoria, in modo tale che il Zimbra vi avvi-

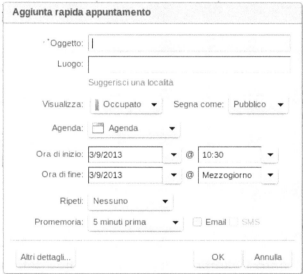

FIG. 4-17: aggiunta rapida di un appuntamento

si preventivamente dell'appuntamento (FIG. 4-17); se volete sfruttare quest'ultima funzionalità, ricordatevi di stabilire quanti minuti prima far apparire il promemoria e spuntate la casella *email*, per ricevere un messaggio di avviso tramite posta elettronica.

FIG. 4-18: promemoria appuntamenti

Risulta essere di grande utilità il pulsante *Altri dettagli*, dato che Zimbra in fase di creazione vi consente di precisare i partecipanti all'evento. Questi ultimi possono essere utenti

---

13   Scegliete con cura il giorno e l'ora in cui collocare l'appuntamento, senza dimenticarvi che –in caso di errore- potrete sempre spostarlo con il drag and drop.

interni all'azienda oppure esterni (riceveranno una email contenente come allegato un file in formato *iCalendar*, in cui sono presenti i dati dell'appuntamento); i loro nomi possono essere digitati manualmente oppure selezionati da un apposito elenco tramite il pulsante *Partecipanti*. Non appena avrete aggiunto i loro nomi, nella sezione antecedente al riquadro delle note comparirà un pianificatore, cioè una griglia in cui saranno presenti le fasce orarie libere e quelle occupate[14]. In questo modo potrete capire se determinati utenti possano partecipare o meno all'appuntamento in base ai loro impegni e se sia il caso di posticiparlo o anticiparlo. Dopo aver pianificato il tutto, cliccate su *Invia* per comunicare l'evento agli utenti specificati, che potranno accettare di partecipare o meno all'appuntamento[15]. Se vorrete essere maggiormente dettagliati, potrete aggiungere degli allegati ed inserire delle note per fornire ulteriori informazioni ai partecipanti.

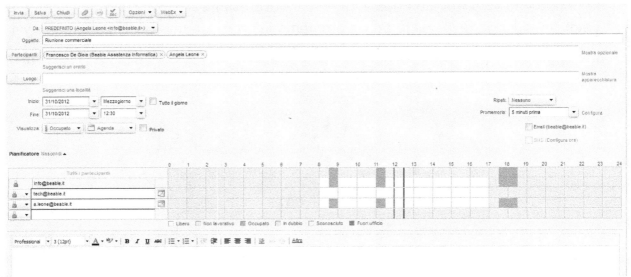

FIG. 4-19: creazione di un evento

È sempre possibile modificare i campo dell'appuntamento (data, ora, partecipanti, frequenza) in qualsiasi momento tramite due differenti modalità: effettuando doppio clic sulla riunione che si desidera modificare oppure cliccando su di essa con il tasto destro e selezionando *Apri*. Potrete anche organizzare eventi ricorrenti, sfruttando il pulsante *ripeti* nella maschera di **aggiunta rapida**.

Non può mancare la possibilità di condividere la vostra agenda con altri utenti. La procedura per realizzare tale condivisione è identica a quella spiegatavi nei moduli precedenti. Per chi ama il cartaceo, inoltre, Zimbra consente di stampare l'agenda in diverse visualizzazioni.

In virtù dell'integrazione fra i diversi moduli di Zimbra, ognuno di voi è libero di trasformare una email in un appuntamento: trascinate il messaggio di posta elettronica (tramite il <u>drag and drop</u>) su un giorno prestabilito del **mini-calendario** (immagine 4-20) oppure cliccate su di esso con il tasto destro del mouse e scegliete *Crea appuntamento*.

---

14   Se un partecipante è già impegnato in determinate ore della giornata e se è presente come utente all'interno di Zimbra, la casella relativa a quella fascia oraria sarà riempita con un determinato colore (da voi precedentemente impostato).

15   L'email che ogni partecipante riceverà conterrà tutte le informazioni che avete specificato in fase di creazione di un appuntamento. Saranno presenti, inoltre, i comandi per accettare o rifiutare l'evento.

FIG. 4-20: creazione di un appuntamento tramite il minicalendario (1)

In entrambe le modalità comparirà un messaggio di sistema, che vi chiederà se desideriate o meno inserire automaticamente il mittente ed il destinatario dell'email come partecipanti. Scegliete liberamente l'opzione che più vi aggrada ed accedete alla schermata successiva. Non ci sono novità rispetto alla scheda **di aggiunta di nuovi dettagli** (già spiegatavi precedentemente), eccetto il riquadro delle note, dove comparirà il corpo dell'email (FIG. 4-21). Settate i parametri che ritenete necessari e create il vostro nuovo appuntamento.

FIG. 4-21: creazione di un appuntamento tramite il minicalendario (2)

Alla luce di quanto vi ho mostrato precedentemente, è indubbiamente evidente la comodità di pianificare eventi tramite l'agenda di Zimbra. Malgrado ciò, ho volutamente omesso una spiegazione dettagliata di questo modulo, evitando di soffermarmi su tutti i comandi e gli strumenti che sono messi a disposizione dell'utente: esistono numerosi tutorial che possono fornirvi delucidazioni adeguate ed io vi ho solo spiegato quelle funzionalità che un'azienda deve saper sfruttare obbligatoriamente.

Gestione degli impegni

La visualizzazione degli impegni, se confrontata con quella degli appuntamenti dell'agenda, risulta essere molto diversa: non è presente alcun calendario, ma è visibile soltanto una lista di eventi (FIG. 4-22), che è funzionale alla creazione ed al monitoraggio dei progressi di un determinato progetto. L'elenco è suddiviso in diverse colonne: oltre all'oggetto dell'impegno, ne verrà visualizzato lo **Stato** (*Non iniziato*, *in corso*, *completato* ecc.), l'eventuale scadenza e la percentuale di completamento. Qualora un impegno sia stato portato a compimento, nell'elenco comparirà in caratteri grigi e marcato da una linea orizzontale.

La creazione di una nuova attività e l'apporto di eventuali modifiche possono essere realizzate abbastanza velocemente e con modalità differenti. Se volete aggiungere un nuovo impegno, ad esempio, potete sfruttare il pulsante *Nuovo* e scegliere la voce *Attività* oppure digitate il nome del vostro progetto all'interno del campo collocato subito sotto

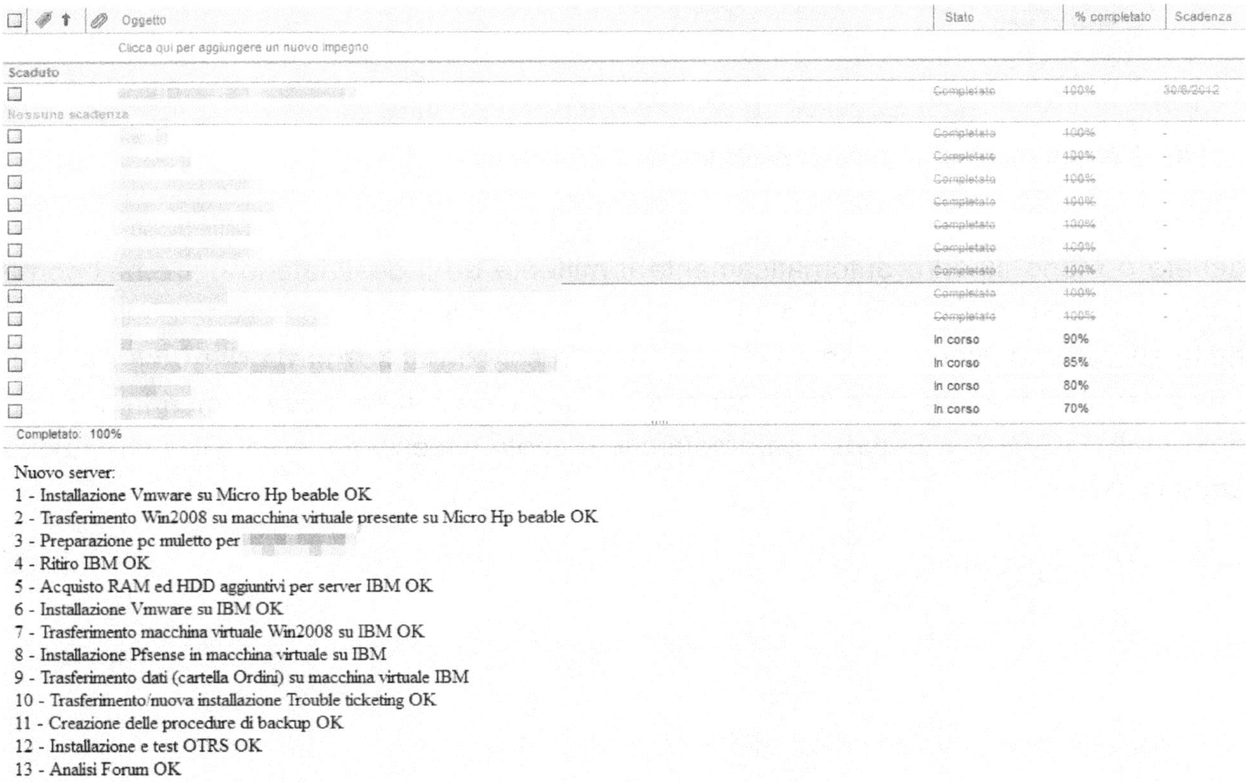
Oggetto
Stato
% completato
Scadenza
Clicca qui per aggiungere un nuovo impegno
Scaduto
Completato 100% 30/8/2012
Nessuna scadenza
Completato 100%
In corso 90%
In corso 85%
In corso 80%
In corso 70%
Completato: 100%
Nuovo server:
1 - Installazione Vmware su Micro Hp beable OK
2 - Trasferimento Win2008 su macchina virtuale presente su Micro Hp beable OK
3 - Preparazione pc muletto per
4 - Ritiro IBM OK
5 - Acquisto RAM ed HDD aggiuntivi per server IBM OK
6 - Installazione Vmware su IBM OK
7 - Trasferimento macchina virtuale Win2008 su IBM OK
8 - Installazione Pfsense in macchina virtuale su IBM
9 - Trasferimento dati (cartella Ordini) su macchina virtuale IBM
10 - Trasferimento/nuova installazione Trouble ticketing OK
11 - Creazione delle procedure di backup OK
12 - Installazione e test OTRS OK
13 - Analisi Forum OK

FIG. 4-22: anteprima di un impegno

la **barra degli strumenti**, in cui compare la seguente frase: *clicca qui per aggiungere un nuovo impegno*[16]. Qualora utilizziate la prima modalità, verrà visualizzata la seguente maschera (FIG. 4-23).

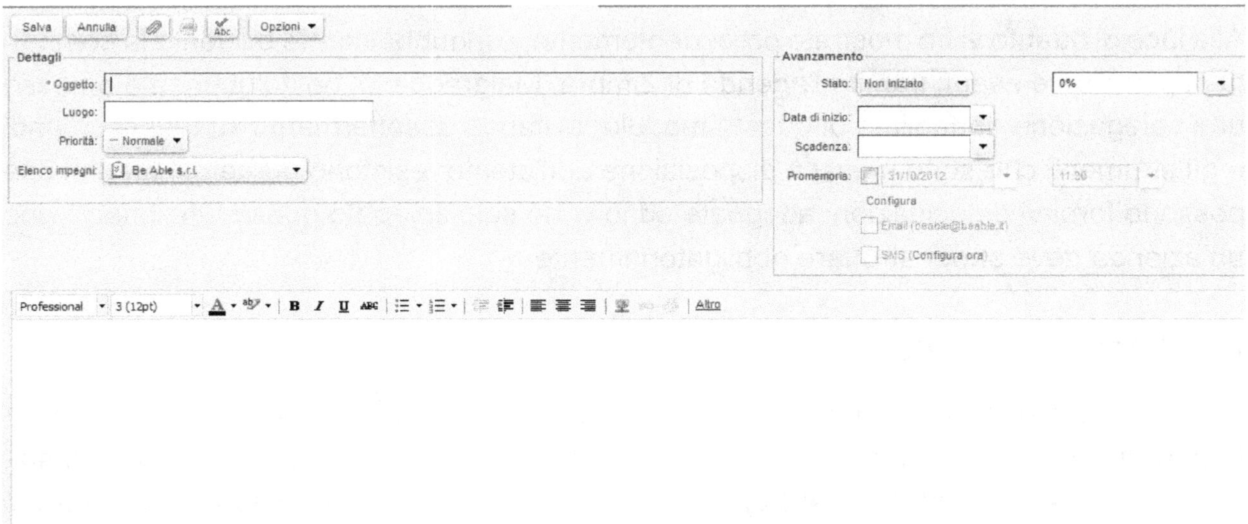
Salva
Annulla
Opzioni
Dettagli
* Oggetto:
Luogo:
Priorità: — Normale
Elenco impegni: Be Able s.r.l.
Avanzamento
Stato: Non iniziato
0%
Data di inizio:
Scadenza:
Promemoria: 31/10/2012 11:30
Configura
Email (beable@beable.it)
SMS (Configura ora)
Professional
3 (12pt)
Altro

FIG. 4-23: creazione di un nuovo impegno

Sarete obbligati ad assegnare un nome al vostro impegno, ma avrete la libertà di impostare gli altri parametri: potrete indicare un luogo, selezionare la priorità e il colore con cui sarà marcato l'impegno nella panoramica del pannello verticale, stabilire una data d'inizio ed una data di scadenza; sarà anche possibile attivare o meno un promemoria e digitare ulteriori informazioni nel riquadro delle note. Dopo aver salvato il tutto, il vostro nuovo

16 L'utilizzo del sopraccitato campo non vi permette di visualizzare direttamente la maschera per la creazione di un impegno: spetterà a voi individuarlo nell'elenco e modificarlo adeguatamente.

impegno comparirà nell'elenco. Con il passare del tempo dovrete modificarlo, indicando la percentuale di completamento, reimpostando eventualmente la priorità o aggiungendo ulteriori note. Per far ciò, potete agire in due modi: cliccando due volte sull'attività oppure selezionandola con un solo clic del mouse ed utilizzando il pulsante *Modifica*.

Se desiderate gestire molteplici attività tramite più elenchi, dovrete creare altre cartelle ed impegni grazie al menu **Nuovo** ed all'apposito comando. Ricordatevi che gli "oggetti" creati saranno presenti nel riquadro di panoramica del pannello verticale e che, in ogni momento, potrete spostare le vostre attività in altre liste: cliccate con il tasto destro del mouse su un evento e selezionate la voce *Sposta*, per far apparire una maschera in cui specificherete la nuova destinazione; in alternativa spostate l'impegno utilizzando il drag-and-drop (selezionatelo e trascinatelo nell'elenco presente nel riquadro **Panoramica**). Appare ormai inutile dirvi che avete la facoltà di condividere o meno anche le liste degli impegni con altri utenti.

La valigetta

Il nome di questo modulo rende l'idea di quale sia la sua funzione: contenere e raziona-lizzare la gestione di quei documenti essenziali per il contesto lavorativo. Potrete, salvare i file direttamente sul proprio account, rendendo più facile l'accesso agli stessi da qual-siasi computer e condividendo le cartelle portadocumenti con altri utenti, i quali possono visualizzare e modificare i file stessi.

FIG. 4-24: Zimbra - Valigetta

Ho parlato precedentemente di documenti, ma sappiate che avete la possibilità di inse-rire nella valigetta diverse tipologie di file (video, immagini, grafici, testi ecc.): il pulsante *Carica file* farà al caso vostro e vi farà accedere ad una maschera (FIG.4-25) per la scelta dell'oggetto da salvare nella valigetta; sfruttate l'apposito pulsante per individuare la directory in cui si trova il file da caricare ed aggiungete eventuali annotazioni, prestan-

do attenzione alla dimensione massima di ciò che avete sele-zionato. Non potrete, infatti, in-serire nel modulo sopraccitato file di dimensione maggiore a quella pre-impostata dall'ammi-nistratore.

L'importanza di questo modulo, tuttavia, non risiede solo nell'ar-chiviazione e nella condivisione

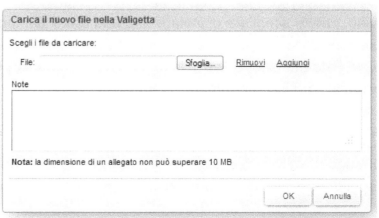

FIG. 4-25: caricamento di un nuovo file

di file: qualsiasi utente può creare un nuovo documento selezionando il relativo comando nel menu **Nuovo** ed accedendo ad un editor di testo. Quest'ultimo, pur mettendo a disposizione gli strumenti base per la formattazione del testo e l'inserimento di allegati, non può di certo competere con i programmi di video scrittura più evoluti, ma il suo grande ed unico pregio è l'essere un pilastro del team working: il documento da voi creato verrà condiviso con altri membri del gruppo di lavoro, i quali potranno apportare svariate modifiche (aggiungendo note, correggendo, integrando, allegando file ecc). Qualsiasi cambiamento sarà, inoltre, evidenziato nel riquadro dei contenuti (immagine 4-27): a sinistra del nome del documento comparirà una piccola freccia, che ha lo scopo di segnalarvi la presenza di modifiche; con un "clic" su di essa verrà visualizzato un elenco di tutte le correzioni apportate e voi potrete individuare gli autori delle varie modifiche. Fate attenzione: non potrete realizzare tutto ciò, se non condividerete la cartella dei documenti, assegnando agli altri utenti il ruolo di gestore o amministratore (la procedura è identica a quella degli altri moduli). Qualora vogliate modificare i parametri della condivisione, potrete sempre farlo cliccando con il tasto destro del mouse sull'icona della cartella condivisa[17] e selezionando il comando *Modifica proprietà*.

FIG. 4-26: l'editor di testo

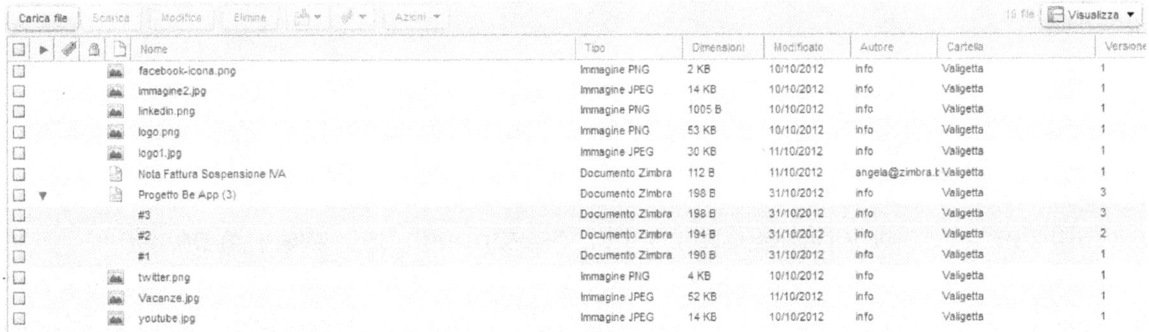

FIG: 4-27: Zimbra - Valigetta (elenco dei file condivisi)

Se ritenete necessario attirare l'attenzione di determinati utenti su un documento condiviso, potete scegliere di inviare loro una email contenente un link di collegamento al file stesso. Cliccate, pertanto, con il tasto destro sull'oggetto desiderato e selezionate *Invia link*. Fate attenzione, però, al ruolo del destinatario, poiché solo chi ha l'autorizzazione a visualizzare il contenuto della cartella dei documenti può vedere il link.

Le Preferenze

Il suddetto modulo è stato già citato più volte in questo capitolo ed ora è necessario aggiungere ulteriori informazioni e delucidazioni, dato che un corretto settaggio delle

---

17   Oltre a revocare la condivisione, è possibile modificare il ruolo dell'utente o aggiungerne un altro.

preferenze può migliorare la gestione di un account di Zimbra. Premetto che tutto ciò che leggerete in questa sezione riguarderà solo il profilo dell'utente finale, mentre il prossimo paragrafo sarà dedicato interamente al pannello di controllo di amministrazione.

L'immagine 4-28 vi mostra la schermata iniziale del modulo in questione: alla vostra

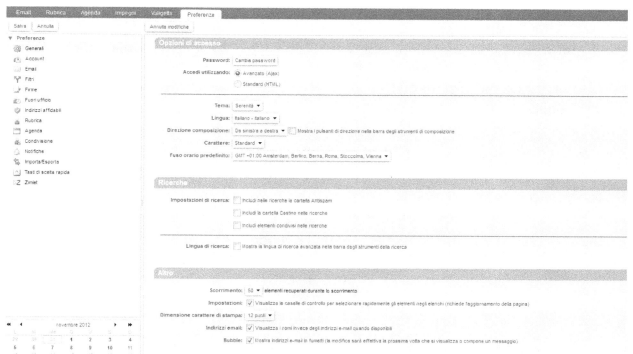

FIG. 4-28: Zimbra - Preferenze

sinistra è presente un elenco (organizzato con una struttura ad albero), tramite il quale potrete accedere alle diverse schede di configurazione, mentre il riquadro dei contenuti racchiude tutte le opzioni configurabili inerenti alla scheda selezionata. Per default sono visualizzate le impostazioni generali del "profilo utente", in modo tale da permettervi velocemente di modificare la password, stabilire il client predefinito, la lingua e le impostazioni di ricerca. Di seguito troverete alcune linee guida relative solo al settaggio delle opzioni fondamentali.

Scheda Account

Potete collegare altri indirizzi di posta elettronica, rendendo possibile il download delle email all'interno di Zimbra, anche posizionandole in cartelle differenti. In questo modo creerete un unico contenitore all'interno del quale posizionare tutti gli indirizzi.

Scheda Email

Visualizzazione messaggi: potete stabilire ogni quanti minuti il sistema dovrà controllare l'arrivo di nuovi messaggi (l'impostazione predefinita è di 5 minuti, ma l'intervallo di tempo è definito dall'amministratore); se lo desiderate, avete anche la possibilità di visualizzare l'email non in formato HTML ma come semplice testo, e potete selezionare le opzioni per la lettura di un messaggio o per la sua cancellazione[18].

---

18   Configurate l'opzione Quando leggo un messaggio nel riquadro di lettura, se il messaggio deve essere contrassegnato come *letto subito* (dopo il tempo specificato in secondi) oppure no. Potete anche specificare dove posizionare il cursore, dopo aver spostato o eliminato un messaggio.

Ricezione messaggi: è importante che un utente sia avvisato dell'arrivo di un nuovo messaggio; pertanto Zimbra vi offre di scegliere la soluzione più adatta alle vostra esigenze:

- <u>riproduci un suono</u> - all'arrivo di un messaggio sarete avvisati tramite un segnale acustico;
- <u>evidenzia la scheda Mail</u> - l'icona della scheda **Email** sarà evidenziata all'arrivo di un nuovo messaggio;
- <u>fai lampeggiare il titolo del browser</u> - potete decidere se il titolo del browser dovrà lampeggiare alla ricezione di un nuovo messaggio;
- <u>mostra una notifica popup</u> - specificate se il browser dovrà mostrare una notifica popup.

Composizione messaggi: tale sezione consente di definire le modalità di scrittura di una nuova email. Le *Opzioni posta SPAM* vi permettono di creare blacklist e whitelist, al fine di migliorare il riconoscimento degli indirizzi di posta elettronica.

Se lo ritenete necessario, potete far in modo che Zimbra invii una copia dell'email ricevuta (oppure una semplice notifica) ad un indirizzo da voi specificato. Qualora la vostra azienda sia chiusa per ferie in un determinato periodo, esiste la possibilità di attivare una risposta automatica[19].

Firme

È molto utile inserire in calce la vostra firma nelle email da inviare. Dopo aver scelto la formattazione del testo, digitate la vostra firma nell'apposito campo e scegliete dove sarà automaticamente collocata (sopra o sotto il corpo del messaggio).

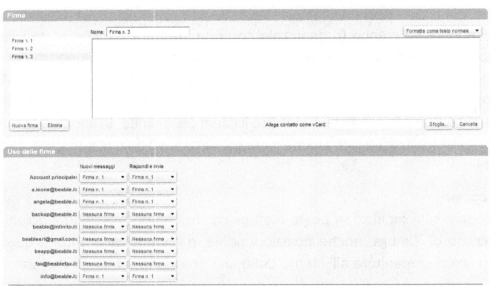

FIG 4-29: firme digitali

FIG: 4-30: posizionamento della firma

---

19   Spuntando l'apposita casella, attiverete un riquadro che conterrà il vostro messaggio di risposta automatica (ad esempio "gli uffici sono chiusi per ferie"); ricordatevi di specificare il periodo di chiusura dell'azienda, affinché tutti coloro che vi invieranno una email nel suddetto arco temporale ricevano automaticamente un messaggio di posta elettronica.

Filtri

La maschera per la configurazione dei filtri è importantissima, soprattutto se desiderate che Zimbra filtri automaticamente la posta elettronica (in arrivo ed in uscita) in base a determinate regole. Accedendo alla sopraccitata scheda, quindi, potrete sia creare nuovi filtri sia visualizzare quelli già esistenti. Va evidenziato che, per default, in Zimbra non è presente alcuna regola di filtraggio della posta elettronica e spetterà a voi creare uno o più filtri in base alle vostre esigenze, utilizzando il pulsante *Aggiungi filtro* e settando i parametri che desiderate nell'omonima maschera (FIG. 4-31).

In primis assegnate un nome al vostro nuovo filtro ed impostate le *condizioni*[20]: potete effettuare una scelta fra numerose opzioni, poiché Zimbra vi consente di filtrare le email in base al mittente, al destinatario, alla data di ricezione, alle dimensioni ecc.. Non necessariamente tutte le condizioni che aggiungerete dovranno essere rispettate simulta

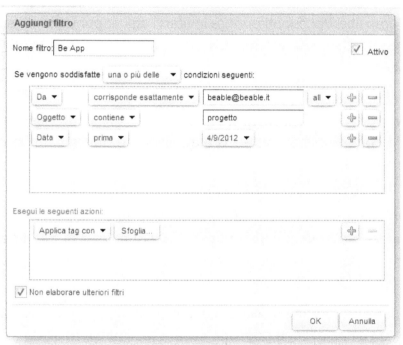

FIG. 4-31: aggiunta di un filtro

neamente, ammesso e non concesso che abbiate settato l'apposito parametro[21]. Inoltre è necessario stabilire quale sarà il destino dell'email filtrata, specificando l'esecuzione di ben precise *azioni*: sarà possibile assegnarle un tag e/o inoltrarla ad un altro indirizzo di posta elettronica; il messaggio sarà conservato nella cartella **In arrivo** oppure archiviato in una determinata cartella. Anche in questo caso esistono diverse opzioni. Ricordatevi di attivare o meno il filtro spuntando l'apposita casella, di convalidare il tutto tramite il pulsante *OK* e di cliccare su *Salva*. Ovviamente in futuro potrete sempre modificare o eliminare i filtri da voi creati.

---

20   Per aggiungere una condizione, cliccate sul pulsante con il segno **+**. Se desiderate, invece, eliminarne una, sfruttate il pulsante con il segno **-** .

21   Potete scegliere di far eseguire determinate azioni, se vengono soddisfatte "tutte le" condizioni oppure "una o più".

Agenda

Se avete letto con attenzione il paragrafo sull'**Agenda**, avrete sicuramente compreso che attraverso il modulo **Preferenze** è possibile impostare "definitivamente" alcuni parametri come, ad esempio, la visualizzazione. La maggior parte di essi non richiede spiegazioni approfondite, mentre meritano attenzione alcune preferenze:

» l'abilitazione dell'opzione *Aggiungi automaticamente all'Agenda gli appuntamenti ricevuti* permetterà al sistema di inserire automaticamente (nel sopraccitato modulo) gli eventi giunti tramite posta elettronica; in caso contrario l'appuntamento sarà aggiunto solo dopo aver scelto *Accetta* nell'email; in ogni caso, anche quando l'opzione è attivata, avete la possibilità di accettare o di rifiutare l'invito sia dalla cartella **In arrivo** sia dall'**Agenda**;

» è necessario stabilire le autorizzazioni per gli utenti che fanno parte del "dominio" aziendale; in base alle vostre scelte, ad esempio, solo alcuni utenti potrebbero vedere i vostri orari liberi/occupati oppure invitarvi agli appuntamenti; se è necessario, potrete richiedere l'invio di una notifica automatica in caso di rifiuto di un invito da parte di un utente.

Condivisione

Questa sezione vi permette sia di visualizzare le directory condivise da un utente (ad esempio le cartelle condivise ma non ancora accettate, e quelle condivise ed accettate) sia di creare altre condivisioni.

Importa/Esporta

Questa sezione va utilizzata per importare o esportare determinati dati dell'account (cartelle specifiche, agende ed elenchi di contatti). L'esportazione di tutti i dati è utile, se si desidera effettuare un backup dell'account o di una directory specifica sul proprio computer.

La mia carrellata sulle preferenze di Zimbra si conclude qui, poiché ritengo inutile soffermarmi ulteriormente su opzioni che possono essere facilmente abilitate (o disabilitate) da voi lettori. Per qualsiasi dubbio, inoltre, sono sempre disponibili sul web delle guide molto dettagliate.

Il pannello di amministrazione

Dopo aver dedicato un intero paragrafo alla gestione di un profilo utente di Zimbra, non posso omettere una panoramica sul pannello di controllo dell'amministratore, elemento essenziale per la gestione del server. Ho posticipato questa parte per un semplice motivo: motivarvi nella scelta di Zimbra, mostrandovi ciò che realmente può fare, prima di addentrarmi in spiegazioni di argomenti più complessi come, ad esempio, la creazione di un utente e la configurazione di un smtp autenticato. La console dell'amministratore vi dà accesso ad una vasta tipologia di strumenti e di informazioni, quindi vi consiglio di consultare guide specifiche o di contattare un consulente, se volete "amministrare" Zimbra a 360°. Per ora è sufficiente riuscire a compiere i primi passi, affinché il groupware sia pienamente operativo in un'azienda.

Il pannello amministrativo di Zimbra è raggiungibile all'indirizzo *https://IP:7071*. Dopo aver inserito le credenziali di autenticazione, comparirà la schermata di riepilogo (FIG.

FIG. 4-32: Zimbra Administration

4-32), dove sono presenti le informazioni più importanti (il numero di utenze utilizzate, la versione di Zimbra, lo stato del server e le varie operazioni ed attività in esecuzione). Prima di addentrarci in altre spiegazioni e/o ricette veloci per ottenere subito una versione di Zimbra funzionante, sarebbe opportuno analizzare lo stato di tutti i servizi del server in questione.

Nel momento in cui cliccherete su *Monitoraggio->Stato del server*, verrà visualizzata la schermata di FIG. 4-33, attraverso la quale potrete constatare che tutti i servizi facenti parte di Zimbra sono attivi, che non c'è alcun problema e che è possibile iniziare ad "operare".

FIG. 4-33: Zimbra Administration - Monitoraggio

Creazione di un utente

Il menu orizzontale degli strumenti contiene il pulsante adatto allo nostre esigenze: cliccando su **Gestisci->Account**, vi troverete di fronte alla lista di tutti gli account presenti in Zimbra. Nell'immagine 4-34 è ben visibile il suddetto elenco, grazie al quale è sempre possibile controllare quale account sia attivo e l'ora dell'ultimo accesso. Dato che il nostro scopo è crearne uno, cliccate su **Nuovo** (menu in alto a destra, accanto alla voce *help in linea*) per accedere alla procedura di creazione del profilo ed inserire le informazioni fondamentali nei campi obbligatori, alcuni dei quali sono contrassegnati con un asterisco in apice: digitate il nome ed il cognome, controllando che il dominio di appartenenza (nell'esempio @*beable.it*) sia corretto; immettete una password ed impostate il fuso orario[22]. Nessuno vi nega la possibilità di aggiungere ulteriori dettagli facoltativi, ad esempio le iniziali del secondo nome e/o una breve descrizione.

FIG. 4-34: Zimbra Administration - Gestisci

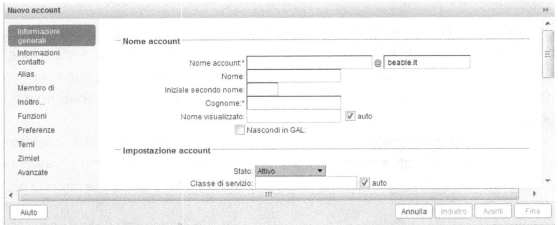

FIG. 4-35: creazione di un nuovo account

Non appena avrete compilato i campi obbligatori, sarà disponibile il pulsante *Avanti*, che vi darà accesso ad una maschera per l'inserimento di informazioni aggiuntive (indirizzo della residenza, numero di telefono ecc.). Adesso siete liberi di lasciare incompleta

FIG. 4-36: creazione di un nuovo account (Funzioni principali)

quest'ultima sezione oppure di digitare ciò che ritenete necessario, così come c'è assoluta libertà nel definire o meno gli alias di posta. Potete procedere o ritornare sui vostri passi grazie agli appositi comandi, ma prestate attenzione alle funzioni da assegnare al

---

22   In realtà il sistema riconosce come fondamentali soltanto i campi Nome account, Cognome e Password

nuovo account (FIG. 4-36). In questa fase, infatti, dovete stabilire se l'utente potrà accedere a tutte le funzionalità di Zimbra oppure se si imbatterà in alcune limitazioni: in base alle esigenze lavorative un dipendente può accedere solo ad alcuni moduli e/o gestire la posta elettronica senza poter creare dei tag e filtri; gli può essere negato l'accesso agli strumenti di ricerca avanzata ed alla gestione delle zimlet. Effettuate la vostra scelta e cliccate su *Avanti*, per visualizzare tutte le preferenze del futuro account. Il mio consiglio è quello di non modificare le impostazioni di default e di proseguire fino alla chiusura della procedura di creazione, considerando che esiste sempre la possibilità di modificare ciascun profilo-utente (grazie al pulsante *Modifica*) e che sarebbe inutile trasformare questo capitolo in una copia esatta del manuale di Zimbra.

Smtp autenticato

Quando si parla di posta elettronica, si deve far riferimento anche all' SMTP (acronimo di *Simple Mail Transfer Protocol*) ossia al protocollo standard per la trasmissione di email; tale protocollo viene gestito da un server ed è messo a disposizione, generalmente, dai fornitori di servizi ADSL (spesso lenti, considerando la grossa mole di invii che devono gestire anche a causa dello SPAM). Questi ultimi, sempre più spesso, sottolineano l'importanza di un SMTP autenticato che garantisca al cliente il corretto invio di un messaggio di posta elettronica. Ovviamente, è necessario pagare il suddetto servizio, i cui costi non sono esosi (poche decide di euro annuali).

Premesso ciò, vi mostrerò come collegare un SMTP autenticato a Zimbra. Per prima cosa accedete a Webmin[23], digitate nel campo di ricerca la parola SSH2 e cliccate sul link *User interface SSH2* per attivare il terminale. Digitate la login e la password fornita unitamente alla VM e scrivete i seguenti comandi (rispettate gli spazi):

» **cd /script** (per il posizionamento nella cartella contenente gli script);
» **chmod +x smpt_autenticato.sh** (per rendere lo script eseguibile);
» **./smpt_autenticato.sh** (per eseguire lo script).

Successivamente digitate il nome dell'host nella sua forma completa (presente nella documentazione della VM) e premete un tasto qualsiasi per confermare il corretto inserimento. Non appena vi verrà richiesto, inserite l'SMPT che il gestore dell'ADSL o il mantenier sul quale è registrato il dominio aziandale vi ha comunicato[24]; è necessario inserire anche le credenziali di autenticazione del gestore. Se avete inserito correttamente quanto vi è stato richiesto, tutte le email spedite da Zimbra saranno delegate al server di SMTP autenticato.

Per avere conferma di quanto vi ho appena detto, accedete alla console dell'amministratore e cliccate su *Configura->Server->zimbra.azenda.local* (nel nostro esempio è zimbrasrl.beable.it); nella scheda **MTA** (FIG. 4-37) verificate che nel campo **MRA di inoltro per consegna esterna** sia presente l'SMTP autenticato che avete inserito nel terminale.

---

23   Se avete qualche vuoto di memoria, prendere in considerazione ciò che vi ho spiegato su Webmin nel capitolo precedente.

24   Ad esempio *smtp.azienda.it*

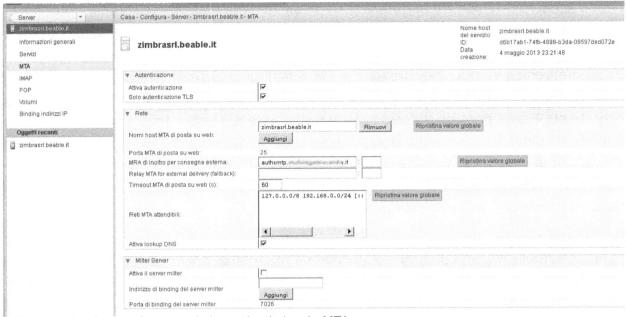

FIG. 4-37: Configura - Server - zimbra.azienda.local - MTA

Testing del sistema

Il metodo più semplice per testare il sistema consiste nel "loggarsi" alla propria utenza e provare ad inviare una email ad un indirizzo esterno al dominio di Zimbra, ad esempio un indirizzo di Gmail. Qualora la posta elettronica non venga recapitata, dovrete analizzare attentamente i log di sistema, ma vi consiglio di affidare tale compito ad un consulente esperto.

Creazione di un account esterno

Al giorno d'oggi la posta elettronica è ancora la forma di comunicazione prevalente in Internet e il massiccio utilizzo di email in diversi ambiti lavorativi (privati e statali) ne è la più grande dimostrazione. D'altronde la maggior parte delle persone e degli Enti possiede uno o più account di posta ed esistono numerosi provider, che offrono servizi più o meno vantaggiosi a seconda dei casi. Se contestualizziamo tutto ciò, facendo riferimento ad una realtà aziendale, qualsiasi dipendente accede ogni giorno al proprio account di posta esterno. Tuttavia, in presenza di un groupware, tale accesso non avrebbe senso e limiterebbe ulteriormente un proficuo scambio di informazioni all'interno di un gruppo di lavoro. Per questo motivo Zimbra consente all'utente di ricevere i messaggi indirizzati al suo account direttamente sul suo profilo, garantendogli la possibilità di gestire le sue email con tutte le funzionalità descritte in questo capitolo. A tal fine è necessario collegare Zimbra agli account esterni mediante l'interfaccia grafica di ciascuna utenza.

Va precisato che la procedura di configurazione può richiedere il settaggio di svariati parametri (diversi in base al dominio di posta da collegare). Partiamo, come primo esempio, dalla configurazione di un account esterno appartenente ad un dominio aziendale:

» entrate in *Zimbra web client* e selezionate il modulo **Preferenze**, aprendo successivamente la scheda relativa agli account (FIG. 4-38);

» cliccate sul pulsante *Aggiungi account esterno*, per far apparire l'apposita maschera di **Impostazioni account esterno**; poi inserite i dati relativi alla casella di posta

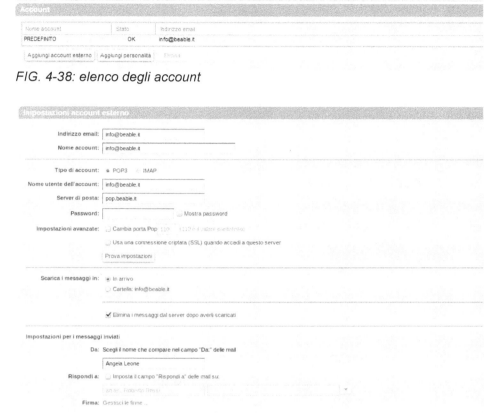

FIG. 4-38: elenco degli account

FIG. 4-39: Impostazioni account esterno

da collegare, vale a dire indirizzo email, nome dell'account e del Server (nel nostro esempio è *pop.beable.it*), username e password (FIG. 4-39);

» nella sezione **Scarica i messaggi in** scegliete la cartella all'interno della quale andarli a salvare e spuntate la casella *Elimina i messaggi dal server dopo averli scaricati [...]*, se volete che tutte le email "scaricate" tramite Zimbra vengano cancellate automaticamente dalla vostra casella di posta elettronica esterna (per tenerla sempre "pulita" da messaggi).

» Cliccate sul pulsante *Prova impostazioni* (FIG. 4-40), affinché il sistema verifichi che il collegamento al vostro account esterno sia avvenuto con successo[25]. In seguito

FIG. 4-40: prova impostazioni

---

25   Qualora si dovessero verificare degli errori, visitate il sito web http://www.beable.it in cerca di soluzioni

salvate il tutto tramite l'apposito comando.

Vi consiglio, in ogni caso, di effettuare alcuni test, assodando che l'invio e la ricezione delle email avvenga correttamente: in primis è necessario verificare che le email dell'indirizzo di posta elettronica appena configurato vengano scaricate correttamente
all'interno della cartella scelta (oppure lasciate nella sezione **In arrivo** per
default). Il secondo passo consiste
nel provare ad inviare un messaggio,
avendo cura di specificare il mittente:
cliccando sulla piccola freccia (rivolta verso il basso) collocata accanto a
DA, potete scegliere l'indirizzo email

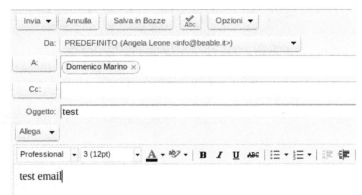

FIG. 4-41: un esempio di test

di uscita; optate per quello recentemente configurato, specificate il destinatario[26], scrivete il corpo del messaggio ed inviatelo.

Prima di concludere, però, vi mostrerò come attivare la ricezione automatica dei messaggi, poiché finora abbiamo solo accennato a come effettuarne il download manualmente. Per abilitare tale comoda funzionalità, dovete accedere nuovamente a Webmin e, successivamente, al terminale:

» effettuate il login immettendo le credenziali di autenticazione;

» posizionatevi nella cartella **/script** (*cd /script*) e digitate *chmod +x script_polling.sh* per rendere eseguibile lo script; in seguito scrivete *./script_polling.sh* per eseguirlo

» inserite l'hostname nella sua forma completa e, dopo aver premuto qualsiasi tasto per confermarne il corretto inserimento, digitate l'indirizzo email dell'account di posta esterno;

» potete ripetere l'esecuzione dello script sopraccitato per ogni vostro account collegato a Zimbra.

Se avete seguito le mie indicazioni correttamente, Zimbra "scaricherà" automaticamente i messaggi di posta elettronica ogni cinque minuti.

Creazione di un account PEC

Nel nostro Paese la posta certificata (disciplinata dalla legge italiana) rappresenta un servizio (gratuito o a pagamento) che permette di dare ad un messaggio di posta elettronica la piena validità legale nei casi previsti dalla normativa (in parole povere un'email inviata tramite PEC ha lo stesso valore di una raccomandata con avviso di ricevimento). In alcuni contesti, inoltre, tale servizio è finalizzato a favorire il dialogo fra cittadino e Pubbliche Amministrazioni, snellendo diversi iter burocratici finora esistenti. Non voglio approfondire quanto ho appena detto, ma desidero mostrarvi come integrare nel groupware quest'importante tipologia di posta elettronica, collegandola direttamente al

---

26   Dato che si tratta di un test, utilizzate come destinatario un indirizzo email non collegato a nessun account di Zimbra, affinché possiate verificare che l'email sia stata effettivamente inviata all'esterno. In questo modo, inoltre, potrete rispondere al messaggio e controllare che dal vostro profilo-utente riusciate a ricevere la email destinate alla vostra casella di posta esterna.

vostro account di Zimbra. Quest'ultimo passaggio è obbligatorio, se volete avere un'unica interfaccia per la gestione della posta elettronica, senza dover saltellare fra numerosi client email ed una miriade di siti web.

Premetto che in questo paragrafo il nodo cruciale da sciogliere non riguarda la lettura delle email, problema facilmente risolvibile con il collegamento di un account esterno (così come vi è stato mostrato nel paragrafo precedente), bensì l'invio di una missiva tramite un server che sia diverso da quello SMTP autenticato e che le dia un "valore legale". Grazie ai vantaggi della condivisione di idee nel mondo open source, la soluzione è a portata di mano nel forum ufficiale di Zimbra, da cui ho estrapolato le informazioni basilari per permettervi di poterla implementare facilmente sui vostri sistemi. Tutti i comandi, da eseguire direttamente sul server Zimbra, sono stati accorpati in uno script ssh che è posizionato all'interno della cartella **/script** e che potete liberamente utilizzare, non prima di aver effettuato il login tramite *SSH2* di Webmin utilizzando le credenziali di root. Fatto ciò, seguite le mie indicazioni:

» accedete alla cartella **/script**, associate i diritti di esecuzione allo script (qualora ce ne sia bisogno) ed eseguite *pec_in_zimbra.sh*;

```
192.168.0.36 login: root
root@192.168.0.36's password: ******
Last login: Fri Jul 19 18:08:51 2013 from 192.168.0.97
[root@zimbra ~]# cd /script/
[root@zimbra script]# chmod +x pec_in_zimbra.sh
[root@zimbra script]# ./pec_in_zimbra.sh []
```

FIG. 4.42: accesso a /script

» specificate il nome utente (ad esempio *info@beable.it*) dell'account zimbra al quale si vuole collegare l'indirizzo di posta certificata;

```
Inserire il nome utente completo dell'account nel quale si vuole configurare la
PEC (es: nomeutente@dominiozimbra.local) info@beable.it[]
```

FIG. 4-43: inserimento del nome utente

» digitate l'indirizzo email relativo alla PEC;

```
Inserire l'indirizzo PEC (es. azienda@pec.it) beablesrl@pec.it[]
```

FIG. 4-44: indirizzo PEC

» inserite la password del sopraccitato indirizzo (fornitavi all'atto della sua creazione);

```
Inserire la password dell'indirizzo email PEC: PASSWORD[]
```

FIG. 4-45: inserimento della password

» inserite l'indirizzo del server SMTPS (presente all'interno della documentazione del fornitore PEC);

```
Inserire l'SMTPS (es. smtps.pec.aruba.it): smtps.pec.aruba.it[]
```

FIG. 4-46: inserimento dell'SMTPS

» attendete il termine dell'esecuzione dello script (FIG. 4-47);
» uscite dal terminale con il comando *exit* ed accedete all'interfaccia web di amministrazione di Zimbra (*https://IP-Zimbra:7071*);

```
Loaded plugins: fastestmirror, security
Loading mirror speeds from cached hostfile
 * base: centos.fastbull.org
 * epel: ftp.cica.es
 * extras: centos.fastbull.org
 * updates: centosi5.centos.org
Setting up Install Process
Package stunnel-4.29-3.el6_4.x86_64 already installed and latest version
Nothing to do
/postfix-script: refreshing the Postfix mail system
/postfix-script: refreshing the Postfix mail system
[root@zimbra script]# 
```

FIG. 4-47: esecuzione dello script

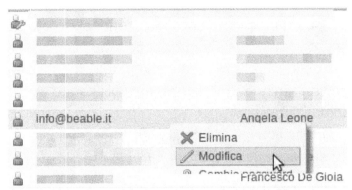

FIG. 4-48: Gestisci - account - un click su modifica

FIG. 4-49: Preferenze

» nella sezione **Gestisci->Account** cliccate con il tasto destro del mouse sull'utenza di Zimbra alla quale si vuole collegare la PEC e scegliete *Modifica* (FIG. 4-48);

» nel menu laterale selezionate *Preferenze* (FIG. 4-49);

» nella sezione **Invio messaggi** eliminate il segno di spunta in corrispondenza della voce *Consenti l'invio di posta da qualsiasi indirizzo* e digitate l'indirizzo di posta certificata (FIG. 4-50);

» salvate le modifiche apportate;

» uscite dall'interfaccia web di amministrazione ed accedete a quella web di Zimbra con le credenziali di autenticazione dell'utenza a cui si vuole collegare la PEC (nel mio esempio *info@beable.it*);

142

FIG. 4-50: preferenze, sezione invio messaggi

» recatevi nella sezione **Preferenze->Account** e cliccate su *Aggiungi personalità*;

FIG. 4-51: aggiunta di una personalità

» compilate i campi sottostanti nel seguente modo:

- in **Nome personalità** inserite il nome della "personalità" (ad esempio l'indirizzo della PEC);
- in **Da** digitate il nome del mittente (che nel mio esempio è Angela Leone) ed associate l'indirizzo di posta certificata precedentemente definito;
- in **Rispondi** a inserite il nome che deve comparire nell'omonimo campo in ogni email inviata ed associate l'indirizzo della PEC;

FIG. 4-52: impostazioni della personalità

A questo punto la "personalità" è stata creata ed è visibile nell'elenco degli account. Non vi resta che collegare la PEC come account esterno, in modo da vederla all'interno dell'interfaccia web di Zimbra (FIG. 4-53).

Se avete seguito fedelmente la mia spiegazione ed avete operato correttamente, da

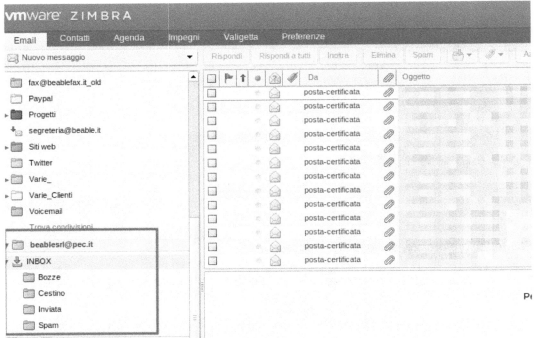

FIG. 4-53: accesso ad un indirizzo email PEC

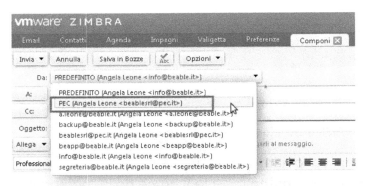

FIG. 4-54: scelta dell'indirizzo di invio

questo momento in poi potrete scegliere con quale personalità inviare una nuova email durante la sua fase di creazione. Qualora vogliate spedirla tramite PEC, dovrete scegliere l'indirizzo opportuno (FIG. 4-54).

Zimlet

In base a quanto scritto precedentemente, avrete sicuramente compreso che due degli aspetti fondamentali di Zimbra (in qualità di prodotto open source) sono la sua scalabilità e la capacità di ottimizzazione grazie al contributo di una vasta comunità di utenti (dal piccolo programmatore indipendente alle aziende informatiche), che garantiscono un supporto fondamentale per la crescita del groupware: il desiderio di incrementare le sue potenzialità ha dato origine alle già citate zimlet (cioè dei software appositamente creati per far interagire Zimbra con programmi di terzi e per estendere le sue funzionalità). Indubbiamente è necessario fare una cernita, in quanto l'ottimizzazione di Zimbra deve essere ben ponderata in base alle reali esigenze aziendali. Tuttavia vi propongo una zimlet molto interessante che gioverà alla vostra azienda: sto parlando di ZeXtras Suite, che

144

è costituita da un add-on per il backup, uno per il collegamento dei dispositivi mobili ed uno per la gestione dello storage.

Ribadisco che tutte le Zimbra virtual appliance della Be Able (progetto *Be APP*) vengono già fornite con ZeXtras Suite preinstallato nella versione demo 30 giorni, affinché l'utente finale possa apprezzarne le potenzialità. Qualora abbiate già una versione di Zimbra open source priva di tale suite, non disperate perchè ZeXtras è molto semplice da installare. Il sito web *http://www.zextras.com* contiene istruzioni molto dettagliate relative al download ed alla successiva installazione dell'intera suite, quindi non mi dilungherò ulteriormente su ciò.

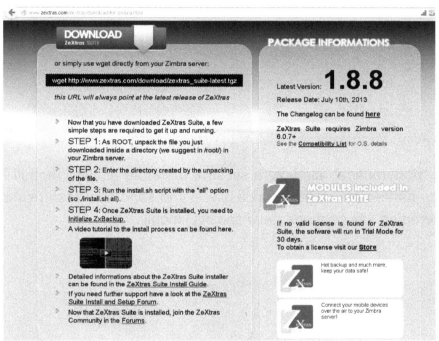

FIG. 4-55: http://www.zextras.com - DOWNLOAD NOW

Se utilizzate, invece, la versione di Zimbra fornitavi dalla Be Able, accedete al pannello amministrativo, dove constaterete la presenza del modulo **ZeXtras Suite** alla vostra sinistra.

Cliccando su *ZeXtras*, accederete immediatamente al nucleo centrale dell'applicativo (sezione Core), in cui sono ben visibili tre sotto-sezioni (**License**, **Updates** e **Notifications**), ognuna delle quali fornirà all'utente importanti informazioni sullo stato di ZeXtras (FIG. 4-56). Tramite la sezione **License** ad esempio, è possibile conoscere i dettagli della licenza del nostro prodotto ossia l'intestatario, la scadenza contrattuale (valid until), il numero delle mailbox dotate di licenza ecc. In **Updates**, invece, sono presenti informazioni relative alla versione di ZeXtras installata ed agli eventuali aggiornamenti disponibili. In **Notifications**, infine, potete definire i parametri di notifica (l'indirizzo email a cui inviare eventuali log e la granularità[27] dei log da ricevere).

---

27   La granularità è legata alla varietà ed alla tipologia di informazioni presenti in un log. Nel nostro caso, ad esempio, sono presenti cinque livelli di granularità: debug, information, warning, error e critical. Ogni amministratore può selezionare un solo livello in base alle sue esigenze. Se desiderate conoscere come si evolve lo stato del sistema, vi consiglio di optare per le informazioni di debug nella fase iniziale di messa a punto di Zextras, mentre è necessario scegliere il livello critical, qualora si desideri essere avvisati della presenza di errori "critici" per la stabilità del sistema.

FIG. 4-56: Zimbra Administration console - modulo ZeXtras

Nel riquadro di "panoramica" alla vostra sinistra, troverete anche i moduli **ZxBackup** e **ZxMobile**, di cui parlerò nei capitoli successivi e che sono finalizzati rispettivamente al backup del sistema ed alla gestione dei dispositivi mobili.

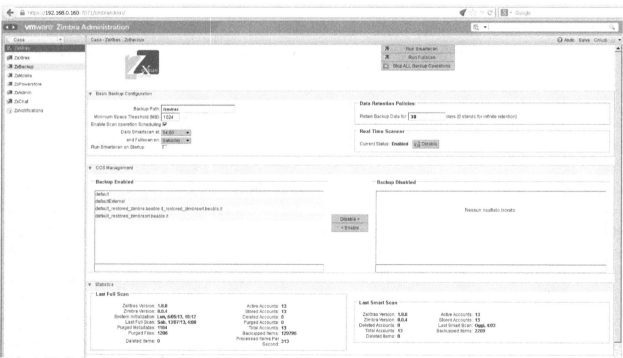

FIG. 4-57: ZxBackup

ZxPowerstore è un modulo molto interessante ed è utile per la gestione dello storage, poiché semplifica la vita all'amministratore di sistema, consentendogli di avere sotto controllo le dimensioni di tutti i dati (contenuti in Zimbra) in modo semplice e veloce.

146

FIG. 58: ZxMobile

FIG. 4-59: ZxPowerstone

Dall'immagine 4-59 si evince che il modulo è suddiviso in due sezioni:
- gestione dei volumi;
- politiche di gestione dello storage.

Gestione dei volumi

In informatica il termine "volume" identifica un'area destinata alla memorizzazione dei dati con un singolo file system, generalmente allocata su di una partizione del disco rigido. Va precisato che tutti i volumi di Zimbra (gestibili attraverso ZeXtras) sono definiti dalle seguenti proprietà:

> » il nome, che deve necessariamente essere univoco;
> » il percorso (path) della "cartella" all'interno della quale vengono salvati i dati (ovvia-

147

mente, deve avere permessi di lettura e scrittura);

» la compressione dei dati, che può essere abilitata o meno;

» la soglia minima di compressione, al di sotto della quale un dato non deve essere compresso;

» la caratteristica "Current", che può essere abilitata tramite un segno di spunta, se desiderate memorizzare i dati appena prodotti in quel volume.

Se lo spazio per la memorizzazione dovesse risultare insufficiente, tramite questo pannello di controllo potreste utilizzare nuovi volumi per gestione dei dati di Zimbra: in parole povere è necessario installare fisicamente un nuovo disco[28], formattarlo, montarlo nel file

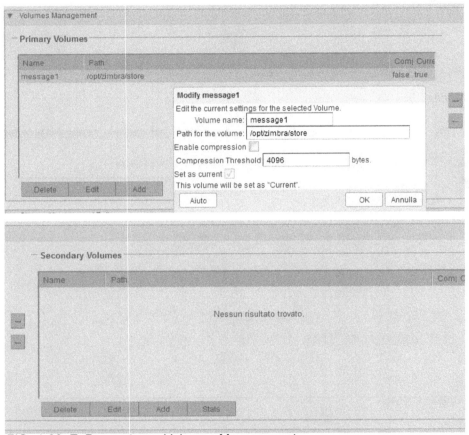

FIG. 4-60: ZxPowerstore - Volumes Management

system e utilizzarlo per lo stoccaggio dati di Zimbra, inserendolo così tra i volumi primari.

Politiche di gestione dello storage

Una politica HSM consiste in un insieme di regole che definiscono le modalità di passaggio dei dati da un deposito di tipo primario ad uno secondario, regole che possono essere applicate sia manualmente sia attraverso un processo di schedulazione. È possibile creare una singola regola, valida per tutti gli item di Zimbra (vedi FIG. 4-61), oppure una serie di regole, ognuna delle quali sarà valida per uno o più "oggetti". Al fine di essere maggiormente esaustivi, vi elencherò alcuni esempi di regole:

» muovi (move) tutti gli item più vecchi di 30 giorni;

» muovi solo le email più vecchie di 20 giorni;

» muovi i calendari più vecchi di un mese.

---

28   L'installazione può avvenire anche virtualmente, prendendo un nuovo disco dal datastore.

Ma perché dovreste aver bisogno di spostare determinati dati, creando delle regole? Il motivo è semplice: la velocità di accesso agli item cambia a seconda del supporto fisico in cui sono memorizzati ed è consigliabile allocare in dischi più veloci i dati maggiormente utilizzati dagli utenti (potreste utilizzare hard disk *SAS* da *15000 rpm* per il deposito primario e hard disk *SATA* per il deposito secondario). Non dimenticate, inoltre, che i dischi potrebbero trovarsi geograficamente distanti ed avere, quindi, velocità di accesso differenti.

ZxAdmin

ZxAdmin è un modulo all'interno del quale è possibile delegare ad altri utenti i diritti amministrativi (anche su singoli domini), consentendo loro di svolgere normali attività di ma-

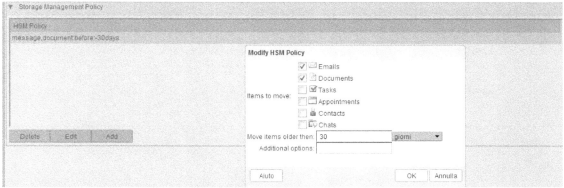

FIG. 4-61: ZxPowerstore - Storage Management Policy

nutenzione e di gestione degli utenti. Questo modulo non verrà trattato, essendo troppo specifico e progettato per contesti IT più complessi di quelli previsti in questo libro.

Zxchat e Notifications

Zxchat è un modulo che consente l'utilizzo di una chat direttamente all'interno del pannello di Zimbra e che risulta funzionante anche in assenza di collegamento ad Internet. Dal pannello di controllo si può abilitare o disabilitare il servizio, analizzare la presenza di eventuali aggiornamenti e dare uno sguardo alle statistiche di utilizzo

Notifications, invece, è l'ultimo ma non meno importante modulo di Zextras: esso è fondamentale per visualizzare tutte le notifiche (aggiornamenti, errori, backup, ecc) generate da Zextras, che servono a conoscere lo stato del sistema ed il risultato delle

FIG. 4-62: ZxChat

pianificazioni programmate.

FIG. 4-63: Notifications

Non trovate anche voi, che Zextras estenda notevolmente le potenzialità di Zimbra ?

Capitolo 5

L'ufficio in tasca

Avvertenze prima della "ricetta"

La vita di oggi è molto frenetica e non c'è mai tempo per fermarsi un attimo per godersi il meritato riposo e delle succulente pietanze. Premesso ciò, vi consiglio di attrezzervi adeguatamente per calmare la vostra fame con dell'ottimo "cibo di strada", affinché possiate essere operativi anche fuori ufficio. Vi raccomando di non sottovalutare la mia ricetta, poichè potreste diventare dipendenti dei "pranzi al sacco".

L'ufficio in tasca

Premessa

L'attuale boom di tablet e smartphone, la presenza sul mercato di diversi dispositivi mobili (ormai acquistabili a prezzi irrisori) e l'esigenza sempre crescente di poter essere "produttivi" anche al di fuori del proprio ufficio mi spingono ad affrontare un argomento di fondamentale importanza: come interagire con l'intero sistema "dall'esterno". Sebbene le categorie dei sopraccitati dispositivi siano essenzialmente tre (Notebook o netbook, tablet e smartphone), tralascerò volutamente le prime due per diversi motivi: in primis va detto che i notebook e i netbook hanno ormai le stesse funzionalità dei desktop (ampiamente descritti nei paragrafi precedenti); a livello di velocità di caricamento del sistema operativo, inoltre, non possono competere con la "reattività" di esecuzione dei vari tablet o smartphone, anche in presenza di un OS installato su dispositivi SSD[1]. Per quanto riguarda tablet e smartphone faremo riferimento solo a quelli dotati di SO Android e a quelli di casa Apple, forniti di sistema operativo IOS. Tale scelta è legata essenzialmente alla quantità di dispositivi venduta, considerando che sono molto richiesti e sono tra i prodotti maggiormente acquistati nel mondo, senza dimenticare che sono correlati ad un'ottima e cospicua presenza di software (APP) e soluzioni.

Premetto che tra smartphone e tablet aventi lo stesso sistema operativo non esistono significative differenze. Le uniche che potrebbero essere prese in considerazione, facendo riferimento all'integrabilità nel sistema progettato, sono le dimensioni dello schermo e la presenza di collegamento alla rete cellulare. Chiaramente lo smartphone è più "da taschino", facilmente gestibile con una mano e più discreto del suo fratello maggiore, il tablet, che consente, però, una maggiore visualizzazione grazie al suo ampio display.

Collegamento a Zimbra (posta elettronica, calendario, rubrica)

Come abbiamo detto nel precedente capitolo, il collegamento a Zimbra dei dispositivi Android ed IOS è garantito da ZeXtras Suite. Proprio per questo motivo, prima che il collegamento di qualsiasi dispositivo mobile sia possibile, si devono abilitare quelle utenze che usufruiranno della sincronizzazione tramite il pannello amministrativo:

» dopo essersi correttamente loggati, cliccate su *Gestisci*, presente nel menu alla sinistra (FIG. 5-1);

» successivamente selezionate con un doppio click l'utente da voi desiderato (FIG. 5-2) per la sincronizzazione dei dati sui dispositivi mobili (ad esempio *beable@beable.it*);

» cliccate su *Zextras*, presente nel pannello alla sinistra dello schermo, e abilitate con

---

[1] SSD è acronimo di solid state drive che, tradotto in italiano, significa "drive a stato solido". Anche se talvolta si parla impropriamente di "disco a stato solido", va precisato che l'SSD è un dispositivo di memoria di massa che utilizza memoria a stato solido per la memorizzazione dei dati. A differenza dei classici HD (costituiti da uno o più dischi che ruotano sotto una testina magnetica) un simile dispositivo consente di archiviare grandi quantità di dati senza utilizzare parti meccaniche (al suo interno è presente solo una scheda di silicio, su cui sono saldate memorie flash)

un segno di spunta la sincronizzazione per l'account (Fig 5-3);

FIG. 5-1: Zimbra Administration console - Gestisci

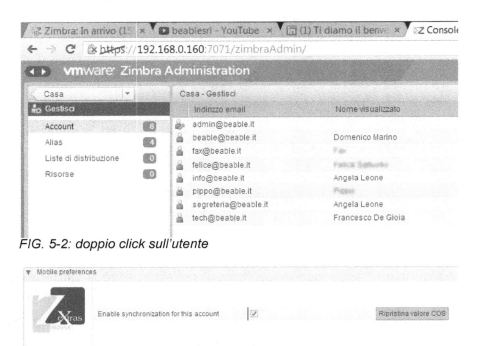

FIG. 5-2: doppio click sull'utente

FIG. 5-3: Enable synchronization for this account

Tutte le informazioni relative agli account da sincronizzare, alla tipologia di dispositivi mobili collegati ed allo storico di sincronizzazione sono presenti nel pannello **ZxMobile** di ZeXtras (FIG. 5-4), peraltro molto semplice da gestire. Detto ciò, passiamo subito alla configurazione dell'account direttamente sui nostri dispositivi mobili.

FIG. 5-4: ZxMobile

Dispositivi con S.O. IOS

A volte un'immagine è più esplicativa di un intero testo, quindi in questo paragrafo cercherò di limitare le mie spiegazioni a qualche indicazione basilare e sintetica. Per prima cosa accedete alle **Impostazioni** dell'Iphone e cliccate su *Posta, contatti, calendari*; selezionate l'opzione *Aggiungi account* e, successivamente, *Microsoft Exchange*.

FIG. 5-5: Posta, contatti, [...]   FIG. 5-6: Aggiunta di un account   FIG. 5-7: Exchange

Fatto ciò, compilate i seguenti campi in base alle mie indicazioni:

» in **E-mail** (FIG. 5-8) inserite il vostro indirizzo di posta elettronica (ad esempio *account_Zimbra@dominio*);

» lasciate vuoto il campo **Dominio**;

» in **Nome utente** digitate l'account di Zimbra;

» inserite la password di accesso al groupware;

» nel campo **Descrizione** digitate un nome che identifichi univocamente l'account sull'iPhone; dovrete attendere qualche secondo mentre il dispositivo mobile cercherà di "risolvere" il dominio inserito (molto probabilmente non riuscirà a farlo automaticamente);

» qualora l'iPhone non "risolva" automaticamente il dominio, apprestatevi a compilare il campo **Server** (FIG. 5-9) con l'inserimento dell'indirizzo IP fisso della vostra ADSL[2] (oppure quello del server Zimbra, qualora vogliate usare la VPN), indicando la porta di accesso opportunamente "forwardata" su pfSense.

Dopo aver effettuato tale configurazione, è necessario settare (all'interno della sezione **Impostazione->posta e contatti**) la tipologia di dati da sincronizzare (FIG. 5-10 e FIG. 5-11) e la modalità con cui farlo (automatica o manuale).

FIG. 5-8: Configurazione (1)

FIG. 5-9: Configurazione (2)

FIG. 5-10: Sincronizzazione dei dati (1)

FIG.5-11: Sincronizzazione dei dati (2)

2   Per poter ottenere tale indirizzo, è necessario collegarsi ad internet tramite un dei computer, presente all'interno della vostra rete aziendale, ed accedere al sito web *http://www.mioip.it* oppure *http://www.ilmioip.it.*

Durante la prima fase di sincronizzazione è consigliabile collegare il vostro iPhone ad una rete wireless a causa della grande mole di dati da trasferire. Una volta completata questa fase, il vostro dispositivo sarà utilizzabile dappertutto e avrete il vostro ufficio "in tasca":

FIG 5-12: L'ufficio in tasca (Caselle, calendari, messaggi ecc.)

Come si vede nelle immagini precedenti, potrete avere la perfetta sincronizzazione delle cartelle presenti in Zimbra direttamente sul vostro iPhone, leggere le email ivi presenti, avere i vostri calendari ed i contatti sincronizzati.

Dispositivi con S.O. Android

Altrettanto semplice risulta essere la configurazione di uno smartphone (o tablet) con sistema operativo Android. Anche in questo caso dovete accedere alla sezione **Impostazioni** (FIG. 5-13) ed impostare correttamente il vostro account email, affinché avvenga la sincronizzazione dei dati. Vi consiglio di prediligere una configurazione manuale (FIG. 5-14), seguendo attentamente quanto consigliato dalle seguenti immagini.

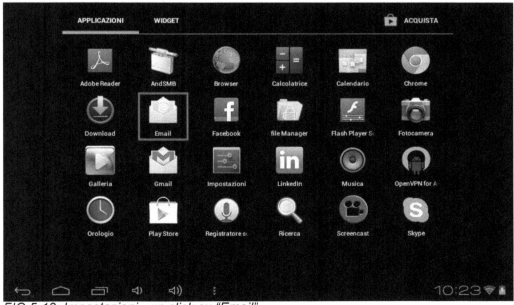

FIG 5-13: Impostazioni - un click su "Email"

157

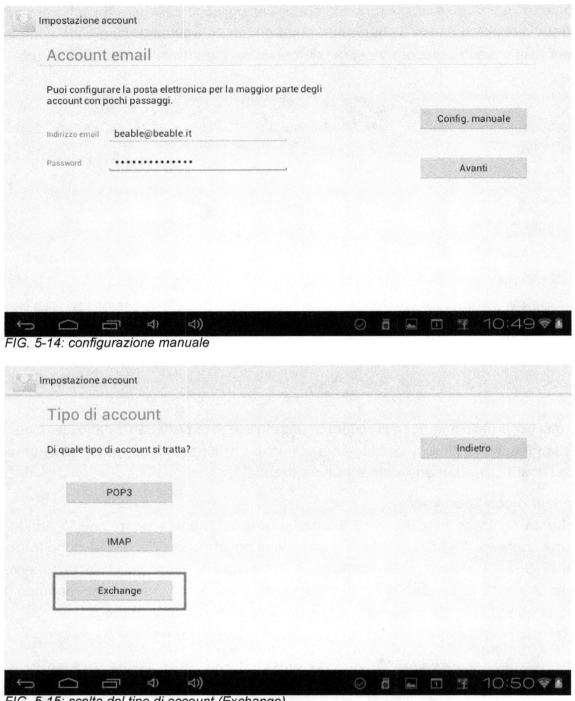

FIG. 5-14: configurazione manuale

FIG. 5-15: scelta del tipo di account (Exchange)

Compilate i campi nel seguente modo (FIG. 5-16):

» in **Dominio/nome utente**[3] inserite il nome usato per l'accesso a Zimbra, anteponendo ad esso il simbolo \;

» in **Password** inserite la password di accesso a Zimbra relativa all'utenza;

» in **Server** digitate l'indirizzo IP esterno della vostra ADSL (oppure l'indirizzo IP del server Zimbra, qualora vogliate usare la VPN);

» spuntate la casella Utilizza connessione sicura (SSL) solo se Zimbra accetta connessioni SSL (sulla porta 443); ricordatevi che, qualora utilizziate una porta partico-

---

3   Nell'esempio ho digitato beable al posto di beable@beable.it, perchè non ho utilizzato Zimbra in configurazione multi-dominio.

lare per accedere a Zimbra, dovrete inserirla dopo l'indirizzo IP, facendola precedere dai due punti, ed effettuare il port forwarding sul pfSense.

FIG. 5-16: configurazione dell'account (impostazioni server)

Come mostrato nelle due successive immagini (5-17, 5-18 e 5-19), nella sezione **Opzioni account** potete lasciare le impostazioni da me indicate oppure trovare quelle più adatte alle vostre esigenze.

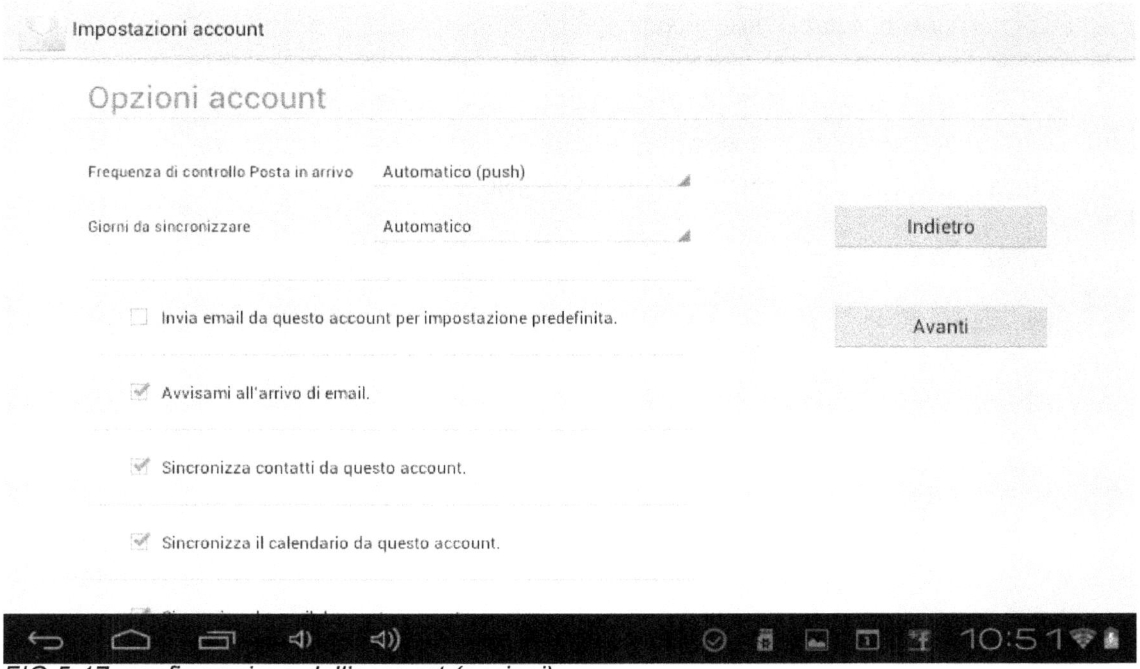

FIG 5-17: configurazione dell'account (opzioni)

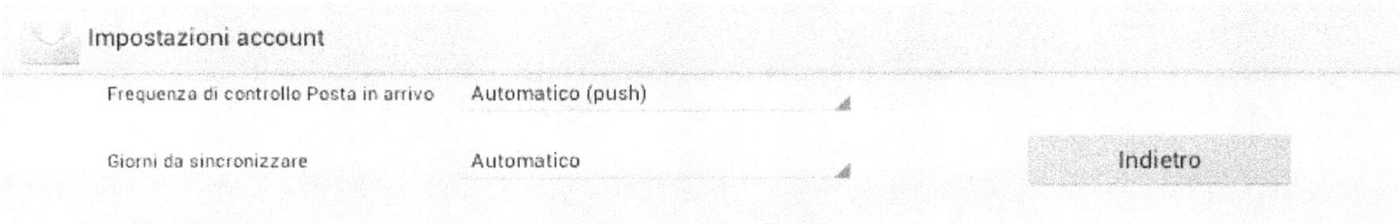

FIG 5-18: configurazione dell'account (opzioni)

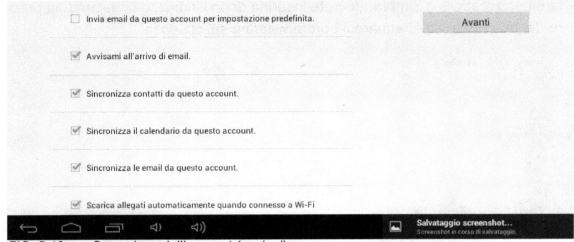

FIG. 5-19: configurazione dell'account (opzioni)

Se seguirete le mie indicazioni, l'operazione di configurazione andrà a buon fine (imma-gine 5-20) ed il vostro smartphone si trasformerà in un'appendice del vostro ufficio.

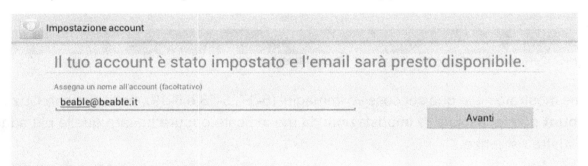

FIG. 5-20: account impostato correttamente

Anche con l'Android si avrà la sincronizzazione completa delle email, dell'agenda e dei contatti. L'unica accortezza da seguire è quella di tenere sempre aggiornato lo zimlet Zextras, che è l'artefice del vostro "ufficio in mobilità".

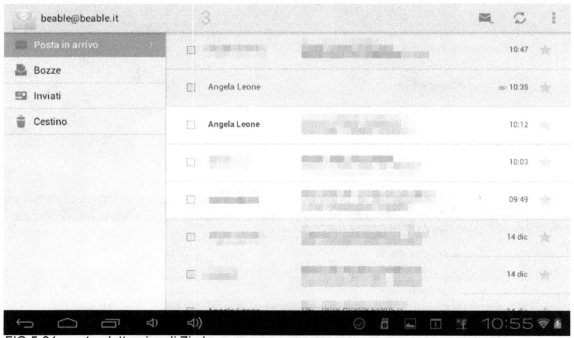

FIG 5-21: posta elettronica di Zimbra

160

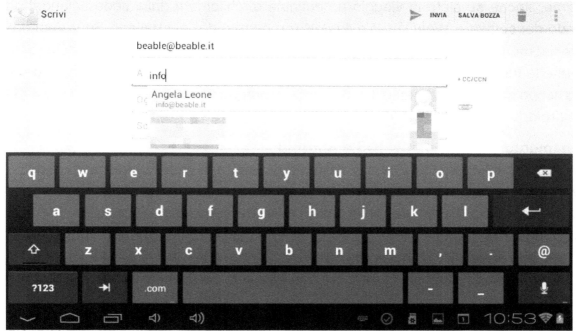

FIG. 5-22: creazione di un'email in Zimbra

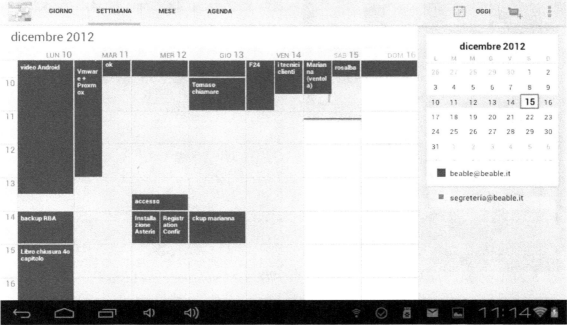

FIG. 5-23: il calendario di Zimbra

Collegamento alla Valigetta di Zimbra

Sebbene io abbia già esaustivamente parlato dei moduli di Zimbra in un precedente capitolo, ritengo necessario ritornare su tale argomento al fine di mostrarvi come poter consultare la **Valigetta** tramite uno smartphone o un iPhone. D'altronde sarebbe alquanto limitativo avere un "ufficio in tasca" senza poter accedere a tutti i dati condivisi con i membri di un gruppo di lavoro. Sottolineo che un simile "deposito" di informazioni è consultabile non solo da Zimbra ma anche da un qualsiasi computer grazie ad un collegamento presente sul desktop. Considerando il contesto in cui ci troviamo, è doveroso suggerirvi una soluzione a costo zero, che vi consentirà di raggiungere la **Valigetta** senza alcun

161

problema, anche se siete in viaggio a centinaia di chilometri dalla sede aziendale: sto parlando del software *WebDav Navigator*[4] (progettato dall'australiano Sean Ashton) e, più precisamente, della sua versione "lite". Quest'ultima, pur non permettendovi l'accesso a tutte le funzionalità presenti nella versione a pagamento, è perfettamente adatta al nostro scopo e "fa egregiamente il suo lavoro". Il programma è disponibile sia per IOS sia per Android.

Collegamento con dispositivi IOS e Android

Al fine di poter collegare l'Iphone alla Valigetta di Zimbra, è necessario scaricare dall'*App Store* l'applicazione gratuita *WebDAV Navigator*. Successivamente cliccate sull'omonima icona (presente sul display del vostro dispositivo) e selezionate il tasto + (FIG. 5-25) per aggiungere un nuovo collegamento, a cui è necessario assegnare un nome; inserite l'indirizzo del server URL, il nome dell'utente di Zimbra e la relativa password. Al termine della configurazione saranno visualizzati tutti i file e le cartelle precedentemente inseriti nella **Valigetta**.

FIG. 5-24: WebDAV Navigator

FIG. 5-25: selezione del tasto +

FIG. 5-26: modifica del server

FIG. 5-27: selezione del tasto FINE

---

4   Sul blog della Be Able è presente una spiegazione dettagliata su come effettuare il download del software e su come installarlo (*http://www.beable.it/?p=380*)

Le precedenti immagini vi hanno mostrato che il collegamento alla valigetta è semplificato dall'uso di *WebDAV*; per non aver alcun problema di collegamento, si devono solo inserire i parametri di configurazione corretti (FIG. 5-26):

» nel campo **Nome** bisogna digitare un nome che identifichi il collegamento;

» in **Server URL** definite il server di Zimbra a cui collegarsi, inserendo le informazioni nel seguente modo: http(o https)://IP:80(o 443)/dav/account/Briefcase[5];

» in **Nome utente** digitate il nome del vostro account, seguito dalla @ e dal dominio;

» inserite la password di accesso a Zimbra nell'omonimo campo.

Ovviamente, il sopraccitato collegamento vi consente di creare anche dei file e di memorizzarli nel vostro "deposito" di Zimbra. Potete addirittura scattare una foto e salvarla direttamente nella nostra **Valigetta**.

Et voilà... il gioco è fatto! La foto sarà disponibile anche per tutti gli utenti di Zimbra ai

FIG. 5-28: collegamento alla Valigetta

FIG. 5-29: i documenti della Valigetta

FIG. 5-30: scattate una bella foto!

FIG. 5-30: digitate un nome per la foto e...

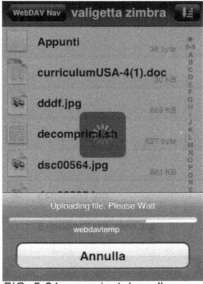

FIG: 5-31: ... caricatela nella Valigetta

FIG 5-32: La foto è stata salvata!

---

5   L'acronimo IP corrisponde all'indirizzo IP esterno della vostra ADSL (oppure all'indirizzo IP del server Zimbra, qualora vogliate usare la VPN).

quali è stato garantito l'accesso alla **Valigetta** (tramite una preventiva condivisione). Vorrei aggiungere che *Webdav Navigator* è presente anche per sistema operativo Android. Dopo averlo installato (ho omesso volutamente le operazioni da svolgere per l'installazione dell'applicazione), accedete a *WebDAV Nav* lite, selezionate *Aggiungi server* ed inserite i parametri di configurazione (così come fatto precedentemente sull'iPhone):

> » scegliete un nome identificativo del collegamento (FIG. 5-34);
> » in **Server URL** definite il server di Zimbra a cui collegarsi, nella forma http(o https)://IP:80(o 443)/dav/account/Briefcase (in cui IP corrisponde all'indirizzo IP esterno della vostra ADSL)
> » in **Nome utente** digitate il nome del vostro account, seguito dalla @ e dal dominio;
> » inserite la password di accesso a Zimbra.

Anche in questo caso potete scattare una foto e memorizzarla nella **Valigetta**.

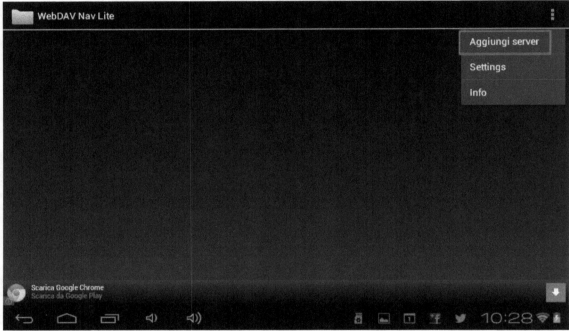

FIG. 5-33: WebDAV Navigator lite - Aggiungi server

FIG. 5-34: inserimento dei dati di accesso a Zimbra

164

L'accesso alla **Valigetta** di Zimbra può essere reso immediato anche dalla propria posta-

FIG. 5-35: Scattate una foto e...

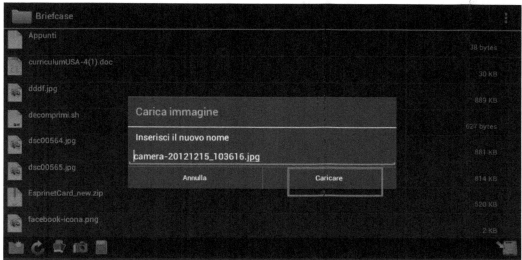

FIG. 5-36: ...salvatela nella Valigetta

zione lavorativa, creando un link diretto e memorizzandolo sul vostro desktop. A causa della vastissima tipologia di sistemi operativi presenti, sarebbe difficile spiegare come creare il suddetto link (ciò è ampiamente spiegato nel wiki ufficiale di Zimbra, nella sezione *WebDAV*). Qualora non vogliate cimentarvi nella creazione di un link diretto, potrete utilizzare il client *Cyberduck*, disponibile sia per Windows sia per MAC, scegliendo come opzione di collegamento *WebDAV*.

Zoiper mobile

In precedenza ho già parlato dei softphone e di come effettuare telefonate, sfruttando tutti i vantaggi del voice over IP. Vi ricordo, inoltre, che il centralino VoIP può interagire con diverse tipologie di dispositivi, compresi quelli "mobili" presenti sul mercato. Se avete compreso tutto ciò, vi mostrerò allora come trasformare il vostro smartphone in un interno del vostro centralino aziendale grazie ad una nostra "vecchia conoscenza": Zoiper, il softphone disponibile come applicazione sia per smartphone con sistema operativo IOS sia per dispositivi che utilizzano Android. *Zoiper mobile*, infatti, consente il collegamento ad estensioni SIP e IAX2; è utilizzabile sia all'interno della rete LAN sia dall'esterno (previo collegamento alla propria LAN tramite VPN). Dopo aver creato una estensione SIP su Asterisk tramite l'interfaccia grafica FreePBX (terzo capitolo), passerò subito alla configurazione del vostro smartphone.

Zoiper & Iphone

Il primo passo è l'installazione del client telefonico Zoiper attraverso il ben noto *App Store*; successivamente è necessario configurare un'estensione (ad esempio la 252, precedentemente creata su FreePBX) sul vostro iPhone: accedete a **Settings-> Accounts** ed aggiungetene una nuova utilizzando i seguenti dati.

FIG. 5-37: ZoiPer iPhone Edition

FIG. 5-38: Selezionate l'icona in alto a destra

FIG, 5-39: accedete alla sezione Accounts

FIG. 5-40: optate per SIP account

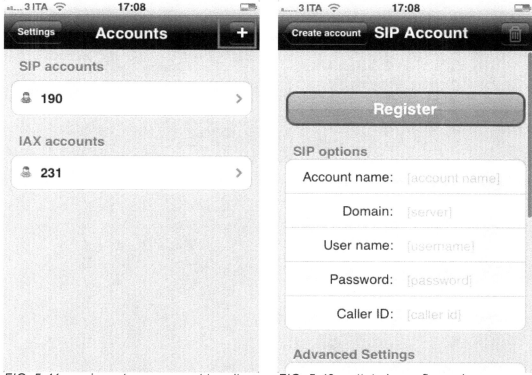

FIG. 5-41: aggiungete un account tramite +   FIG. 5-42: settate la configurazione

Utilizzate le immagini presenti in questo paragrafo come valide indicazioni per una corretta configurazione del vostro account. Non appena visualizzerete la scheda **Sip options** (FIG. 5-42 e FIG. 5-43), inserite i seguenti dati:

» come **Account name** digitate un nome identificato univoco (per esempio 252, il numero dell'estensione);

» nel campo **Domain** inserite l'indirizzo IP del vostro centralino Asterisk;

» come **User name** utilizzate il nome dell'estensione;

» inserite la password creata nella fase di configurazione dell'estensione (fate riferimento al terzo capitolo);

» nel campo **Caller ID** digitate il numero identificativo del chiamante.

FIG. 5-43: SIP options

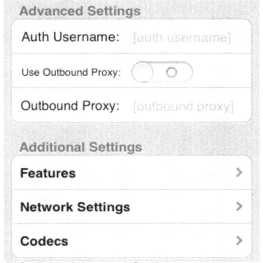

FIG. 5-44: Advanced Settings

167

FIG. 5-45: la registrazione è OK   FIG. 5-46: il nuovo account 252

Dopo la fase di registrazione, sarà possibile utilizzarlo per telefonare ad uno dei nostri colleghi, sfruttando la wireless ed il centralino aziendale.

Zoiper & Android

La procedura per installare e configurare Zoiper su un googlefonino è pressoché identica a quella prevista per iPhone, quindi ripercorrete gli stessi passi e configurate un interno con un Android, utilizzando un'estensione precedentemente creata su FreePBX (ad esempio 232). Recatevi in **Config->Accounts** e aggiungete un interno SIP.

FIG. 5-47: Config- Accounts   FIG. 5-48: Add account

168

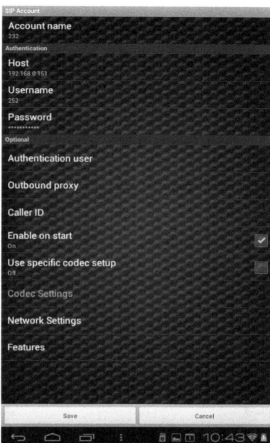

FIG 5-49: scegliete una tipologia di account   *FIG. 5-50: settate i parametri*

L'account appena creato è registrato come estensione 232 ed è pronto per essere utilizzato.

Come avete avuto modo di constatare, trasformare il vostro iPhone (o Google phone)

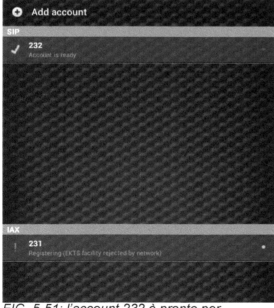

FIG. 5-51: l'account 232 è pronto per....   *FIG. 5-52: ...essere utilizzato*

in un interno non è assolutamente un'impresa titanica, ma solo i più attenti fra voi, osservando le immagini inserite in questo paragrafo, potrebbero notare una significativa differenza nell'uso degli indirizzi IP per la configurazione dell'account di Zimbra (rispetto a quella di Webdav e Zoiper). Quello che ai vostri occhi può sembrare un errore, legato a distrazione o incoerenza, è in realtà un elemento essenziale della mia spiegazione. Nella configurazione degli account di Zimbra, infatti, si è scelto di usare l'indirizzo IP esterno della propria connessione ad Internet, per velocizzare le operazioni di lettura email ed accesso alla propria agenda e/o rubrica. Tale scelta è legata essenzialmente a dati statistici, in quanto è quella più "gettonata" rispetto ad altre soluzioni. E' chiaro che, per consentire l'accesso dei vostri smartphone dall'esterno alla vostra casella di Zimbra, dovrete apportare alcune modifiche sul vostro firewall pfSense nella sezione **Firewall -> NAT**, realizzando il port forwarding[6]. Ecco un esempio di creazione del trasferimento della porta tcp 80:

Firewall: NAT: Port Forward: Edit

Edit Redirect entry	
Disabled	☐ **Disable this rule** Set this option to disable this rule without removing it from the list.
No RDR (NOT)	☐ Enabling this option will disable redirection for traffic matching this rule. Hint: this option is rarely needed, don't use this unless you know what you're doing.
Interface	WAN ▼ Choose which interface this rule applies to. Hint: in most cases, you'll want to use WAN here.
Protocol	TCP ▼ Choose which IP protocol this rule should match. Hint: in most cases, you should specify *TCP* here.
Source	[Advanced] - Show source address and port range
Destination	☐ **not** Use this option to invert the sense of the match. Type: WAN address ▼ Address: [ ] / 31 ▼
Destination port range	from: HTTP ▼ [ ] to: HTTP ▼ [ ] Specify the port or port range for the destination of the packet for this mapping. Hint: you can leave the *to* field empty if you only want to map a single port
Redirect target IP	192.168.0.150 Enter the internal IP address of the server on which you want to map the ports. e.g. *192.168.1.12*
Redirect target port	HTTP ▼ [ ] Specify the port on the machine with the IP address entered above. In case of a port range, specify the beginning port of the range (the end port will be calculated automatically). Hint: this is usually identical to the 'from' port above
Description	[ ] You may enter a description here for your reference (not parsed).
No XMLRPC Sync	☐ HINT: This prevents the rule from automatically syncing to other CARP members.
NAT reflection	use system default ▼
Filter rule association	Pass ▼

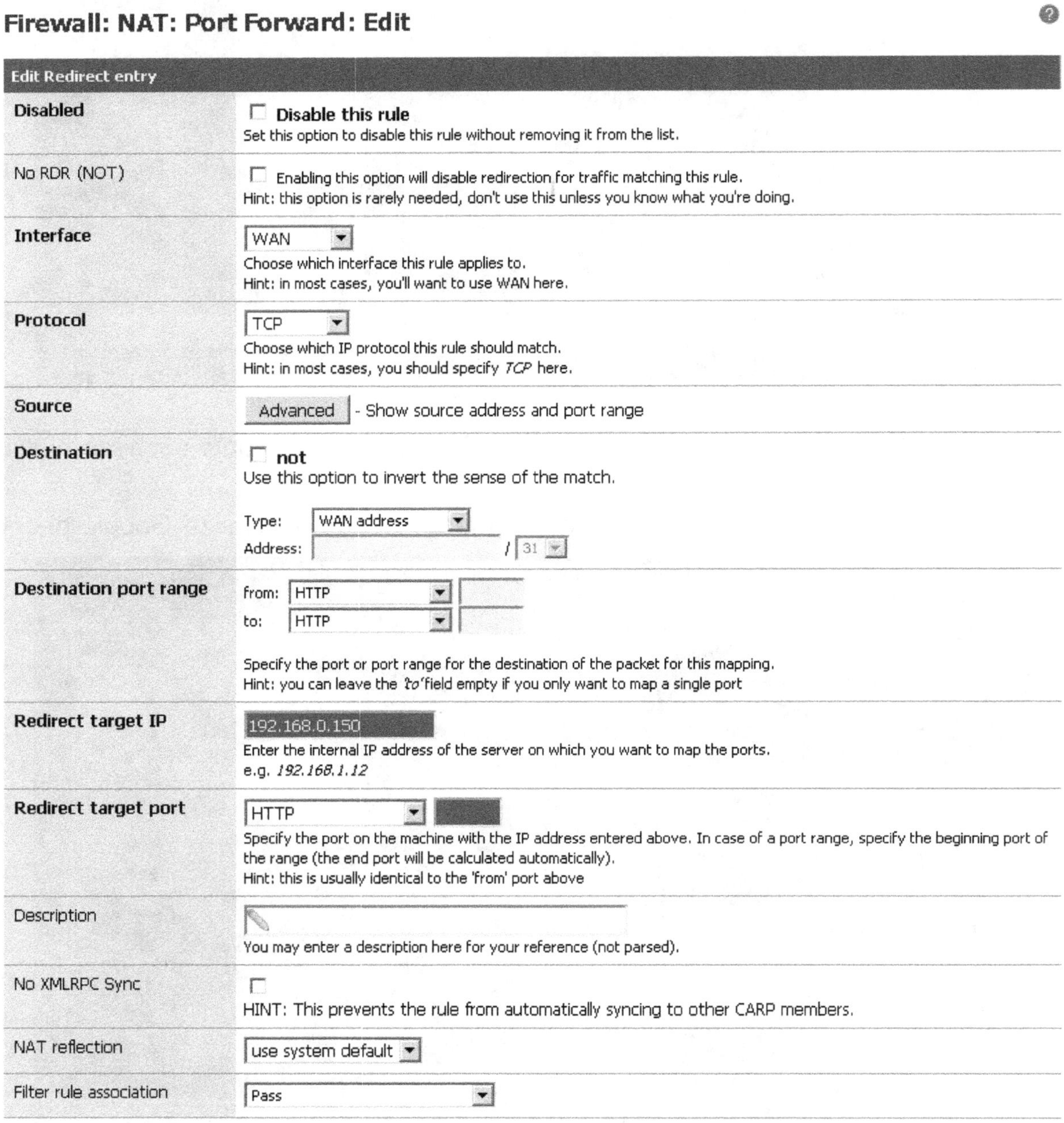

FIG. 5-53: trasferimento della porta tcp 80 verso l'indirizzo IP 192.168.0.150

---

6   Utilizzando una specifica porta di comunicazione, è possibile trasferire dei dati da un computer ad un altro. In questo modo un utente esterno può raggiungere un host con indirizzo IP privato (all'interno di una rate LAN) mediante una porta dell'IP pubblico dello stesso. Nel nostro caso è necessario prendere in considerazione la porta 80/tcp (HTTP - HyperText Transfer Protocol e la porta 443/tcp (HTTPS usato per il trasferimento sicuro di pagine web)

Dopo aver cliccato su *Save* e su *Apply*, dovrete creare la seconda regola per l'apertura della porta TCP 443. Solo se eseguirete correttamente queste operazioni, avrete la possibilità di usare Zimbra (email, agenda, rubrica) dall'esterno della vostra LAN aziendale. Vi consiglio di utilizzare delle password sicure e complesse per gli account di Zimbra, seguendo dei rigidi schemi e creando anche delle regole di **blocco-account** (qualora si superi un certo numero di tentativi di accesso sbagliati). Tutto ciò può essere impostato accedendo al rispettivo account tramite il pannello amministrativo di Zimbra (FIG. 5-54).

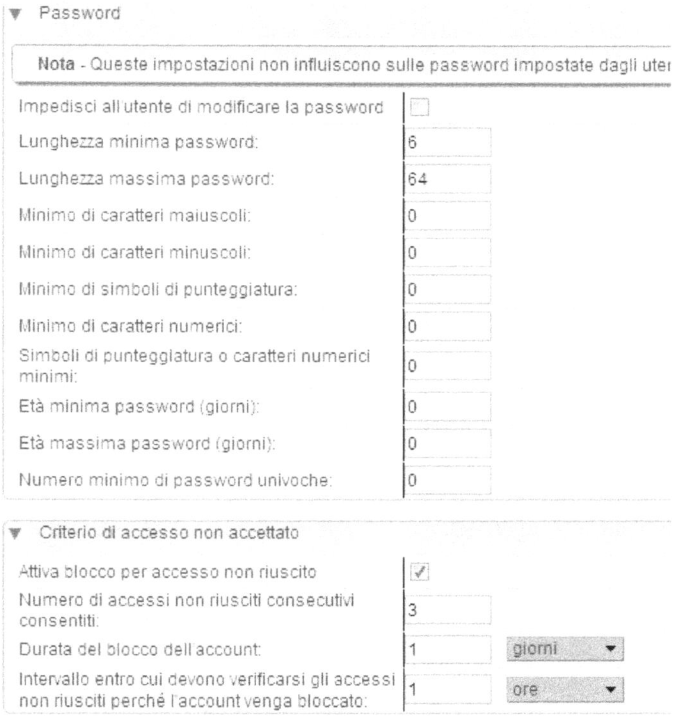

FIG. 5-54: Zimbra Administration console - Gestisci - Account-Avanzate

Logicamente, per un collegamento più sicuro, sarebbe opportuno configurare lo smartphone con l'indirizzo IP interno di Zimbra e collegarsi dall'esterno alla rete della propria azienda attraverso l'uso di una VPN. Tale soluzione porterebbe via molto tempo, qualora cerchiate di accedere ai vostri dati presenti su Zimbra. Di contro l'apertura di molte porte all'esterno aumenterebbe in modo esponenziale il rischio di attacchi da parte di malintenzionati, finalizzati al "furto" dei vostri dati aziendali e/o all'implementazione di telefonate a carico della vostra impresa. Come avrete già intuito, vi consiglio di prediligere la VPN, poiché i pericoli legati alla seconda soluzione sono troppo elevati.

La VPN

Per garantirvi un collegamento sicuro alla vostra rete LAN da qualsiasi punto del pianeta, minimizzando i rischi legati alla sicurezza della vostra infrastruttura informatica, è di fondamentale importanza usare una VPN, di cui vi ho già parlato nel primo capitolo. La stessa metodologia di collegamento, infatti, dovrà essere adottata anche con gli smartphone: ciò vi consentirà di scaricare la posta, collegarsi alla valigetta di Zimbra e addirittura (come vi mostrerò fra poco) addebitare le vostre telefonate direttamente alla vostra azienda, come se foste fisicamente presenti nel vostro ufficio.

Per entrambi i sistemi operativi dei vostri dispositivi mobili (sia IOS sia Android), avete la fortuna di poter utilizzare un'unica tipologia di VPN: la *OpenVPN* è una soluzione VPN avanzata di tipo open source, diventata uno standard de-facto; usa i protocolli di criptazione SSL/TLS divenuti ormai maturi ed affidabili. Come avete già visto precedentemente, si integra perfettamente in pfSense ed ha un pannello di configurazione semplice ed intuitivo.

Il vostro obiettivo è quello di creare una VPN di tipo *Roadwarrior* ed esportarne il file di configurazione, in modo che possa essere utilizzato per configurare il vostro smartphone.

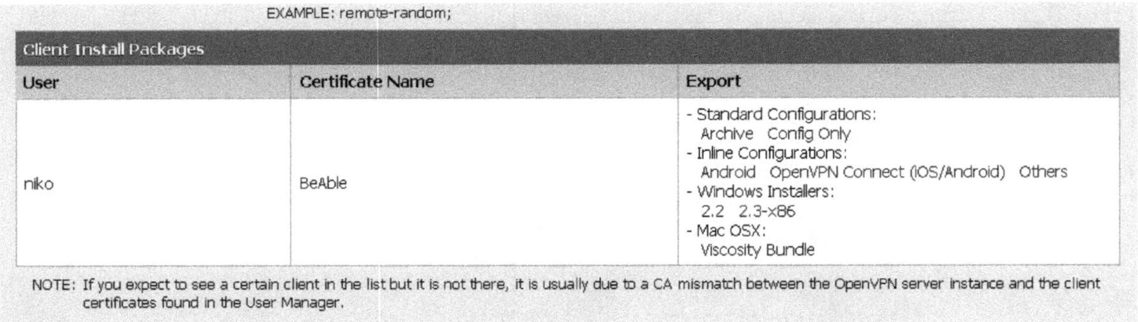

EXAMPLE: remote-random;		
Client Install Packages		
User	**Certificate Name**	**Export**

niko	BeAble	- Standard Configurations:
		   Archive Config Only
		- Inline Configurations:
		   Android OpenVPN Connect (iOS/Android) Others
		- Windows Installers:
		   2.2 2.3-x86
		- Mac OSX:
		   Viscosity Bundle

NOTE: If you expect to see a certain client in the list but it is not there, it is usually due to a CA mismatch between the OpenVPN server instance and the client certificates found in the User Manager.

FIG. 5-55: esportazione di una configurazione VPN

Tale operazione è attuabile direttamente da pfSense grazie all'utility di esportazione, che si trova in **VPN->OpenVPN->Client Export**.

Il file si potrà ottenere cliccando su *OpenVPN Connect (IOS/Android)* e, una volta scaricato, dovrete inviarlo a voi stessi come allegato di posta elettronica grazie a Zimbra. L'apertura del messaggio dal vostro smartphone consentirà "l'apertura" dell'allegato direttamente da *OpenVPN* client e la successiva creazione del collegamento.

VPN con IOS

Il sistema operativo della "mela morsicata" è dotato (anche se solo da Marzo 2013) di un ottimo client *OpenVPN*. L'installazione è molto semplice e, come per tutte le altre

FIG: 5-56: download di OpenVPN Connect

FIG. 5-57: l'icona di OpenVPN

APP, è necessario accedere direttamente all'*App store* e cercare l'applicazione gratuita *OpenVPN Connect*. Una volta installata, sarà pronta per essere configurata ed utilizzata. Prima di cliccare direttamente sull'icona dell'applicazione per il client, dovrete importare il file di configurazione della nostra VPN (così come spiegato precedentemente). Questo metodo non è quello più sicuro in assoluto, ma è il più rapido poiché consente (tramite ricezione dell'email sullo smartphone) di importare automaticamente la configurazione nel client.

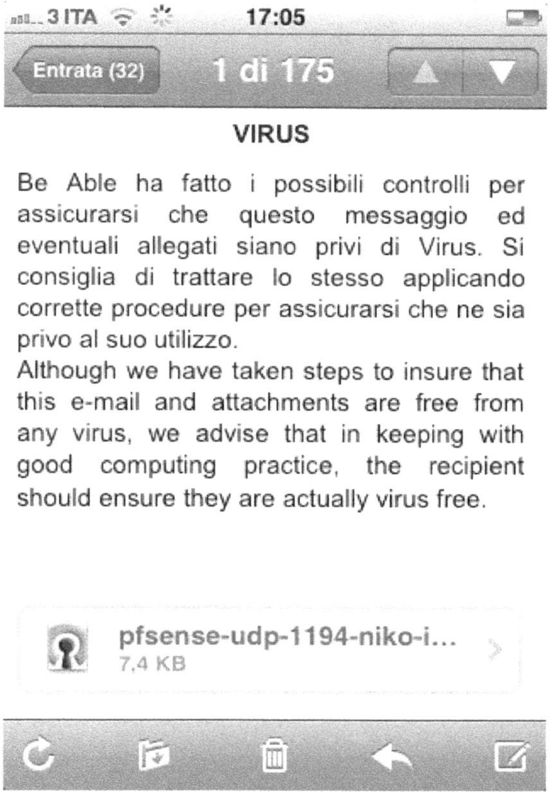

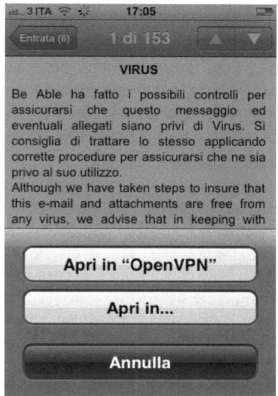

FIG. 5-58: l'email con la configurazione in allegato

FIG. 5-59: apri in OpenVPN

Non appena riceverete il messaggio di posta elettronica auto-inviatovi (FIG. 5-58) e selezionerete l'allegato, per default vi verrà richiesto di aprirlo con *OpenVPN*, azione che dovrete eseguire per portare a compimento la procedura di configurazione.

FIG. 5-60: selezionate il tasto +

FIG. 5-61: inserite le credenziali di autenticazione

All'apertura dell'*OpenVPN client* dovrete cliccare sul pulsante **+**, al fine di abilitare il nuovo profilo, che sarà subito pronto per essere utilizzato. L'unica accortezza da considerare è quella di non memorizzare mai le credenziali di autenticazione all'interno dello smartphone, per non creare delle falle di sicurezza nella propria rete (qualora il dispositivo mobile venisse perso o rubato). Vi accorgerete che il collegamento VPN è andato a buon fine, quando vedrete la tanto attesa parola "connected" (FIG. 5-62) accanto al "pallino verde" e il simbolo della VPN in alto

FIG. 5-62: Connected

(a sinistra). In quel preciso istante sarete pronti ad usare i servizi presenti nella vostra rete anche a migliaia di kilometri di distanza dall'azienda!

VPN con Android

Lo stesso modus operandi dovrà essere usato per lo smartphone con sistema Android, scaricando dal Google Play Store l'APP *OpenVPN for Android* di Arne Schwabe. Una volta cliccato sull'allegato dell'email ed importato il file di configurazione, potrete usare l'applicazione (FIG. 5-64).A questo punto digitate la password (quella definita all'atto della creazione della VPN) e avrete finalmente la possibilità di utilizzare le APP viste precedentemente, che dovrete configurare utilizzando l'indirizzo IP interno del server (ora raggiungibile in totale sicurezza).

FIG. 5-63: OpenVPN per Android

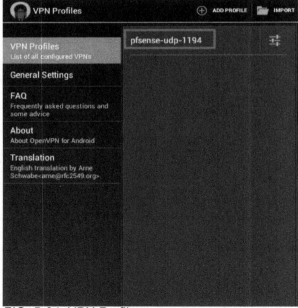

FIG. 5-64: VPN Profiles

174

Tale strategia è stata fondamentale per la business continuity della mia azienda durante il mio viaggio negli USA: passeggiando per Times Square, a New York, era sufficiente avvicinarsi ad uno Starbucks, rilevare una wireless disponibile e utilizzarla con il nostro Zoiper per telefonare in Italia (previo collegamento alla *OpenVPN*).

Quello che vi ho appena detto è stato testato ed è pienamente funzionante. Ve lo garantisco!

Capitolo 6

Un backup per dessert

Avvertenze prima della "ricetta"

Siamo giunti alla conclusione di questo ricettario IT e desidero congedarmi suggerendovi un ottimo dessert. In realtà il backup (freddo o caldo) dovrebbe essere l'elemento portante di ogni pranzo, poiché senza di esso potreste ritrovarvi con una tavola non imbandita. Io ve lo propongo a fine pasto, al fine di ricordarvi che non è possibile realizzare qualsiasi ricetta senza avere una dispensa di sicurezza, che venga in vostro soccorso in caso di piccoli incidenti o di disastrose calamità naturali.

Un backup per dessert

Premessa

Il progetto iniziale di questo manuale non contemplava un sesto capitolo, in quanto ero convinto di aver fornito a voi lettori tutte le indicazioni necessarie per ottimizzare le risorse informatiche delle vostre aziende, supponendo che determinate procedure di tutela della continuità lavorativa fossero state ormai ben assimiliate. Nonostante ciò, ho ritenuto doveroso strutturare il seguente capitolo alla luce di quanto succede ancora in molte realtà lavorative, dove la mancanza di protezione adeguata dei dati si trasforma spesso in un ingente danno economico. Ogni azienda dotata di un sistema informatico, infatti, non può ignorare o sottovalutare l'importanza del backup. Sicuramente molti di voi, leggendo l'incipit di questo sesto capitolo, sfoglieranno nuovamente il manuale alla ricerca di quel capitolo (per la precisione il primo) in cui ho analizzato tre differenti soluzioni hardware, ognuna delle quali consigliata per gestire un differente carico di utenti e linee telefoniche: tutte e tre hanno un comune denominatore cioè la presenza di più unità disco, cooperanti tra loro al fine di ridurre notevolmente la probabilità di perdere dati (in seguito alla rottura di uno dei supporti). Purtroppo devo ammettere che il sistema propostovi non salverà la vostra azienda da tutti quei disastri che possono causare la perdita dei dati: errore umano, furto dell'infrastruttura informatica, incendio e tutti quegli eventi naturali che potrebbero abbattersi sull'azienda.

Qualcuno di voi potrebbe tacciarmi di paranoia! Nella peggiore delle ipotesi potrei essere additato come colui che cerca di propinarvi a tutti i costi soluzioni hardware superflue. Ovviamente, determinate strategie richiedono costi aggiuntivi ed alcuni lettori potrebbero decidere di concludere la loro lettura, mentre scorrono con gli occhi queste ultime parole. Se ciò accadesse, sarebbe imperdonabile, perché (al di là di qualsiasi ossessione) "prevenire è sicuramente meglio di curare", soprattutto in un'azienda che deve operare senza una spada di Damocle che pende sulla sua testa. Informarvi su ciò che è di vitale importanza non costa nulla, quindi seguitemi anche in questo capitolo e riflettete attentamente su ciò che leggerete.

Partiamo dal perché il RAID 1 non tutela adeguatamente i vostri dati. In primis va precisato che tale metodologia di salvataggio, che consente di archiviare automaticamente un file in due Hard Disk, tutela l'azienda da eventuali malfunzionamenti dei supporti di memorizzazione: qualora uno dei due dischi dovesse rompersi, i dati rimarrebbero comunque salvati nell'altro; un segnale acustico e/o un'email, inoltre, vi avviserebbero dello "sfortunato incidente" e dovreste immediatamente procedere alla sostituzione del dispositivo danneggiato, che nella maggioranza dei casi può essere fatto "a caldo", cioè senza spegnere il server ed interrompere l'attività lavorativa. Purtroppo il RAID 1 non vi protegge da una casuale o volontaria cancellazione di un dato dal vostro file system: se si verificasse una simile eventualità, il file verrebbe cancellato da entrambi gli HD. Un grave danno potrebbe essere provocato anche da un virus informatico, che potrebbe "infettare" il vostro server e rendere illeggibili alcuni file su ambo i dischi. Non dimenticatevi che talvolta un server si spegne (o viene spento) in modo errato (o anomalo) e ciò potrebbe danneggiare il database aziendale, provocando una cospicua perdita di tempo e denaro. I nefasti eventi sopraccitati non sono frutto di ossessione e pessimismo, bensì si verificano sempre più spesso in aziende che non "tutelano" adeguatamente le proprie risorse informatiche. Sempre per salvaguardare il vostro portafoglio, pertanto, vi fornirò utili consigli nelle prossime pagine, partendo da una semplice strategia: il salvataggio dei dati su di un supporto esterno al server con cadenza regolare (studiata in base al periodo di inattività della vostra azienda). Potete, ad esempio, creare una procedura di copia dei file presenti nel vostro server durante la notte o negli orari di chiusura degli uffici aziendali, stabilendo una sincronizzazione dei dati. L'immagine 6-1 mostra un esempio di backup notturno che verrà eseguito ogni giorno alle ore 3:00 AM.

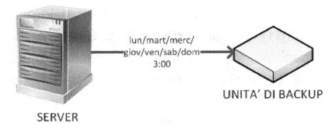

FIG. 6-1: esecuzione automatica di un backup

La suddetta strategia consentirà di avere sempre una copia aggiornata dei dati su di un supporto differente dal server, raggiungibile ed utilizzabile anche in caso di rottura del server stesso. In questo modo è anche possibile avere una copia aggiornata di una nostra cartella condivisa, dove vengono depositati i documenti utilizzati giornalmente dall'azienda.

La seguente immagine (FIG. 6-2) vi mostra (con maggiori dettagli) la totale sincronizzazione tra i due supporti, uno interno e l'altro esterno. Tutto quello che è presente nella cartella */condiviso* del server, durante la notte viene duplicato sull'unità di backup, mantenendo identica la struttura di dati e delle cartelle (in modo ricorsivo) presenti nelle due unità.

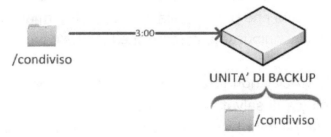

FIG. 6-2: sincronizzazione dei supporti

Ovviamente un simile backup non è a prova di errore umano: cosa succederebbe, se un lunedì mattina cancellassimo inavvertitamente un file e ce ne accorgessimo solo il mercoledì successivo? Questo avvenimento porterebbe alla perdita inevitabile del dato in entrambi le unità di salvataggio (hard disk del server e supporto esterno), perché il sistema considererebbe tale cancellazione come volontaria e nel momento della sincronizzazione eliminerebbe il dato in questione dal supporto esterno. Il recupero di un dato cancellato, infatti, può avvenire al massimo durante la giornata successiva alla copia. Per

180

evitare tutto ciò, è consigliabile far in modo che il sistema effettui sei copie ben distinte dell'intero archivio durante la settimana (una copia per ogni giorno), ottenendo così una ramificazione del backup (FIG. 6-3).

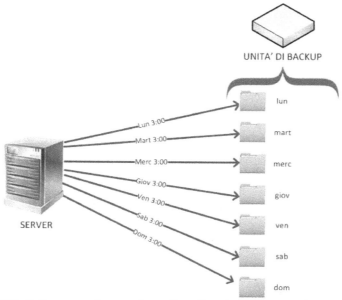

FIG. 6-3: esecuzione automatica di un backup a copie multiple

L'immagine 6-4 vi mostra come la struttura di "salvataggio dati" viene creata all'interno dell'unità di backup. Grazie a questo stratagemma avrete la possibilità di recuperare i file contenenti le diverse modifiche apportate ad un determinato dato/documento durante l'intera settimana. Purtroppo la creazione di un "salvataggio ramificato" richiede maggiore spazio sull'HD destinato al backup, uno spazio pari a N volte la dimensione dell'archivio dati sorgente (nel nostro caso N equivale a sette). Indubbiamente non è la soluzione migliore in assoluto e si potrebbe scrivere un intero trattato sulla gestione ed ottimizzazione dei backup, ma l'obiettivo di questa guida è ben altro. Va precisato che, qualora doveste optare per tale strategia, sarebbe una scelta intelligente posizionare il supporto per il backup o in una stanza differente da quella in cui si trova il server o addirittura in un edificio distante chilometri dall'azienda, collegato a quest'ultima tramite ADSL. Ciò vi potrebbe tutelare da furti o eventi climatici catastrofici.

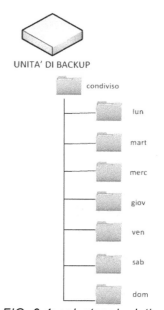

FIG. 6-4: salvataggio dati all'interno dell'unità di backup

Il NAS: Network Attached Storage

Al di là di qualsiasi dissertazione sulle tipologie di backup esistenti, ritengo che il salvataggio dei dati su di un supporto esterno al server sia strategicamente importante e che l'utilizzo del NAS[1] per effettuarlo sia la scelta migliore. Il Network Attached Storage,

---

1   Il Network Attached Storage è un dispositivo collegato ad una rete di computer e contiene uno o più dischi rigidi. Tale dispositivo viene usato per condividere dati con gli utenti che possono accedere alla rete LAN.

infatti, può essere posizionato in una rete LAN differente rispetto a quella in cui si trova il server stesso, garantendo così una maggiore sicurezza. Va detto che attualmente sul mercato è presente una vastissima gamma di NAS, che si diversificano fra loro in base ai protocolli di rete che riescono a gestire, alla quantità di dischi che riescono ad alloggiare, alla tipologia di RAID ed ai collegamenti con l'esterno. Durante questi anni io ed i miei collaboratori abbiamo provato numerosi NAS, restando molto colpiti da quelli prodotti da QNAP[2] sia per la loro componentistica di qualità sia per la progettazione software di tutto rispetto.

Considerando che il dispositivo, nel vostro caso, dovrà essere finalizzato solo alla memorizzazione dei dati (peraltro già esistenti sul server) e dovrà essere facilmente accessibile per gli utenti e/o l'amministratore solo in situazioni di recupero, potreste utilizzare anche i NAS più piccoli e meno costosi della grande famiglia QNAP: il modello TS-112 o il TS-212 (differente dal precedente solo per la quantità di dischi che riesce a gestire).

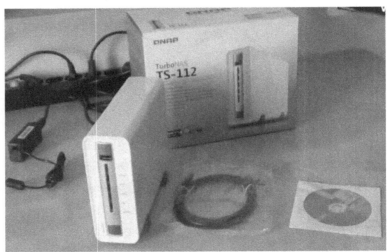

FIG. 6-5: NAS TS-112

I dispositivi NAS sopraccitati presentano un pannello frontale ricco di led di stato, destinati a segnalare eventuali anomalie, il collegamento alla rete e le attività del disco (o dei dischi). Nella parte posteriore sono presenti due porte USB (per collegare eventualmente altri supporti di memorizzazione esterni), una porta eSATA[3], una porta Ethernet, un pulsante di reset ed il canonico jack per l'alimentazione. Dopo aver rimosso le due viti posteriori, lo "chassis" può essere aperto e potrete procedere all'installazione di un disco SATA da 3,5" da acquistare separatamente. Non resta altro da fare che chiudere il tutto, collegarlo alla rete Ethernet, alimentarlo e premere il pulsante di accensione. Non appena il led di stato diventerà verde, potrete utilizzare il software QNAP Finder (presente sul DVD-Rom incluso nella confezione del NAS) per l'identificazione dell'indirizzo IP che ha acquisito il dispositivo all'interno della rete LAN.

Come si evince dall'immagine 6-6, il NAS ha acquisito l'indirizzo IP 192.168.0.172. Non appena cliccherete su di esso, aprirete automaticamente la pagina web di configurazio-

---

2   QNAP è acronimo di Quality Network Appliance Provider.

3   La sigla eSATA viene utilizzata per indicare un external SATA (abbreviazione dell'inglese Serial Advanced Technology Attachment); si tratta di "una porta" utilizzata per collegare dispositivi o periferiche esterne ad un personal computer.

FIG. 6-6: QNAP finder

ne di Qnap, dove -dopo aver inserito le credenziali di autenticazione di default (admin/ admin)- potrete finalmente configurare il dispositivo. Evitando di aprire una parentesi sulle molteplici possibilità di configurazione, vi mostrerò come collegare direttamente il suddetto dispositivo al vostro server, affinché possiate creare successivamente dei backup automatici. Per ottenere ulteriori spiegazioni su come configurare il NAS, è sufficiente accedere al canale Youtube *http://www.youtube.com/beablesrl.*

In merito alla procedura di configurazione va precisato che il primo passo da effettuare è la formattazione dell'hard disk inserito nel NAS. Accedete alla sezione **Gestione Disco** e, successivamente, a **Gestione Volume**.

FIG. 6-7: Gestione disco - Gestione volume

Dopo aver cliccato su *Crea volumi disco singolo* (nel caso del TS-112), verrà visualizzata un'ulteriore schermata contenente le informazioni sull'hard disk in questione (FIG. 6-8). Inserite un segno di spunta nello spazio per selezionare l'unità fisica da utilizzare e il tipo di file system, e cliccate sul comando *crea*, avviando così il processo di formattazione dell'hard disk. Una volta terminato tale processo, sarà necessario definire i servizi di rete cliccando sull'omonimo comando (FIG. 6-9).

Per il collegamento ai vostri server Linux il protocollo di rete da adottare è l'NFS (acronimo di Network File System): si tratta di un protocollo in grado di gestire dispositivi di me-

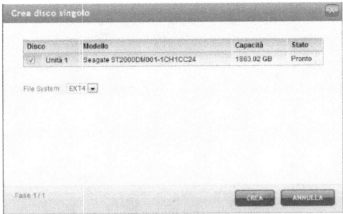
FIG. 6-8: Crea disco singolo

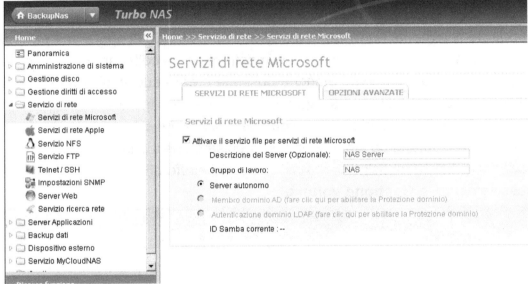
FIG. 6-9: Servizi di rete

morizzazione remoti, che risulta fondamentale per creare uno spazio di memorizzazione sul NAS collegandolo al file system del server, affinché possa essere "visto" come spazio di memorizzazione locale.

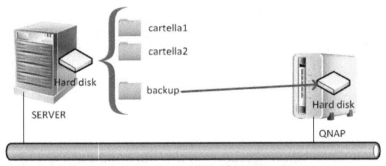
FIG. 6-10: "mount" dello share NFS (QNAP) sul server

L'immagine 6-10 mostra nel dettaglio quanto detto precedentemente. Sul server troverete una cartella chiamata "backup", che in realtà sarà una directory presente sul vostro NAS. Ogni qualvolta verrà copiato un dato nella suddetta cartella, in realtà verrà copiato sul NAS. Detto ciò, vi indicherò come attivare il servizio: cliccate su *Servizio NFS* ed abilitatelo con un segno di spunta sulla casella **Abilitare i servizi NFS**.
Successivamente dovrete cliccare sul link *Fare clic qui per impostare il diritto d'accesso*

NFS della condivisione di rete (FIG. 6-11). A questo punto non vi resterà altro da fare che creare una cartella abilitata per la condivisione NFS, cliccando sul link *crea una condivisione di rete* (FIG. 6-12) e soddisfacendo le successive richieste di informazioni. Attraverso il pulsante *Avanti* (FIG. 6-13) passerete alla successiva schermata, grazie alla quale potrete inserire il nome della cartella e scegliere se nasconderla o meno.

FIG. 6-11: abilitate i servizi NFS

FIG. 6-12: create una condivisione di rete

FIG. 6-13: creazione di una cartella condivisa

Vi consiglio di spuntare la casella **No** per ovvi motivi (FIG 6-14). In un secondo momento definirete i privilegi di accesso alla directory creata (in particolar modo quelli dell'amministratore), dandogli chiaramente la possibilità di lettura e di scrittura (FIG. 6-15 e FIG. 6-16). Non appena cliccherete su *Avanti*, la cartella condivisa verrà creata e si aprirà una finestra contenente tutte le condivisioni da voi realizzate.

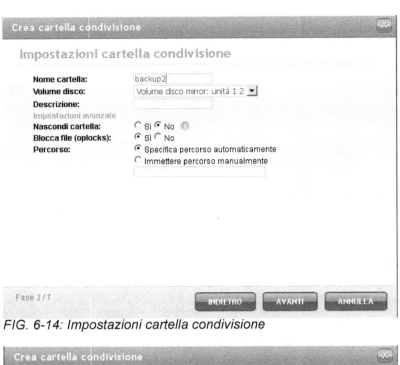

Crea cartella condivisione

Impostazioni cartella condivisione

Nome cartella: backup2
Volume disco: Volume disco mirror: unità 1 2 ▼
Descrizione:

Impostazioni avanzate
Nascondi cartella: ○ Sì ● No ⓘ
Blocca file (oplocks): ● Sì ○ No
Percorso: ● Specifica percorso automaticamente
                      ○ Immettere percorso manualmente

Fase 2 / 7   INDIETRO   AVANTI   ANNULLA

FIG. 6-14: Impostazioni cartella condivisione

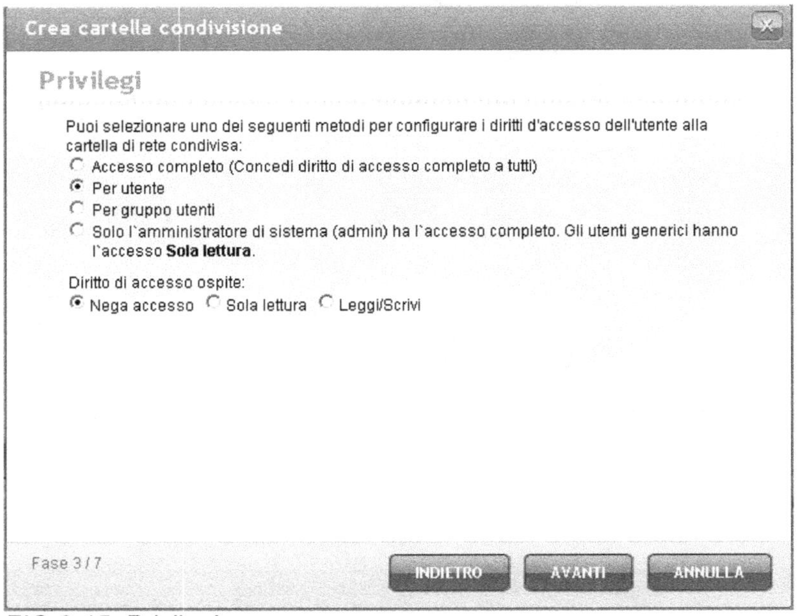

Crea cartella condivisione

Privilegi

Puoi selezionare uno dei seguenti metodi per configurare i diritti d'accesso dell'utente alla cartella di rete condivisa:
○ Accesso completo (Concedi diritto di accesso completo a tutti)
● Per utente
○ Per gruppo utenti
○ Solo l'amministratore di sistema (admin) ha l'accesso completo. Gli utenti generici hanno l'accesso **Sola lettura**.

Diritto di accesso ospite:
● Nega accesso ○ Sola lettura ○ Leggi/Scrivi

Fase 3 / 7   INDIETRO   AVANTI   ANNULLA

FIG 6-15: Privilegi

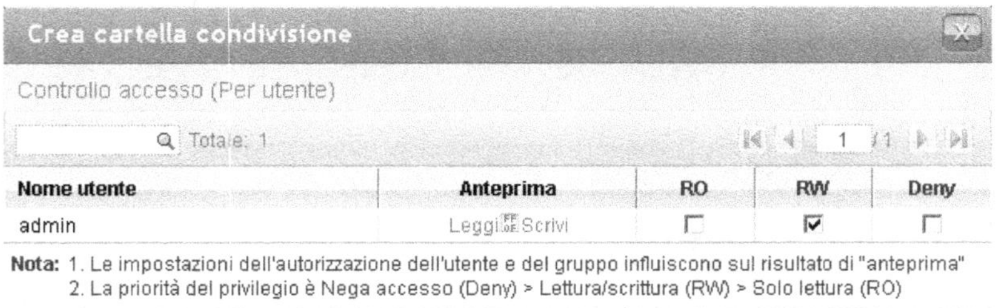

Crea cartella condivisione

Controllo accesso (Per utente)

🔍 Totale: 1   ◄◄ ◄ 1 / 1 ► ►►

Nome utente	Anteprima	RO	RW	Deny
admin	Leggi/Scrivi	☐	☑	☐

Nota: 1. Le impostazioni dell'autorizzazione dell'utente e del gruppo influiscono sul risultato di "anteprima"
2. La priorità del privilegio è Nega accesso (Deny) > Lettura/scrittura (RW) > Solo lettura (RO)

FIG. 6-16: privilegio RW (di lettura e scrittura)

L'ultimo passaggio da effettuare consiste nell'impostazione dei diritti di accesso alla cartella NFS: cliccando sul pulsante con la scritta *NFS* (presente nella riga della "condivisone backup"), aprirete una finestra che vi consentirà di settare i diritti di lettura/scrittura in base agli indirizzi IP che accederanno alla cartella. Inizialmente potrete inserire il carat-

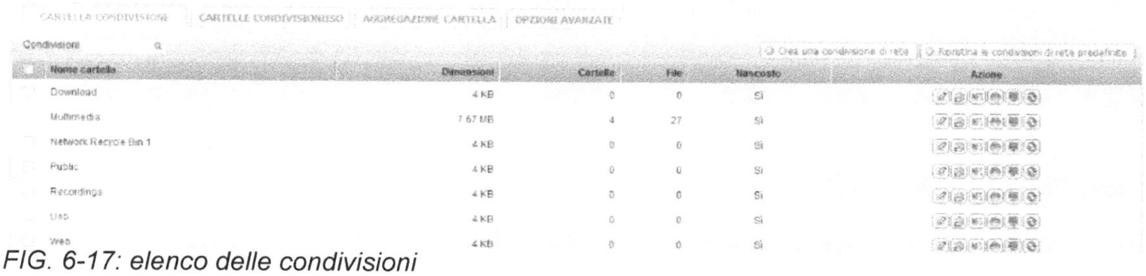

FIG. 6-17: elenco delle condivisioni

tere jolly *, che garantisce l'accesso in lettura e scrittura da tutti gli indirizzi IP della rete LAN, così come è mostrato nell'immagine 6-18.

In seguito potrete restringere l'accesso al solo server, andando ad inserire il suo indirizzo IP all'interno dello spazio **Indirizzo IP o nome di dominio consentito**.

Sarebbe opportuno creare anche una condivisione SMB (raggiungibile tramite rete LAN dalle postazioni dotate di sistema operativo Windows), operazione attuabile seguendo

FIG. 6-18: Controllo accesso NFS

una procedura simile a quella vista precedentemente. Se garantirete l'accesso alla suddetta cartella da postazioni Windows, darete la possibilità anche a queste ultime di accedere ai salvataggi e di memorizzare eventuali file di backup, non inseribili in procedure automatizzate (come nel seguente paragrafo).

Backup di pfSense

In merito alle procedure di backup e recovery ho deciso di partire da pfSense, la cui comoda interfaccia web vi consentirà di effettuare il backup dell'intera configurazione del vostro firewall, garantendovi un ripristino veloce e semplice. L'intero backup del pfSense, infatti, sarà salvato in un unico file XML, all'interno del quale saranno memorizzati anche le configurazioni relative agli eventuali pacchetti aggiuntivi installati. Questo vi permetterà, dopo aver installato un pfSense da zero ed aver effettuato l'upload del suddetto file, di scaricare automaticamente tutti i pacchetti aggiuntivi precedentemente installati e di rendere operativa la nuova installazione al 100%. Vi mostrerò, pertanto, come effettuare il backup del sopraccitato file.

Accedete alla pagina di amministrazione di pfSense, cliccate su *Diagnostics* e successivamente su *Backup/Restore (FIG. 6-19)*: verrà visualizzata la schermata della sezione **Backup/restore** del firewall.

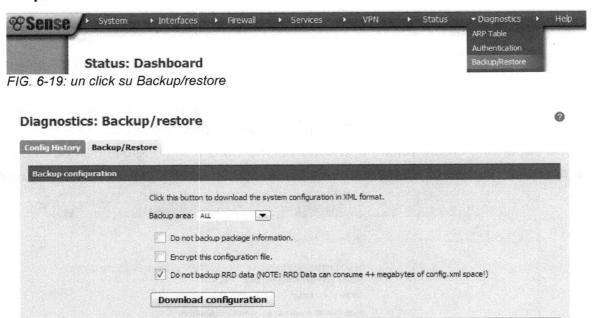

FIG. 6-19: un click su Backup/restore

FIG. 6-20: Diagnostics - Backup/restore - Backup configuration

Lasciando inalterata la configurazione proposta per default, avete ora la possibilità di salvare tutte le configurazioni presenti nel vostro pfSense in un unico file XML non crittografato. Selezionate *Download configuration* e salvate il file sul vostro PC (FIG. 6-21), posizionandolo in un luogo maggiormente sicuro (come la cartella condivisa del NAS).

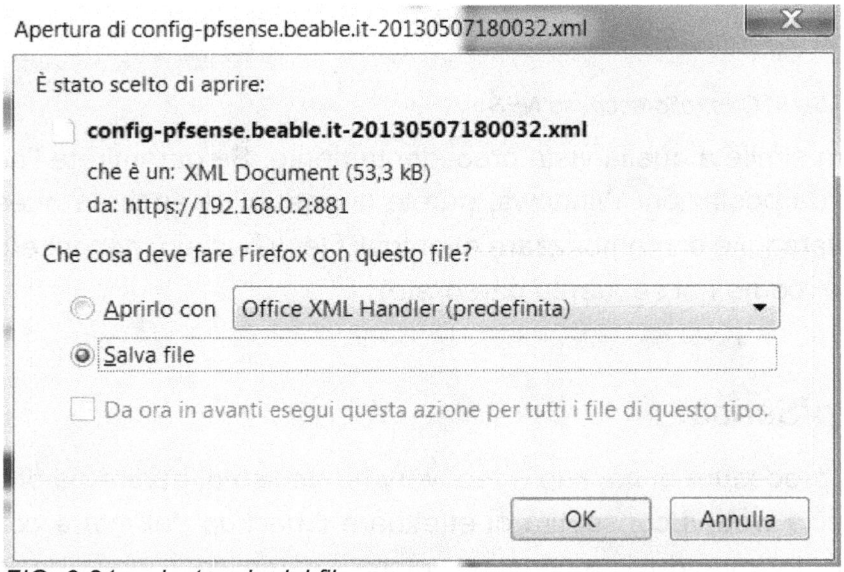

FIG. 6-21: salvataggio del file

La struttura del nome proposto per default sarà la seguente: *config-"hostname del vostro pfSense"-"data e ora di creazione".xml*

Considerando che la creazione del sopraccitato file è un'operazione velocissima, converrebbe sempre creare dei backup di pfSense prima di ogni modifica ed ogni aggiorna-

188

mento, al fine di avere più punti di ripristino: più file XML vi permetteranno di recuperare differenti configurazioni del firewall in base ad ora e data degli stessi. Il recupero è semplice da realizzare: dovete solo installare una nuova VM (così come vi è stato spiegato nel primo capitolo) ed effettuare l'upload del file *.xml* nella pagina di **Backup/Restore** tramite la seguente schermata (FIG. 6-22):

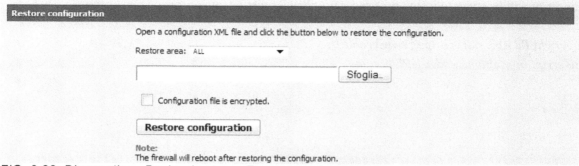

FIG. 6-22: Diagnostics - Backup/restore - Restore configuration

Mantenete la voce *All* in **Restore area** ed utilizzate il comando *Sfoglia* per l'upload del file di configurazione precedentemente salvato; attendete che il firewall si riavvii e riprendete a lavorare come se nulla fosse accaduto. Devo ricordarvi, però, che il file *.xml* contiene solo i dati di configurazione (peraltro molto importanti) e non i vari log memorizzati durante l'attività del firewall. Il salvataggio di quest'ultimi può essere effettuato attraverso operazioni più complesse, che esulano dallo scopo di questo libro. Come vedrete a fine capitolo, inoltre, c'è un'ulteriore procedura per mettere al sicuro l'intera VM e poterla ripristinare in seguito ad un fault del sistema.

Backup di Zimbra

Ritengo imprescindibile dedicare questo paragrafo a Zimbra, considerando la vitale importanza del salvataggio dei dati aziendali, soprattutto se avete deciso di seguire le mie indicazioni e "avete accolto" il sopraccitato groupware all'interno della vostra azienda. È fondamentale "montare" la cartella di backup (già presente sul NAS) prima di accedere all'interfaccia di amministrazione di Zimbra per la configurazione del salvataggio dei dati. Tale "montaggio" richiede solo pochi "comandi Linux", ma per semplificare questa operazione ho deciso di farvi un piccolo regalo: all'interno della cartella **/script** della vostra VM (ricevuta con questa guida) troverete un Bash script (nfs.sh) in grado di eseguire questa procedura automaticamente[4]. Grazie alla sua esecuzione verrà creata automaticamente una cartella **/backup** ("montata" direttamente sul NAS) non prima, però, di aver inserito i seguenti parametri di configurazione:

» l'indirizzo IP del NAS, definito nella fase di configurazione del QNAP (ad esempio 192.168.0.172);
» il nome della cartella di condivisione creata sul QNAP, dove saranno riversati i backup (ad esempio *backup*).

I lettori curiosi di seguito troveranno il contenuto dello script in questione:

---

4   Per scaricare ed utilizzare tale script, prendete in considerazione la proceduta mostratavi nel capitolo 4 (Zimbra).

189

```
#!/bin/bash
#############################################################################
#                          script_nfs.sh                                  #
#                          Version 1.2                                    #
#                                                                         #
# This script will help you to install nfs service into BeAPP virtual appliance  #
#                                                                         #
# Copyright Be Able s.r.l. <http://www.beable.it>                         #
# This script in available under GPL license.                            #
#                                                                         #
#                                                                         #
#                                                                         #
#                                                                         #
#############################################################################
echo -n "Inserire l'indirizzo IP del NAS (es. 192.168.0.100): "
read ip
echo "IP: $ip"
read -p "Se il valore é corretto, premere un tasto per continuare oppure ctrl-C per uscire"
clear

echo -n "Inserire la cartella creata sul NAS (es. backup): "
read mountpoint
echo "Punto di montaggio: $mountpoint"
read -p "Se il valore é corretto, premere un tasto per continuare oppure ctrl-C per uscire"
clear

yum install nfs-utils rpcbind

chkconfig nfs on
chkconfig nfslock on
chkconfig rpcbind on

mkdir /backup
chmod -R 777 /backup
echo "${ip}:/${mountpoint} /backup        nfs        defaults 1 1" >> /etc/fstab

service rpcbind restart
service nfs restart
service nfslock restart
mount -a
```

A conclusione della fase sopraccitata vi consiglio di creare un'ulteriore directory all'interno della cartella **/backup** (ad esempio *Zimbra*), che sarà destinata a contenere il backup del vostro amato server di messaggistica; ovviamente, dovrete attribuirle i diritti di lettura e di scrittura per l'utente Zimbra: *chown zimbra:zimbra /backup/zimbra*. Considerando che la parte più difficile del lavoro è ormai conclusa, non vi resta che raggiungere la pagina di amministrazione di Zimbra e programmare il backup giornaliero con ZeXtras.

Cliccate su *ZeXtras* e successivamente su *ZxBackup* per visualizzare la schermata di FIG. 6-23.

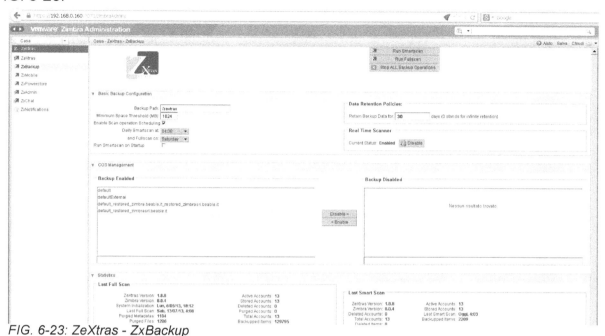

FIG. 6-23: ZeXtras - ZxBackup

Prestate attenzione alle voci di seguito inserite e presenti nella schermata:

» il comando *Restore*, raggiungibile cliccando sull'ingranaggio in alto a destra, consente all'utente di avviare la procedura di recupero dei dati da backup precedentemente salvati; al momento non scriverò altro, poiché mi soffermerò su tale argomento in seguito;

» *Backup Path* indica il percorso all'interno del quale ZeXtras memorizza giornalmente tutti i dati di Zimbra e che corrisponde alla cartella di backup presente sul NAS nel vostro caso;

» il *Minimum Space Threshold (MB)* individua la soglia minima di spazio libero (espressa in megabyte) richiesta per far operare ZeXtras.

» il comando *Enable Scan operation Scheduling* permette di attivare o disattivare le operazioni di schedulazione dei backup;

» *Run FullScan* permette di eseguire un'operazione di FullScan[5];

» utilizzate *Run Smartscan* per attivare l' operazione di SmartScan[6];

» qualora il server dovesse appesantirsi notevolmente oppure fosse necessario riavviarlo con una certa urgenza, risulterebbe molto utile il comando *Stop ALL Backup Operations*, per bloccare immediatamente tutte le operazioni di backup in attività;

---

5   Questa operazione consente di effettuare il backup di Zimbra, eseguendo una sincronizzazione completa tra i dati presenti all'interno della cartella di Zimbra e quelli presenti nella directory di backup (memorizzati durante l'ultima sincronizzazione).

6   Il "Run Smartscan", operazione molto più leggera della precedente, effettua una sincronizzazione "intelligente" tra gli account presenti su Zimbra e quelli memorizzati durante l'ultima fase di FullScan. È consigliabile utilizzare tale procedura durante la settimana, per migliorare le performance del sistema e minimizzare le operazioni di copia dei dati.

» *Retain Backup Data for* serve a stabilire per quanto tempo debbano essere conservati i backup di quei dati cancellati su Zimbra;

» in **Current Status** è possibile attivare o disattivare il *Real Time Scanner*[7];

» *Last Full Scan* (presente in **Statistics**) consente di visualizzare tutte le informazioni relative all'esecuzione dell'ultimo FullScan;

» Con *Import Backup* (sezione **Import/Export**) è possibile iniziare un'operazione di "restore";

» *Export Backup* (sempre in **Import/Export**) permette di esportare un backup precedentemente effettuato (per poterlo salvare, ad esempio, su di un supporto esterno).

Dopo aver effettuato una panoramica dell'interfaccia di backup, ho descritto di seguito i passi da effettuare per la programmazione del backup tramite Zextras:

1. definite il percorso della directory all'interno della quale Zextras memorizzerà il backup dei dati;

2. stabilite il momento preciso in cui sarà avviato lo SmartScan quotidianamente e specificate il giorno della settimana in cui ZeXtras dovrà effettuare il FullScan;

3. ricordate che quando programmerete per la prima volta un'attività di backup con ZeXtras, al posto del comando *Run FullScan* sarà presente *Initialize NOW!*, su cui dovrete cliccare per far partire la prima operazione di backup[8];

4. è consigliabile, dopo la fase di programmazione del backup, accedere alla sezione delle notifiche e verificare la presenza di eventuali messaggi di errori.

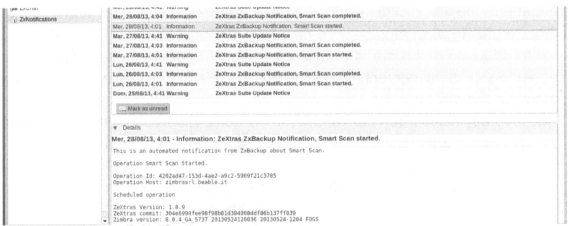

FIG. 6-24: ZeXtras - ZxNotifications

Come potete vedere in questo caso, non è presente alcun messaggio di errore, perciò non dovrete far altro che attendere il completamento della fase di backup.

Backup di Asterisk/FreePBX e Hylafax/Avantfax

Partirò da come programmare il backup giornaliero del vostro Asterisk attraverso l'interfaccia grafica Free PBX:

» dopo aver avuto accesso alla pagina web di FreePBX ed esservi autenticati con

---

7 Grazie a questo innovativo sistema è possibile riportare un account ad uno stato precedente.

8 Se tutto è stato correttamente eseguito, verrà visualizzato un messaggio che avviserà l'utente della messa in coda dell'operazione e della successiva notifica di fine operazione.

la login di amministratore, recatevi direttamente nella sezione **Amministrazione** e cliccate sul comando *Backup & Ripristino* (FIG 6-25);

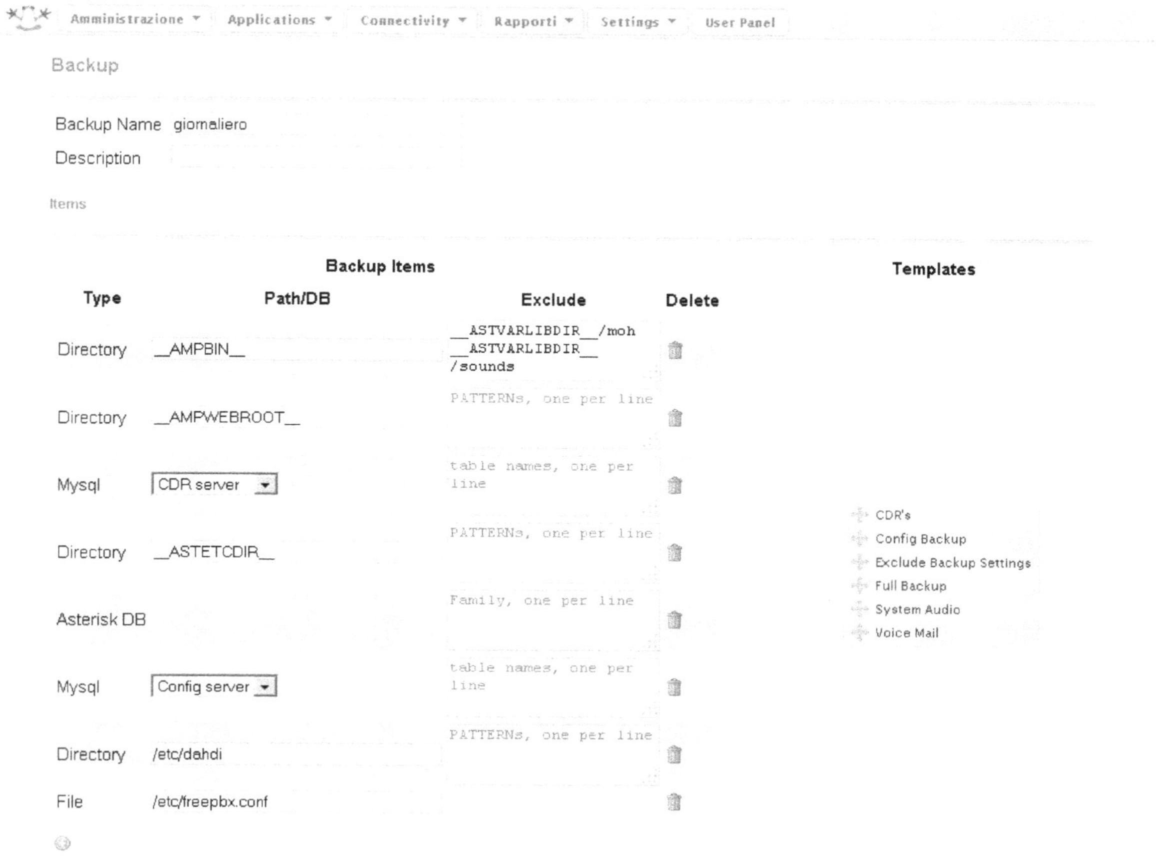

Amministrazione ▾ Applications ▾ Connectivity ▾ Rapporti ▾ Settings ▾ User Panel

Backup

Backup Name giornaliero
Description

Items

	Backup Items				**Templates**
Type	**Path/DB**	**Exclude**	**Delete**		
Directory	__AMPBIN__	__ASTVARLIBDIR__/moh __ASTVARLIBDIR__/sounds	🗑		
Directory	__AMPWEBROOT__	PATTERNs, one per line	🗑		
Mysql	CDR server ▾	table names, one per line	🗑		CDR's
Directory	__ASTETCDIR__	PATTERNs, one per line	🗑		Config Backup Exclude Backup Settings
Asterisk DB		Family, one per line	🗑		Full Backup System Audio
Mysql	Config server ▾	table names, one per line	🗑		Voice Mail
Directory	/etc/dahdi	PATTERNs, one per line	🗑		
File	/etc/freepbx.conf		🗑		

FIG. 6-25: Amministrazione - Backup & ripristino

» create una nuova schedulazione di backup cliccando sul pulsante *New backup* ed inserendo un nome identificativo (ad esempio "giornaliero") all'interno di **Backup Name**; potete inserire anche delle note relative alla tipologia di backup in **Description**;

» nella sezione **Items** scegliete la tipologia di backup da effettuare (cosa effettivamente memorizzare di tutti i dati presenti nel nostro Asterisk); per non commettere errori, andando su **Templates**, cliccate su *Full Backup* e trascinatelo su **Backup Items**; in questo modo farete un backup completo (FIG. 6-25);

» nella sezione **Storage Locations** selezionate *Local Storage* (presente in **Available Servers**) e trascinatelo su **Storage Servers** per definire la destinazione del salvataggio (FIG. 6-26);

» nella sezione **Backup Schedule** si deve programmare temporalmente l'inizio del backup, quindi cliccate su *Custom* e scegliete la schedulazione voluta.

Attenzione: il sistema memorizzerà giornalmente il backup schedulato nella cartella /var/spool/asterisk/backup/giornaliero.

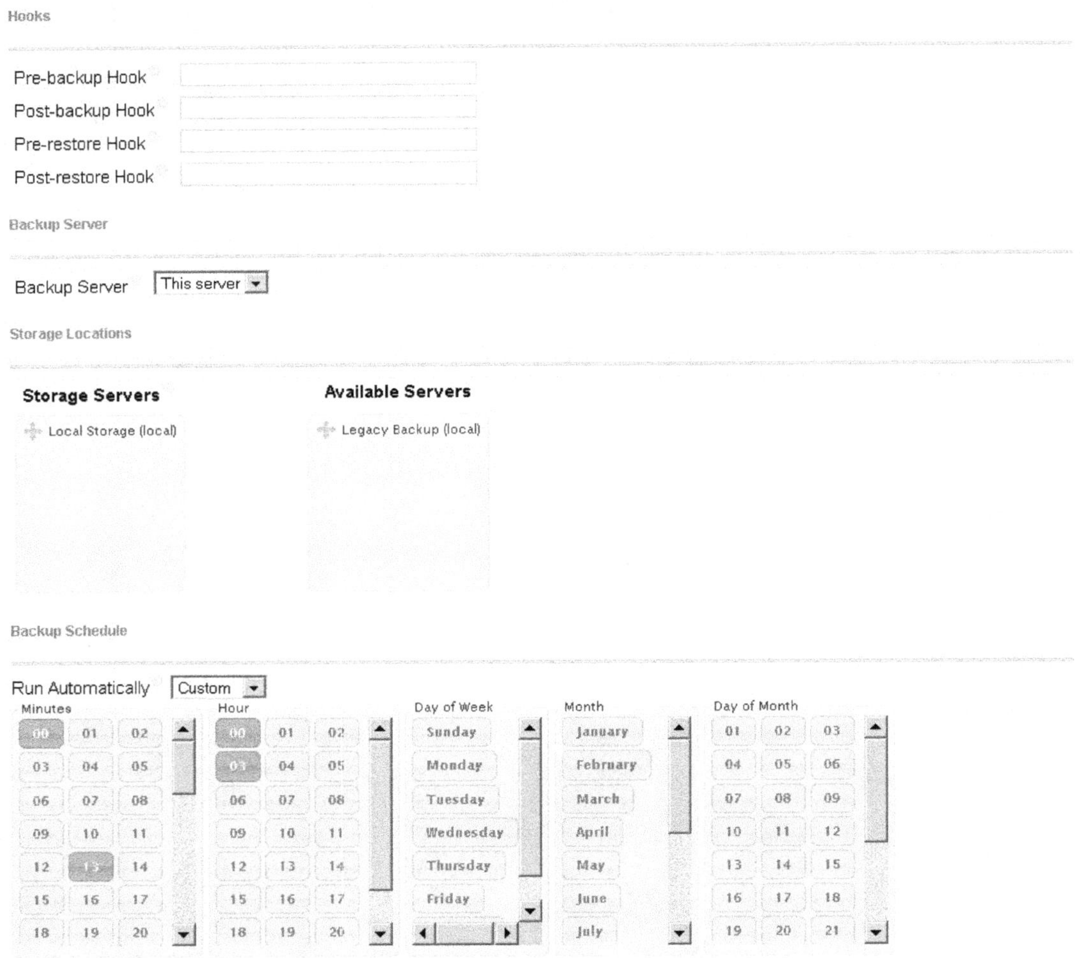

Hooks

Pre-backup Hook	
Post-backup Hook	
Pre-restore Hook	
Post-restore Hook	

Backup Server

Backup Server   [This server ▾]

Storage Locations

Storage Servers   **Available Servers**

✥ Local Storage (local)   ✥ Legacy Backup (local)

Backup Schedule

Run Automatically [Custom ▾]

Minutes				Hour				Day of Week		Month		Day of Month			
00	01	02		00	01	02		Sunday		January		01	02	03	
03	04	05		03	04	05		Monday		February		04	05	06	
06	07	08		06	07	08		Tuesday		March		07	08	09	
09	10	11		09	10	11		Wednesday		April		10	11	12	
12	13	14		12	13	14		Thursday		May		13	14	15	
15	16	17		15	16	17		Friday		June		16	17	18	
18	19	20		18	19	20		July				19	20	21	

FIG. 6-26: Backup & ripristino - Storage Locations

Maintenance

Delete after	0	[Minutes ▾]
Delete after	6	runs

[Save][and Run][Delete]

FIG. 6-27: Backup & ripristino - save and run

A questo punto non vi resta che effettuare il primo backup: cliccando prima su *Save* (per memorizzare la schedulazione) e successivamente su *and Run*,vi apparirà la schermata di FIG. 6-28.

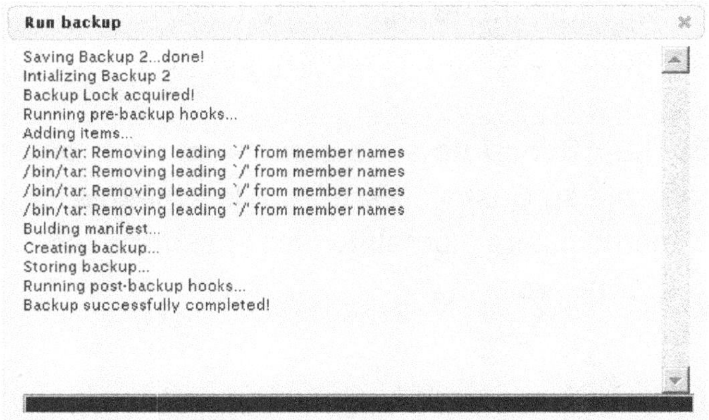

Run backup   ✕

Saving Backup 2...done!
Intializing Backup 2
Backup Lock acquired!
Running pre-backup hooks...
Adding items...
/bin/tar: Removing leading `/' from member names
/bin/tar: Removing leading `/' from member names
/bin/tar: Removing leading `/' from member names
/bin/tar: Removing leading `/' from member names
Bulding manifest...
Creating backup...
Storing backup...
Running post-backup hooks...
Backup successfully completed!

FIG. 6-28: Run backup

La finestra in questione è utile per analizzare in tempo reale i passi effettuati dal sistema durante la creazione di un Full Backup. Qualora voleste verificare con i vostri occhi la creazione dei backup (e chiaramente la regolare cancellazione di quelli più vecchi di 6 giorni come vedremo successivamente), non dovreste far altro che accedere direttamente alla cartella in cui sono memorizzati, utilizzando *Winscp*.

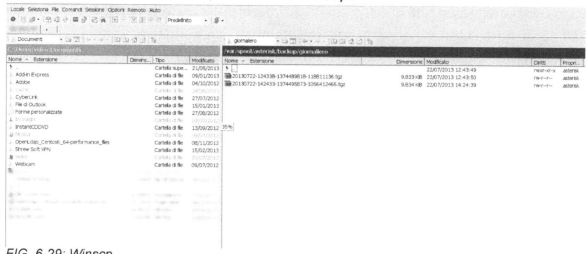

FIG. 6-29: Winscp

Per quanto riguarda, invece, il backup di Hylafax/Avantfax, devo precisare che la sua programmazione è tutt'altro che facile, soprattutto perché non può essere schedulato attraverso l'uso di una comoda interfaccia grafica (così come è avvenuto nell'esempio precedente): è necessario l'utilizzo di un'interfaccia testuale oppure è possibile eseguire gli script disponibili sempre all'interno della cartella **/script** della VM di Asterisk. Ribadendo che la procedura di utilizzo di una "sequenza di istruzioni" è sempre identica a quella vista precedentemente, gli script in questione sono i seguenti:

Backup.sh	Backuprotation.sh
#!/bin/bash clear echo "~~~~~~" echo "WARNING WARNING WARNING WARNING WARNING WARNING WARNING WARNING WARNING WARNING" echo "~~~~~~" echo " Asterisk & Avantfax Backup " echo " " read -p "Premi un tasto per continuare o ctrl-C per uscire" clear mkdir /script mkdir /backup/asterisk mkdir /backup/hylafax mkdir /backup/avantfax mkdir /backup/avantfax/tmp cp backuprotation.sh /script crontab -l > crontabexport echo "30 16 * * * /script/./backuprotation.sh" >> crontabexport crontab crontabexport chmod +x /script/backuprotation.sh	#!/bin/bash clear echo "~~~~~~" echo "WARNING WARNING WARNING WARNING WARNING WARNING WARNING WARNING WARNING WARNING" echo "~~~~~~" clear rsync -avz --delete /var/lib/asterisk/backups/ /backup/asterisk service hylafax stop tar -cvzf /backup/hylafax/hylafax`date +%F`".tar.gz /var/spool/hylafax/ service hylafax start cd /var/www/html/fax mysqldump -uroot -pbeable2013 avantfax > /backup/avantfax/tmp/dbavantfax`date +%Y%m%d`.sql cp -ru includes/local_config.php faxes/ /backup/avantfax/tmp tar -cvzf /backup/avantfax/avantfax"`date +%F`".tar.gz /backup/avantfax/tmp rm -rf /backup/avantfax/tmp/* find /backup/hylafax -mtime +6 -exec rm {} \; find /backup/avantfax -mtime +6 -exec rm {} \; find /var/spool/asterisk/backup/giornaliero -mtime +6 -exec rm {} \; find /backup/asterisk/giornaliero -mtime +6 -exec rm {} \;

Come avete avuto modo di constatare, *Backup.sh* consente di effettuare automaticamente la creazione delle cartelle e di realizzare:
- gli script che verranno eseguiti tramite schedulazione (**/script**);
- la memorizzazione dei backup effettuati da FreePBX direttamente sul NAS(**/backup/asterisk**);
- i backup giornalieri di Hylafax (**/backup/hylafax**);

- i backup giornalieri di Avantfax (**/backup/avantfax**);
- Attenzione: *Backup.sh* va eseguito direttamente all'interno della cartella in cui si trova (**/script**).

Gli script di cui ho parlato sono semplicissimi e altamente ottimizzabili. Se desiderate migliorarli, potrete avanzare le vostre proposte nel pieno spirito della politica Open Source. È chiaro che essi (come tutti quelli presenti all'interni della cartella **/script**) sono stati progettati per aiutare l'utente inesperto nell'implementazione delle operazioni più complesse (relative alle VM regalatevi con l'acquisto di questo manuale).

Disaster Recovery

Il mantenimento dell'operatività dei server, secondo una logica di business continuity, risulta così vitale in qualsiasi contesto lavorativo che anche nella Pubblica Amministrazione (PA) il backup dei dati ha assunto un valore basilare: il Codice dell'Amministrazione Digitale (D.Lgs 235/2010) fa riferimento alla continuità operativa e al disaster recovery, evidenziando i concetti di razionalizzazione e di ottimizzazione delle risorse. Alla luce di tutto ciò, pertanto, non deve stupire il fatto che questa sezione del sesto capitolo parta dalla peggiore delle ipotesi: la perdita dell'intero server per i più svariati motivi (rottura hardware, furto, incendio, ecc). Se si dovesse verificare tale funesto evento, i passi per poter effettuare il recupero del server sarebbero i seguenti:

- procurarsi un nuovo server (ciò vuol dire acquistare un nuovo "ferro" oppure riparare quello già in possesso);
- installare nuovamente *VMware Esxi* (si prenda in considerazione il primo capitolo);
- importare le VM dai file .ovf.
- "montare" il NAS QNAP come unità esterna di backup all'interno dei rispettivi server virtuali;
- recuperare i dati memorizzati all'interno del NAS QNAP e trasferirli in una cartella temporanea da utilizzare per il restore.

Grazie a questa procedura sarete nuovamente operativi in pochissimo tempo, perdendo al massimo quei dati prodotti e non salvati dopo l'ultimo backup. Ribadisco a tutti voi, quindi, che l'analisi del backup è un'operazione molto complessa ed è bene "perderci del tempo", affinché possano esser persi il minor numero di dati.

Disaster Recovery – Zimbra

Il recupero dei dati da un backup programmato con la suite ZeXtras è semplice da gestire, in quanto necessita di pochi comandi, tutti gestibili attraverso la comoda interfaccia web. In primis vi consiglio di accertarvi sempre del backup giornaliero, accedendo alla sezione **ZxNotifications** e cercando il messaggio di notifica relativo alla corretta esecuzione dello SmartScan (oppure del FullScan); si può migliorare quest'ultima analisi giornaliera tramite delle notifiche, inviatevi via email direttamente dal pannello principale di ZeXtras. In secondo luogo partirò dal recupero di un singolo account di Zimbra, qualora i dati siano stati cancellati erroneamente dall'utente: controllate la correttezza del *Backup Path* ed accedete alla sezione **Statistics**, dove troverete tutte le informazioni necessarie per conoscere lo stato dell'ultimo backup effettuato.

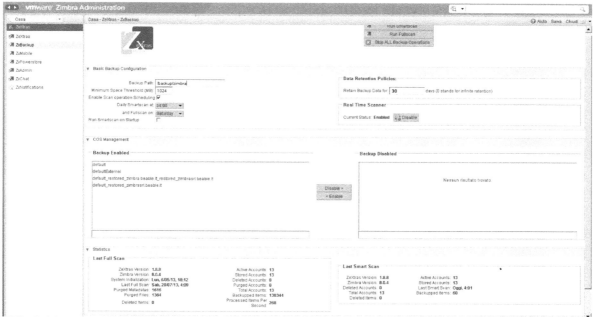

FIG. 6-30: ZeXtras - ZxBackup

Attraverso l'analisi dell'immagine 6-30 è possibile ricavare numerose informazioni come, ad esempio, la versione di Zextras installata sul server oggetto di backup (versione 1.8.8 su di una versione di Zimbra 8.0.4), il numero di account presenti e la data dell'ultimo SmartScan e/o dell'ultimo FullScan. Premesso ciò, procedete subito al restore dell'account interessato:

» accedete alla scheda **Restore**;

FIG. 6-31: accesso alla scheda Restore

» scegliete la data del restore da utilizzare, affinché sia possibile ripristinare l'ultimo backup effettuato;

FIG. 6-32: selezione della data

197

» cliccando su *Avanti*, avrete la possibilità di scegliere l'account da ripristinare (*Select Account*);

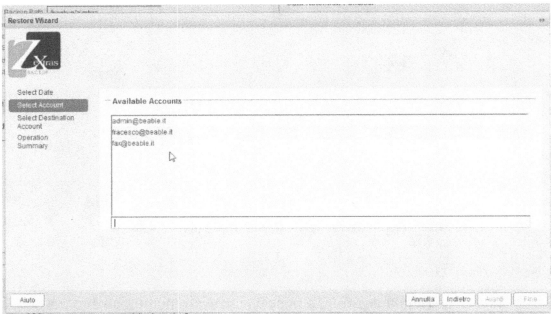

FIG. 6-33: selezione di un account

» successivamente dovrete scegliere il nome dell'account da ripristinare (*Selected Destination Account*), affinché non venga sovrascritto a quello già esistente nel sistema; se prestate attenzione all'esempio illustrato nell'immagine 6-34, noterete che è stato scelto l'account *Francesco*; dopo il ripristino, all'interno del sistema, avrete un ulteriore utente chiamato *restored_francesco*; questa tecnica è utile nel caso in cui un utente abbia perso parzialmente alcuni dati: se condividerete con lui l'utenza recuperata (*restored_francesco*), potrà provvedere da solo a recuperare i file persi.

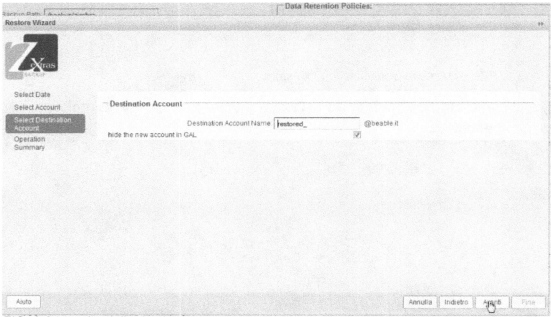

FIG. 6-34: scelta della destinazione

» cliccate su *Avanti* per accedere ad un'altra schermata, che vi mostrerà alcune informazioni basilari sulla procedura di recupero che state avviando e in cui potrete anche inserire un indirizzo email (per ricevere le notifiche di avvenuto ripristino);

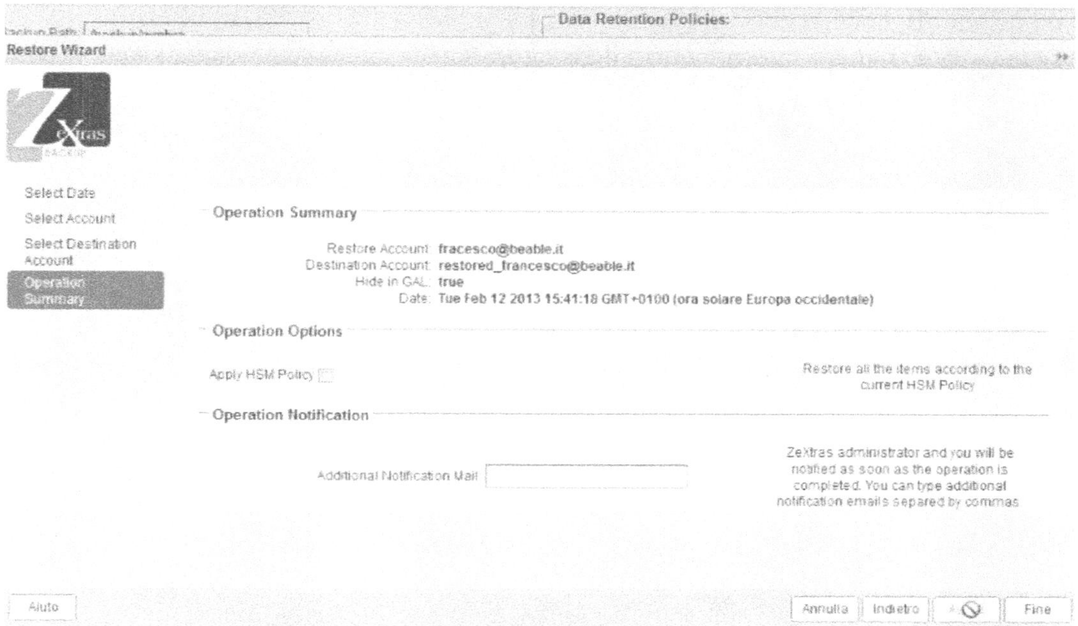

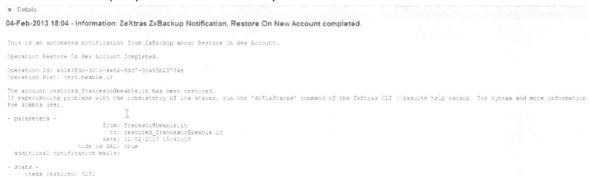

FIG. 6-35: schermata riassuntiva sulle attività di recupero

» tramite il comando *Fine* (FIG. 6-35) darete il via alla procedura, che verrà messa in coda;

» accedete alla sezione **ZxNotifications**, in cui è presente una notifica relativa all'operazione di ripristino che avete avviato;

04-Feb-2013 18:03 Information   ZeXtras ZxBackup Notification, Restore On New Account started.

FIG. 6-36: avviso in ZxNotifications

» quando l'operazione di recupero dei dati sarà terminata, sempre nella medesima sezione sarà presente il seguente avviso.

04-Feb-2013 18:04 Information   ZeXtras ZxBackup Notification, Restore On New Account completed.

FIG. 6-37: notifica sull'avvenuto recupero

Con un clic sul messaggio di notifica potrete visualizzare la sezione **Details**, ottenendo così informazioni più precise sull'intera operazione da voi effettuata.

▾ Details

04-Feb-2013 18:04 - Information: ZeXtras ZxBackup Notification, Restore On New Account completed.

This is an automated notification from ZxBackup about Restore On New Account.

Operation Restore On New Account Completed.

Operation Id: ad163fdc-3c0c-4a62-8dd7-0c465b25754e
Operation Host: test.beable.it

The account restored_francesco@beable.it has been restored.
If experiencing problems with the consistency of its shares, run the 'doFixShares' command of the ZeXtras CLI ('zxsuite help backup' for syntax and more information the zimbra user.

- parameters -
                    from: fracesco@beable.it
                    to: restored_francesco@beable.it
                    date: 12/02/2013 15:41:18
                    hide in GAL: true
additional notification mails:

- stats -
    items restored: 3231

FIG. 6-38: informazioni sul recupero effettuato

Come avete potuto constatare con i vostri occhi, il recupero di un account di Zimbra risulta essere alquanto semplice, ma non dovete dimenticare che ciò è possibile solo grazie al duro lavoro dei "ragazzi" di ZeXtras. Ovviamente, non voglio perdermi in complimenti, bensì ritengo opportuno continuare nell'analisi di altri possibili scenari. Immaginate, pertanto, di avere un server Zimbra installato da poco e completamente scevro di dati e configurazioni: l'interfaccia web di Zextras dovrebbe apparire nel seguente modo (osservate l'immagine 6-39 ed in particolar modo il *Backup Path*).

FIG. 6-39: ZxBackup (osservate il Backup Path)

Non è necessario modificare il *Backup Path,* ma dovete solo cliccare su *Import Backup* per accedere alla seguente schermata (FIG. 6-40).

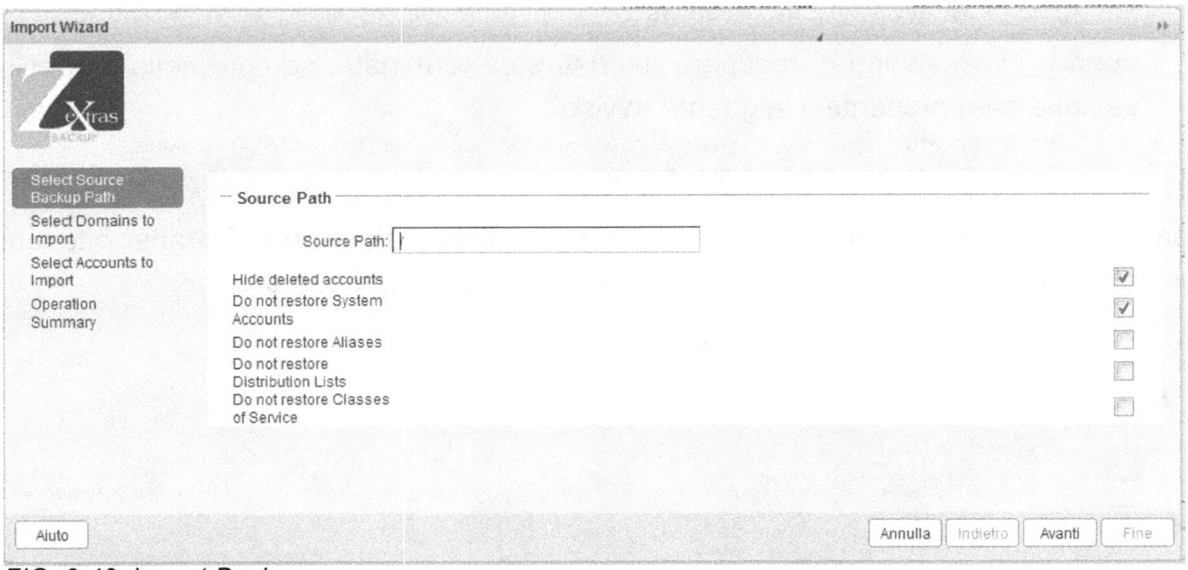

FIG. 6-40: Import Backup

Nel campo **Source Path** inserite il percorso del backup, che nel nostro caso è presente sul NAS di Qnap (ammesso e non concesso che sia stato "montato" prima di tale fase) e corrisponde a **/backup/zimbra**. É anche necessario assicurarsi che la directory **/opt/zimbra/backup/zextras** (presente nel Backup Path) esista realmente e siano abilitati i diritti di lettura e di scrittura per l'utente Zimbra. Successivamente cliccate sul comando *Avanti* e continuate nella procedura guidata.

Prestate molta attenzione alle mie indicazioni (FIG. 6-41): scegliete il dominio da importare (nell'esempio illustrato ne è presente soltanto uno, ma potrebbero essercene di più) e cliccate su *Avanti*, affinché possiate selezionare con precisione anche un solo account (senza dubbio non siete obbligati a recuperarli tutti).

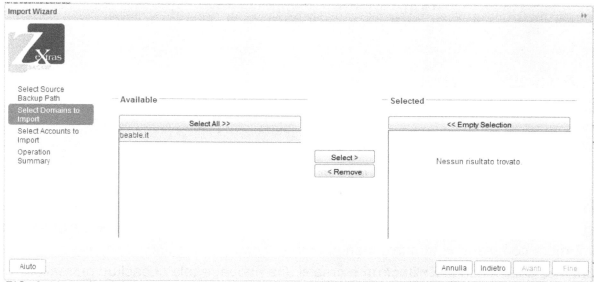

FIG. 6-41: scelta del dominio da importare

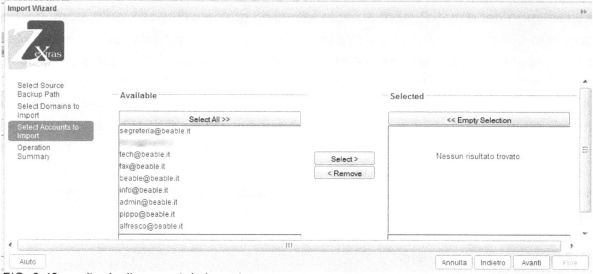

FIG. 6-42: scelta degli account da importare

Dopo aver effettuato la vostra scelta, comparirà l'ultima schermata riassuntiva contenente il percorso del backup, i domini selezionati e il numero di account da ripristinare (FIG. 6-43).

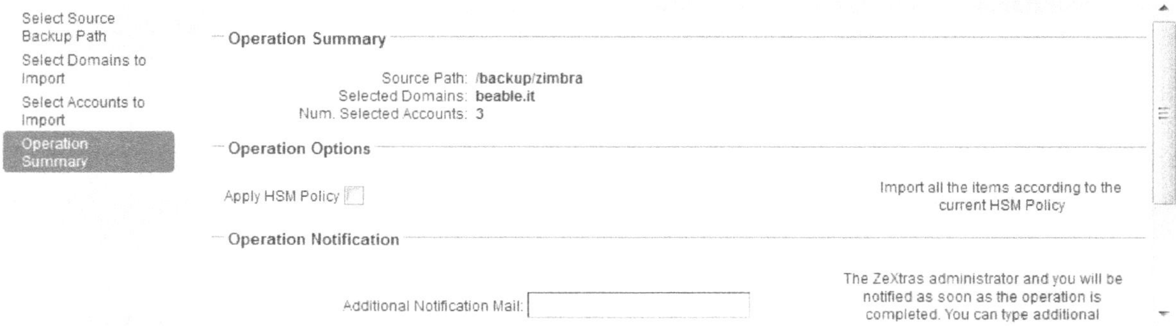

FIG. 6-43: schermata riassuntiva sulle attività di recupero

Anche in questo caso potete inserire un indirizzo email per ricevere la notifica di "fine recupero". Cliccate su *Avanti* per visualizzare il messaggio di "accodamento dell'operazione" e verificare la presenza di inizio attività di recupero nella sezione **Notifiche**.

```
▼ Details

Oggi, 17:46 - Information: ZeXtras ZxBackup Notification, External Restore started.

This is an automated notification from ZxBackup about External Restore.

Operation External Restore Started.

Operation Id: 1f499ff0-bd04-4bb6-8032-696eab95b320
Operation Host: zimbra8.beable.it
Operation Log path: /opt/zimbra/log/zextras_ZxBackup_ExternalRestore_1f499ff0-bd04-4bb6-8032-696eab95b320.log

Operation requested by: admin@beable.it

ZeXtras Version: 1.8.3
ZeXtras commit: a04ba051f941d2de07650878c6940937f17f99f9
Zimbra version: 8.0.2_GA_5569 20121210115059 20121210-1154 FOSS
```

FIG. 6-44: informazioni sul restore in corso

Alla fine dell'intera operazione di ripristino dati e dopo esser stati avvisati tramite messaggio (prendete sempre in considerazione la sezione **Notifiche**), avrete il vostro server Zimbra completamente funzionante; potrete ripristinare, quindi, il percorso di backup all'interno della sezione **ZxBackup** e creare una nuova regola di backup giornaliero.

Disaster Recovery – Asterisk/FreePBX & Hylafax/Avantfax

Se il recupero dei dati di Zimbra è molto semplice grazie all'utilizzo della comoda interfaccia web di Zextras, non si può dire la stessa cosa del "ripristino" attuabile tramite gli script, creati ad hoc per tale esigenza. Vi consiglio, tuttavia, di non cadere nel panico: armatevi di pazienza, aggiungete una buona dose di attenzione e continuate nella lettura di questo paragrafo. La prima cosa che dovete fare è quella di accedere al vostro server Asterisk, sfruttando il software *Putty*, come alternativa all'uso di SSH2 (Webmin); è anche necessario assicurarsi di aver "montato" il NAS QNAP: per far questo, potete utilizzare lo script di mounting (di cui ho parlato in questo stesso capitolo, prima della spiegazione sul backup di Asterisk). In secondo luogo dovete compiere determinati passi al fine di preparare il recovery:

» è fondamentale creare delle cartelle temporanee, dove salvare momentaneamente i seguenti file compressi
   - *mkdir /recovery*
   - *mkdir /recovery/hylafax*
   - *mkdir /recovery/avantfax*
» accertatevi di avere un backup disponibile[9] che cronologicamente sia il più vicino possibile alla data del fault
   - cd /backup (che in realtà corrisponde al montaggio del QNAP)
   - cd asterisk/giornaliero
   - ls -all

Se avete seguito correttamente le mie indicazioni, visualizzerete una schermata (FIG. 6-45), che vi mostrerà i dati suddivisi in colonne, ognuna delle quali conterrà delle ben

---

9   In realtà questo passo deve essere compiuto non solo durante lo svolgimento di un recovery ma anche durante la normale attività lavorativa, affinché ci siano sempre dei file disponibili per il recupero dei dati. Esistono anche strategie di monitoraggio automatizzate, ma non è questo il momento giusto per parlarne.

```
[root@test giornaliero]# ls -all
totale 93008
drwxr-xr-x 2 asterisk asterisk    4096 12 feb 14:56 .
drwxrwxr-x 3 asterisk asterisk    4096  5 feb 17:40 ..
-rw-r--r-- 1 asterisk asterisk 19043165  7 feb 17:40 20130207.17.40.02.tar.gz
-rw-r--r-- 1 asterisk asterisk 19044746  8 feb 17:40 20130208.17.40.02.tar.gz
-rw-r--r-- 1 asterisk asterisk 19044450  9 feb 17:40 20130209.17.40.01.tar.gz
-rw-r--r-- 1 asterisk asterisk 19044784 10 feb 17:40 20130210.17.40.01.tar.gz
-rw-r--r-- 1 asterisk asterisk 19044713 11 feb 17:40 20130211.17.40.01.tar.gz
```

FIG. 6-45: lista dei backup di Asterisk utilizzabili

precise tipologie di informazioni:

- permessi del singolo file o della cartella;
- il numero dei link di file system collegati al file o alla directory;
- il nome del proprietario del file (nel nostro caso Asterisk);
- il nome del "gruppo proprietario" (nel nostro caso Asterisk);
- la dimensione (in byte) del file o della cartella[10];
- la data di modifica (altro dato importante, perché ci consente di conoscere l'ultimo backup utilizzabile);
- il nome dell'archivio (che contiene informazioni utili per conoscere data ed ora di creazione dello stesso).

Trasferite dalla cartella di backup a quella di recovery il file di Asterisk da utilizzare per il ripristino dei dati[11]. Trasportate nella cartella destinata al recovery di Avantfax (**/recovery/ avantfax**) un file di backup contenuto in **/backup/avantfax**[12].

```
-rw-r--r-- 1 root root 37127054  7 feb 17:45 avantfax2013-02-07.tar.gz
-rw-r--r-- 1 root root 37127756  8 feb 17:45 avantfax2013-02-08.tar.gz
-rw-r--r-- 1 root root 37128704  9 feb 17:45 avantfax2013-02-09.tar.gz
-rw-r--r-- 1 root root 37128058 10 feb 17:45 avantfax2013-02-10.tar.gz
-rw-r--r-- 1 root root 37129893 11 feb 17:45 avantfax2013-02-11.tar.gz
-rw-r--r-- 1 root root 37128634 12 feb 12:16 avantfax2013-02-12.tar.gz
```

FIG. 6-46: lista dei backup di Avantfax utilizzabili

Spostate nella cartella scelta per il recovery di Hylafax (**/recovery/hylafax**) un file di backup contenuto in **/backup/hylafax**[13].

```
-rw-r--r-- 1 root root 7141588  7 feb 17:45 hylafax2013-02-07.tar.gz
-rw-r--r-- 1 root root 7141589  8 feb 17:45 hylafax2013-02-08.tar.gz
-rw-r--r-- 1 root root 7141589  9 feb 17:45 hylafax2013-02-09.tar.gz
-rw-r--r-- 1 root root 7141588 10 feb 17:45 hylafax2013-02-10.tar.gz
-rw-r--r-- 1 root root 7141589 11 feb 17:45 hylafax2013-02-11.tar.gz
-rw-r--r-- 1 root root 7141578 12 feb 12:16 hylafax2013-02-12.tar.gz
```

FIG. 6-47: lista dei backup di hylafax utilizzabili

La cartella di recupero creata all'inizio di questo paragrafo (**/recovery**) conterrà i seguenti dati.

```
[root@test hylafax]# cd /recovery/
[root@test recovery]# ls -all
totale 18616
drwxr-xr-x  4 root root     4096  4 feb 18:06 .
dr-xr-xr-x. 27 root root    4096  4 feb 18:05 ..
-rw-r--r--  1 root root 19044713  4 feb 18:06 20130211.17.40.01.tar.gz
drwxr-xr-x  2 root root     4096  4 feb 18:06 avantfax
drwxr-xr-x  2 root root     4096  4 feb 18:06 hylafax
```

FIG. 6-48: contenuto della cartella /recovery

In **/recovery** sarà presente il file di backup di Asterisk FreePBX, in **/recovery/avantfax**

---

10   Tale informazione è molto utile per l'analisi che dovrete fare periodicamente, al fine di garantire sempre la presenza di un backup utilizzabile.

11   Ad esempio *cp 20130211.17.40.01.tar.gz /recovery* (archivio creato l'11 Febbraio 2013 alle 17:40.01).

12   Ad esempio *cp avantfax2013-02-12.tar.gz /recovery/avantfax* (archivio creato il 12 Febbraio del 2013).

13   Ad esempio *cp hylafax2013-02-12.tar.gz /recovery/hylafax* (archivio creato il 12 Febbraio del 2013).

quello di Avantfax, mentre in **/recovery/hylafax** troverete il file di backup di Hylafax.

A questo punto tutto è pronto per iniziare la fase di recupero dei dati, affinché sia nuovamente disponibile il vostro server Asterisk FreePBX e Hylafax/Avantfax; l'unica cosa che vi resta da fare è quella di ricorrere ad un piccolo aiuto fornitovi da uno script Bash[14]: esso è stato chiamato banalmente *recovery.sh* ed è costituito da semplici comandi in grado di decomprimere gli archivi salvati nella directory **/recovery** (comprese anche le sue sottocartelle) e di sincronizzarli con quelli di default, contenuti all'interno dell'installazione standard di Asterisk, Avantfax e Hylafax.

Recovery.sh:

```
#!/bin/bash
clear
echo "~~~~~~~~~~~~~~~~~~~~~~~~~~~~~~~~~~~~~~~~~~~~~~~~~~~~~~~~~~~~~~~~~~~~~~~~~~~~~~~~~~~~~~~"
echo "WARNING WARNING WARNING WARNING WARNING WARNING WARNING WARNING WARNING WARNING"
echo "~~~~~~~~~~~~~~~~~~~~~~~~~~~~~~~~~~~~~~~~~~~~~~~~~~~~~~~~~~~~~~~~~~~~~~~~~~~~~~~~~~~~~~~"
echo "       Asterisk & Avantfax Recovery    "
echo "                                             "
read -p "Premi un tasto per continuare o ctrl-C per uscire"
clear
cp /recovery/*.tar.gz /var/lib/asterisk/backups/
service hylafax stop
tar xvzf /recovery/hylafax/hylafax*.tar.gz -C /var/spool/hylafax/
service hylafax start
tar xvzf /recovery/avantfax/avantfax*.tar.gz -C /recovery/avantfax/
service httpd stop
mysql -uroot -pbeable2013 -h localhost avantfax </recovery/avantfax/backup/avantfax/tmp/dbavantfax*.sql
mv /var/www/html/fax/includes/local_config.php /var/www/html/fax/includes/local_config2.php
rsync -avz /recovery/avantfax/backup/avantfax/tmp/local_config.php /var/www/html/fax/includes/
rsync -avz /recovery/avantfax/backup/avantfax/tmp/faxes /var/www/html/fax/
service httpd start
```

Nel momento in cui eseguirete lo script, verranno visualizzate tutte le informazioni relative allo stato di decompressione dei file e della loro successiva sincronizzazione.

Vi ricordo che il sopraccitato script serve a ripristinare Hylafax ed Avantfax completamente, senza che sia necessario un ulteriore intervento. Per quanto riguarda Asterisk, invece, sarà fondamentale un ultimo passaggio:

» accedete all'interfaccia web di FreePBX e recatevi in **Amministrazione-> Backup & Ripristino**;

» cliccate su *Restore* e decidete da dove (da quale directory) FreePBX dovrà recuperare il file contenente il backup; se avete correttamente eseguito la procedura di recovery tramite gli script precedenti, selezionando *Legacy Storage (local)* vi verranno mostrati i backup utilizzabili (FIG. 6-49); in caso contrario (qualora la procedura sopraccitata non sia stata portata a termine correttamente), non vedrete alcun

FIG. 6-49: selezione di un file di backup

---

14   Lo script in questione, come al solito, è presente all'interno della cartella /script.

"salvataggio" utilizzabile, ma potrete importare ugualmente il backup utilizzando la finestra di upload da PC (così come si evince dall'immagine 6-50);

FIG. 6-50: finestra di upload da PC

» selezionate l'archivio disponibile per il recovery (nel mio esempio è stato scelto quello dell'22 Luglio 2013) e cliccate su *Go*;
» nella schermata successiva è necessario trascinare *Full Backup*, presente in **Templates**, direttamente nella finestra di sinistra (**Select files and databases to restore**), ottenendo così la seguente schermata (FIG. 6-51):

FIG. 6-51: riassunto dei dati da recuperare

» utilizzate il comando *Restore* soltanto se siete certi di voler effettuare il "ripristino", poiché tale operazione va a sostituire i dati presenti nel server Asterisk con quelli presenti all'interno del backup;
» nella successiva schermata cliccate su *Apply Config Changes* per applicare definitivamente le modifiche al sistema;

FIG. 6-52: Apply Configuration Changes

» l'ultimo passo da compiere è controllare che i dati (estensioni, fasci, rotte ecc.) siano presenti all'interno di Asterisk e fare alcuni test per verificare che il server sia stato completamente ripristinato.

Spero vivamente che le mie indicazioni finora siano state chiare ed esaustive, poiché è fondamentale che voi riusciate ad elaborare delle strategie di backup funzionali e proficue. So bene che le procedure di salvataggio e di recupero dei dati aziendali sono alquanto complesse da "progettare" e gestire, ma la storia mi ha insegnato che un numero elevato di aziende sono state costrette a chiudere in seguito a grosse perdite di dati. Questa mia considerazione vi deve spingere a ricercare costantemente soluzioni di backup sempre più efficaci e a verificare che quest'ultimi siano effettivamente utilizzabili per il ripristino. Detto ciò, vorrei concludere questa sezione con un avvertimento: tutte le procedure viste in questo capitolo, sia per Zimbra sia per Asterisk/Hylafax, si basano fondamentalmente sulla copia e sul ripristino dei soli dati e dei metadati necessari per rendere operativa una macchina virtuale, completamente "vuota" e non inizializzata per l'azienda. Purtroppo sussistono degli aspetti negativi:

- è necessario preservare la macchina virtuale di partenza, affinché possa essere riutilizzata come base per un ripristino dati successivo;
- è difficile certificare un corretto salvataggio dei dati, a meno che non vogliate effettuare dei test, creando una nuova macchina virtuale all'interno dello stesso Hypervisor (identica a quella principale ma con indirizzo IP differente) e ripristinando su di essa uno dei backup;
- ogni modifica effettuata alla macchina virtuale non riguardante le cartelle sottoposte a backup potrebbe esser persa;
- l'aggiornamento dell'intero sistema potrebbe inficiare il funzionamento degli script di backup e mettere a serio rischio il ripristino dei dati.

Fortunatamente questi problemi possono essere completamente risolti, avvalendovi di altre tecniche di backup progettate appositamente per l'infrastruttura informatica utilizzata finora, che risultano essere molto più efficaci e più semplici da gestire. Partendo dalla premessa che le macchina virtuali (VM) sono costituite da file, se riusciste a copiarne l'intero contenuto periodicamente, non avreste la necessità di creare ulteriori procedure di backup e di ripristino interne alla macchina stessa.

Backup & Restore delle macchine virtuali in Esxi con VM Explorer

Essendo VMware Esxi un prodotto gratuito, la sua licenza standard non comprende il modulo VCB di backup per le macchine virtuali (incluso invece nelle versioni a pagamento), il cui costo è tutt'altro che basso e va contro gli obiettivi di questo manuale. A dispetto di tale "svantaggio" è sempre possibile effettuare un backup ed il restore della vostra macchina virtuale. Esistono diverse metodologie che richiedono l'uso di software prodotti da terzi, ma in questo paragrafo vi parlerò soltanto di VM Explorer della Trilead (esistente sia nella versione gratuita sia in quella a pagamento), un software ben progettato e realizzato che, attraverso una semplice ed esaustiva interfaccia grafica, consente all'utente di gestire il backup di una VM o addirittura una replica su di un ulteriore server Esxi. Grazie a questo programma, pertanto, è possibile eseguire facilmente backup "a caldo" ed il ripristino della macchine virtuali installate su *Esxi5.0/5.1*. Per ulteriori delucidazioni prestate attenzione al seguente elenco, che contiene le caratteristiche della versione gratuita del suddetto software (fonte *http://www.trilead.com/it/Editions/*):

- Backup & Restore per macchine virtuali;
- Backup di macchine virtuali accese;
- Direct Copy: copia di file tramite drag&drop tra server ESX/Windows/Linux/ FreeBSD;
- Client SSH;
- Browse server ESX, Hyper-V, Linux e FreeBSD;
- Backup da ESX/ESXi a VM Explorer® management station;
- Backup compressi;
- Numero massimo di server configurabili (ESX/Hyper-V/Linux/FreeBSD) pari a 2.

Detto ciò, analizzerò il funzionamento di questa prima versione per poi passare alle differenze rispetto a quella a pagamento. Il software è liberamente scaricabile dal sito del produttore al link *http://www.trilead.com/it/Download/*. Prima di effettuarne il download, ovviamente, leggete le note di licenza e specificate la vostra nazionalità.

FIG. 6-53: http://www.trilead.com (sezione download)

Una volta completato il download, è necessario avviare la procedura di installazione, che è semplicissima: dovete solo cliccare su un paio di *Next* per visualizzare la seguente finestra (FIg. 6-54).

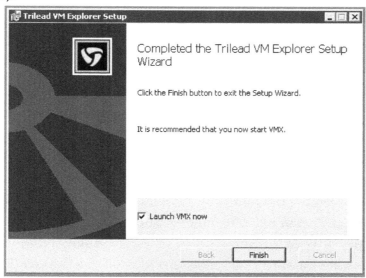

FIG. 6-54: installazione di Trilead VM Explorer

Tramite **New Server** è possibile visualizzare l'intera lista delle VM presenti sul server Esxi (collegato a VM Explorer). Adesso la vostra attenzione deve focalizzarsi unicamente su come effettuare il backup delle VM in modo veloce e sicuro. Nella versione gratuita di VM Explorer ciò avviene soltanto in modalità manuale e direttamente su di un disco "montato" su un PC sul quale è installato il suddetto software.

Per risolvere alcune delle restrizioni imposte dall'azienda produttrice alla versione gratuita del software, vi consiglio di creare una macchina virtuale all'interno del vostro Esxi, il cui compito sarà quello di effettuare i backup delle restanti VM presenti sul medesimo server. Potreste, ad esempio, riutilizzare una vecchia licenza di Windows XP, dicendo così addio all'obbligo di tenere una macchina fisica accesa durante le operazioni di backup. I "salvataggi" potrebbero essere conservati nel NAS della QNAP, ma non prima di esservi accertati che su tale dispositivo sia presente una cartella di condivisione Windows (SMB)[15] . Operando in questo modo, avrete una macchina virtuale con sistema operativo Windows XP (installato su un piccolissimo disco anch'esso virtuale, ad esempio di 8/10GB) ed un NAS "montato" su di essa, che avrà il compito di ricevere i backup delle altre macchine virtuali, affinché possa essere velocemente utilizzabile in seguito ad eventuali fault. Eccovi uno schema grafico che sintetizza quanto è stato scritto precedentemente (FIG. 6-55):

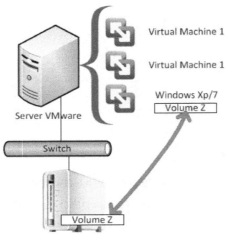

FIG. 6-55: "Mount" di una condivisione
SMB come disco di rete

Nell'immagine soprastante è ben visibile (tra le VM presenti sul server Esxi) la macchina con S.O. Windows XP (o Windows 7), il cui compito sarà quello di contenere l'installazione di VM Explorer per la gestione dei backup.

Dopo aver letto questa breve digressione, è giunto il momento di garantire un corretto accesso alla cartella Z (identificante l'unità di rete QNAP): tramite il pannello principale di VM Explorer accedete alla scheda **Start** ed inserite le credenziali di accesso relative alla condivisione direttamente nella sezione **File → Settings**.

Quando visualizzerete la finestra **Settings** (FIG. 6-60), selezionate il drive Z e cliccate su *Edit*, affinché possiate inserire le corrette credenziali di accesso (FIG. 6-61), che nel vostro caso sono identiche a quelle di accesso al QNAP (accesso amministrativo).

---

15   Si prenda in considerazione l'immagine relativa alla cartella condivisioni.

Subito dopo aver cliccato su *Finish*, verrà visualizzata la schermata che vi ricorderà che la versione utilizzata è "free". Chiaramente tale versione ha dei limiti rispetto a quella *Pro*, che potrete sempre richiedere per saggiarne tutte le potenzialità, ma per il momento è sufficiente continuare ad utilizzare quella gratuita.

FIG: 6-56: scelta della versione free del software

Ignorate, quindi, l'acquisto di una licenza per la pro edition e cliccate su *OK* per avviare il software.

FIG. 6-57: interfaccia di VM Explorer

Non desidero spiegarvi (né dettagliatamente né sinteticamente) l'interfaccia di VM Explorer, in quanto l'unica azione da intraprendere è quella relativa al collegamento di un nuovo server, che nel nostro/vostro caso è il fidato Esxi: cliccate su *Add a new Server*

(FIG. 6-57) per aprire la seguente finestra (FIG.6-58).

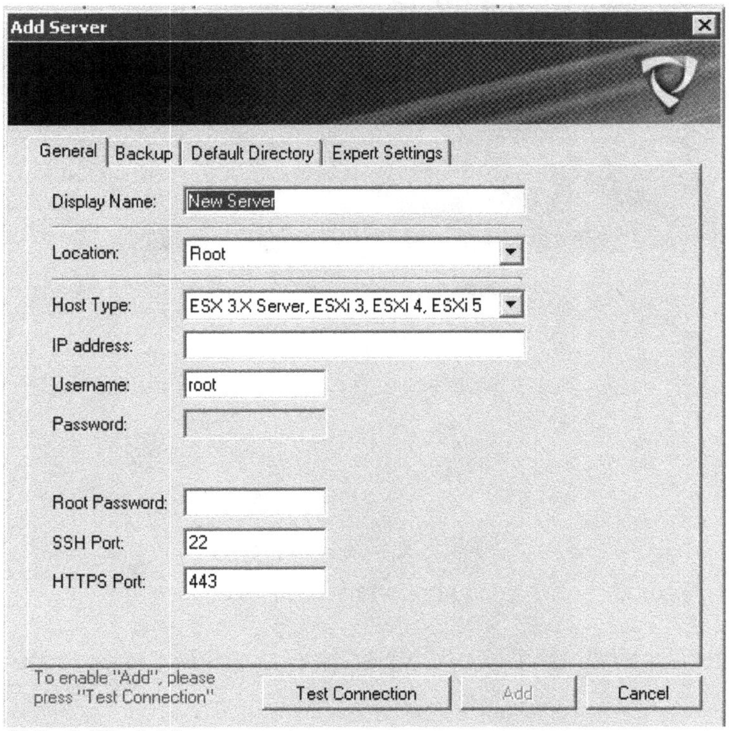

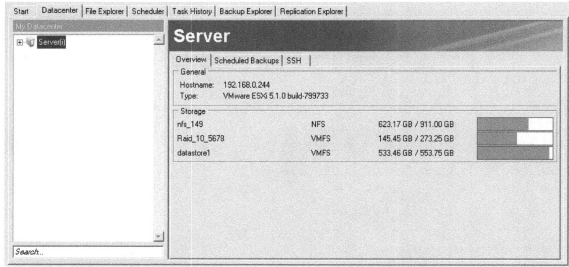

FIG. 6-58: Add server

Prestate attenzione alle mie indicazioni:

» in **Display Name** inserite un identificativo univoco del server;
» in **IP address** è necessario digitare l'indirizzo IP del vostro server Esxi (ad esempio 192.168.0.231);
» in **Root Password** va inserita la password di accesso al server (dell'utente root).

Una volta completato l'inserimento dei sopraccitati dati e dopo aver verificato la loro correttezza, selezionate *Test Connection* e cliccate su *Add* per concludere l'operazione di assegnazione.

FIG. 6-59: VM Explorer - New Server

FIG. 6-60: Settings (condivisioni di rete mappate)

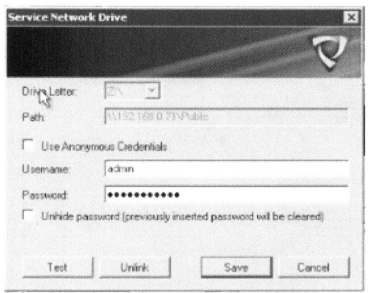

FIG. 6-61: credenziali di accesso alla condivisione

Una volta creata la vostra infrastruttura di backup, potrete procedere immediatamente alla creazione del primo backup, andando sul pannello principale di VM Explorer (**Start**) e cliccando su *Backup a Virtual Machine (FIG. 6-62)*.

Backup a Virtual Machine

Virtual Machines can be backed up to the same ESX, or to an another ESX, Linux or FreeBSD server. To directly backup a Virtual Machine in the Datacenter view, right-click the Virtual Machine node and choose "Backup...".

FIG. 6-62: Backup della VM

A questo punto verrà visualizzata una finestra in cui dovrete settare i parametri fondamentali per una corretta esecuzione del backup (FIG. 6-63):

» in **Source - Host** scegliete il nome del server dove è presente la VM di cui si necessita il backup; quest'ultima dovrà essere selezionata alla voce VM: nella medesima sezione.

» in **Target - Host** è possibile scegliere solo *Local Computer*, perché sto facendo riferimento alla versione free di VM Explorer 4;

» in **Target - Directory** selezionate l'unità in cui memorizzare i backup (*Z* corrisponde all'unità di rete precedentemente montata in SMB e condivisa sul vostro NAS QNAP);

» **in Target - Nbr. of backups to keep** dovete stabilire il numero di copie di backup da trattenere, in modo da avere eventuali scelte multiple di ripristino.

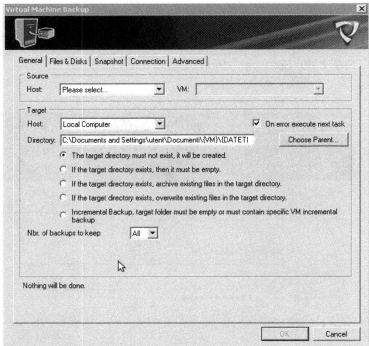

FIG. 6-63: Virtual Machine Backup (General)

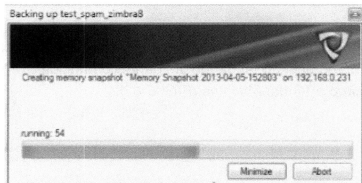

FIG. 6-64: procedura di backup in corso

A questo punto non vi resta che cliccare su *OK* ed attendere la conclusione della procedura di backup.

Una volta concluso il salvataggio dei dati, accedete a **Z:** , dove troverete un'ulteriore cartella che avrà lo stesso nome della macchina virtuale (in questo caso **test_spam_zimbra8**); in essa sarà presente una directory identificata dalla data del backup e contenente i file che serviranno per il recupero dell'intera macchina virtuale. Osservando l'immagine 6-65, si può notare la presenza dei file per il ripristino della macchina virtuale.

FIG. 6-65: cartella contenente il backup della VM

Considerando che la creazione di una copia dell'intera VM richiede un notevole arco di tempo, è consigliabile effettuare questo tipo di backup durante le ore di minimo utilizzo del server, ad esempio durante la notte.

Se avete compreso quanto spiegato precedentemente, adesso non vi resta che simulare

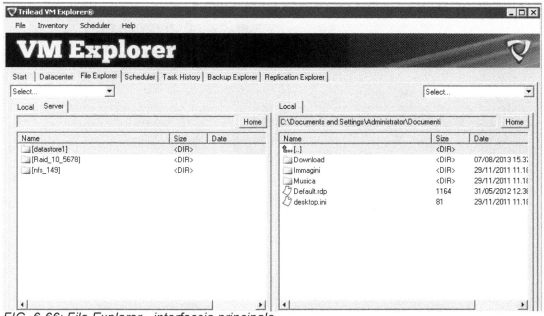

FIG. 6-66: File Explorer - interfaccia principale

un recupero della VM, analizzando e memorizzando i passi da compiere, affinché siate sempre pronti nel momento del bisogno: accedendo all'interfaccia principale e cliccando su **File Explorer**, potrete visualizzare sia i dati contenuti nel datastore (inerenti al server Esxi e selezionabili dal menu a tendina **Select**) sia quelli presenti direttamente su di una

FIG. 6-67: File Explorer - selezione di un file e Restore Backup

unità di rete, "mappata" come disco locale **Z:** (FIG. 6-66).

Posizionatevi nella cartella contenente il backup da recuperare, selezionate il file *vmxbackup.xml* ed utilizzate il tasto destro del mouse. In questo modo potrete iniziare il recovery della macchina virtuale (*Restore Backup*), così come è illustrato nell'immagine 6-67.

Il passo successivo (FIG. 6-68) consiste nello scegliere:

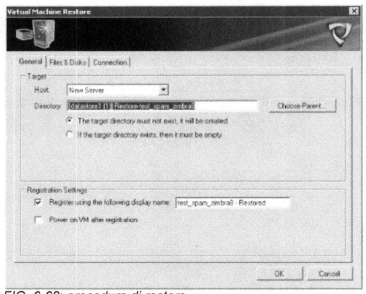

FIG. 6-68: procedura di restore

» il server Esxi su cui ripristinare la macchina virtuale salvata, selezionandolo dal menu a tendina (nel nostro caso *New Server*);

» il datastore su cui salvare la VM, selezionabile attraverso *Choose Parent*;

» il nome da dare alla VM (nel nostro caso *test_spam_zimbra8-Restore*).

Devo aprire una piccola parentesi sul nome da assegnare alla VM: per default *VM Explorer 4* propone all'utente il nome della macchina virtuale da dare in fase di recupero, inserendo alla fine di esso la parola Restored. Tale "imposizione" è dovuta all'esigenza di identificare in modo differente le due VM (quella di cui è stato effettuato il backup e quella da recuperare) e di evitare problemi dovuti ad un'eventuale omonimia.

Dopo aver precisato ciò, aver definito le precedenti scelte ed aver cliccato su *OK*, verrà visualizzato lo stato di avanzamento del processo.

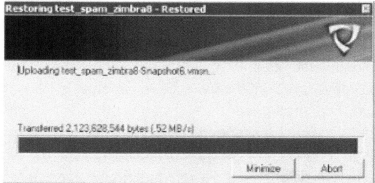

FIG. 6-69: restore in progress

Una volta conclusosi, potrete accedere al server Esxi tramite il *WMare vSphere client* ed eseguire la macchina virtuale appena recuperata.

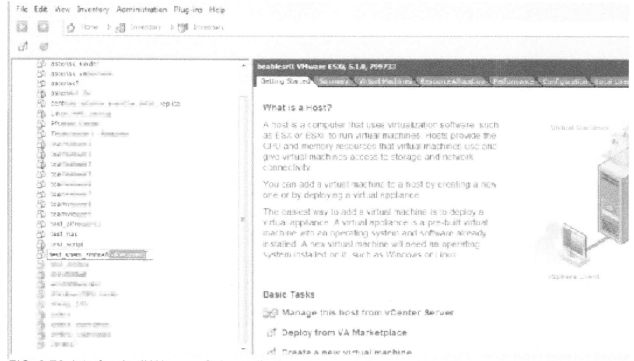

FIG. 6-70: interfaccia di Wmare vSphere client

Come si può dedurre dall'immagine 6-70, la VM è stata recuperata e rinominata utilizzando la parola finale *Restored*, termine inglese che significa appunto "recuperato". Siamo

215

giunti, pertanto, alla fine di questo capitolo e, nonostante vi abbia mostrato come VM Explorer possa aiutarci nel miglioramento della business continuity aziendale, non posso fare a meno di insistere nuovamente sulla nota dolente già citata precedentemente: la versione gratuita del software in questione consente solo e soltanto di effettuare il backup manuale di una VM in una cartella locale e ciò non si può definire un grande vantaggio. Generalmente nella creazione delle politiche di disaster recovery aziendali si tende a minimizzare l'uso di backup manuali perché molto "deboli", quindi potrebbe essere interessante l'acquisto della licenza Pro di VM Explorer. Il suo costo non è certamente basso, ma potrebbe semplificare l'intera gestione del recupero dei dati tramite la creazione di una procedura automatizzata di backup per tutte le vostre VM presenti sul server Esxi. Il vostro compito sarà soltanto quello di analizzare i log a cadenze regolari ed impostare una e-mail di notifica, qualora l'operazione di backup non sia andata a buon fine. Con la versione *Pro* potrete anche creare -ad intervalli regolari- delle copie di VM su di un server Esxi secondario, in modo da avere una copia speculare dell'intero server di produzione ed utilizzarla in caso di default totale.

Il costo eccessivo non deve, però, intimorirvi eccessivamente, poiché è necessario guardare sempre al futuro: una strategia di backup ben pianificata e gestita può far risparmiare all'azienda quel denaro che si spende solitamente in consulenza per il recupero dell'intero server. Analizzando la successiva tabella, inoltre, potrete far un confronto tra quanto detto finora e le reali differenze tra la versione *Free* e quella a *Pro* di VM Explorer.

Funzionalità	FREE	PRO
Backup & Restore per macchine virtuali	ok	ok
Backup di macchine virtuali accese	ok	ok
Direct Copy: copia di file tramite drag&drop tra server ESX/Windows/Linux/FreeBSD	ok	ok
Backup incrementali	no	ok
File Level Restore (ntfs/fat/ext)	no	ok
Replica da ESX/ESXi a ESX/ESXi	no	ok
Task Scheduler	no	ok
Client SSH	ok	ok
Browse server ESX	ok	ok
Backup da ESX/ESXi a ESX/ESXi (SAN o local storage)	no	ok
Backup da ESX/ESXi a VM Explorer® management station	ok	ok
Backup compressi	ok	ok
Configurazione protetta da password	no	ok
Notifiche via E-Mail	no	ok
Interfaccia commandline	no	ok
Avvio di vSphere client con credenziali d'accesso	no	ok
Supporto	Supporto via email incluso	Supporto via email incluso

Dopo un'attenta analisi dell'investimento sicuramente arriverete alla seguente conclusione: "ne vale la pena".

Backup delle VM a costo 0

In fase di realizzazione di questo capitolo pensavo che *VM Explorer* della Trilead avrebbe "chiuso" definitivamente il manuale che avete tra le mani, ma pochi giorni prima della sua revisione definitiva ho voluto "aggiornare" la *Guida di sopravvivenza* con un'ulteriore paragrafo, affinché possiate apprendere un ulteriore metodo per il backup delle VM a costo 0. D'altronde il mio consiglio sull'acquisto del software sopraccitato potrebbe aver lasciato l'amaro in bocca a molti lettori, quindi ho deciso di addolcire la pillola con una strategia di salvataggio dei dati pienamente valida, sebbene sia molto più complessa da implementare rispetto alle precedenti. Sto parlando di *ghettoVCB*, un potente script appartenente al mondo Open Source e nato per il backup delle macchine virtuali residenti su *ESX(i) 3.5/4.x/5.x*, completamente "compatibile" con quanto abbiamo detto finora. La sua implementazione consente di:

- creare una snapshot[16] della macchina virtuale in esecuzione;
- effettuare il backup del file principale VMDK[17];
- cancellare la snapshot.

Spiegato in modo così riduttivo, lo script in questione sembra essere facilmente gestibile, ma l'apparenza inganna: servono grande attenzione, pazienza ed un adeguato periodo di "testing" prima di inserirlo in un determinato contesto lavorativo. Qualora vogliate approfondire l'argomento, nel sito ufficiale (*http://communities.vmware.com/docs/DOC-8760*) potete reperire tutte le informazioni tecniche di ghettoVCB, sulle quali sorvolerò per giungere subito al sodo: illustrarvi una "ricetta informatica" molto utile, che effettuerà pochissime modifiche sul vostro Esxi (non ledendone la sua innata stabilità) e che rientra fra le strategie "low budget" di questo manuale.

Per realizzare un simile backup, avrete bisogno di:

- una VM contenente un sistema operativo Windows[18] (*Windows XP*, *Vista* oppure *Windows 7*); in questo modo, così come vi ho mostrato precedentemente, è possibile riutilizzare delle vecchie licenze di S.O. abbandonate e non mantenere in esecuzione una macchina fisica per tutto il tempo del backup;
- gli script ghettoVCB, scaricabili direttamente dal sito di *github.com*[19];
- il vostro NAS della QNAP, da usare per lo stoccaggio dei backup[20];
- tanta buona volontà.

Detto ciò, passate subito all'azione: il primo step consiste nel "montare" la condivisione NFS presente sul QNAP come datastore dell'Esxi; pertanto accedete ad Esxi e posizionatevi direttamente nella sezione **Configuration->Storage** (FIG. 6-71), dove sono visibili due datastore (*datastore1* per le VM di produzione e *Backup1_TB* per le VM di test).

---

16   La snapshot è una copia del disco di una VM in un ben preciso istante, quindi è utile per "tornare indietro" in presenza di errori verificatisi dopo eventuali modifiche.

17   Il file VMDK (Virtual Machine Disk) non è altro che il virtual disk della VM.

18   Ovviamente, questa strategia di backup può essere implementata anche su VM con sistema operativo Linux, seguendo passaggi simili previsti per i S.O. di Windows.

19   Github.com è un social network dedicato ai programmatori. Grazie ad esso è possibile gestire i progetti online, mantenerne una copia sul server e visionarli online.

20   Al posto del NAS è possibile usare un ulteriore disco presente nel server; soluzione che potrebbe risultare meno costosa ma sicuramente meno affidabile.

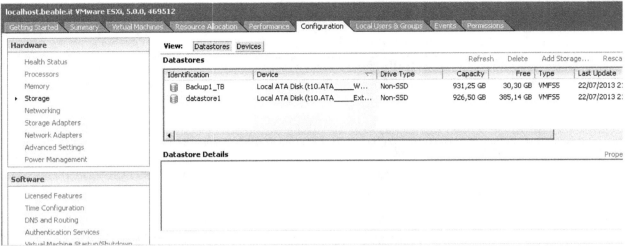

FIG. 6-71: sezione Storage

Ricordando l'indirizzo IP del QNAP comprensivo di condivisione (nella forma *IP_QNAP:/ shared*), cliccate su *Add storage* e scegliete *Network File System*.

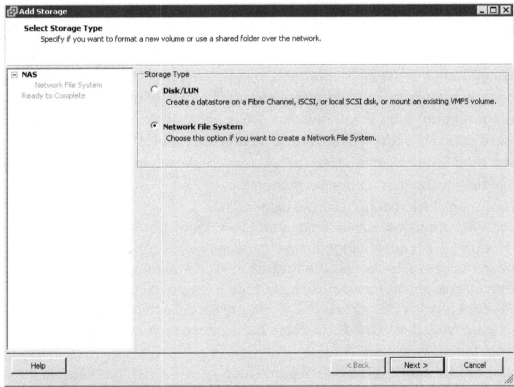

FIG. 6-72: scelta della tipologia di Storage

Inserite i dati per il "mount" della condivisione NFS seguendo le mie indicazioni (FIG. 6-73):

   » nel campo **Server** inserite l'indirizzo IP del NAS;

   » in **Folder** specificate la cartella condivisa con protocollo di accesso NFS, configurata sul QNAP;

   » in **Datastore Name** digitate un nome univoco (quindi diverso da tutti i nomi dei datastore presenti all'interno dell'ESXi).

Se non riceverete alcun messaggio di errore, l'operazione di montaggio potrà essere ritenuta conclusa con successo ed otterrete la schermata presente in FIG. 6-74

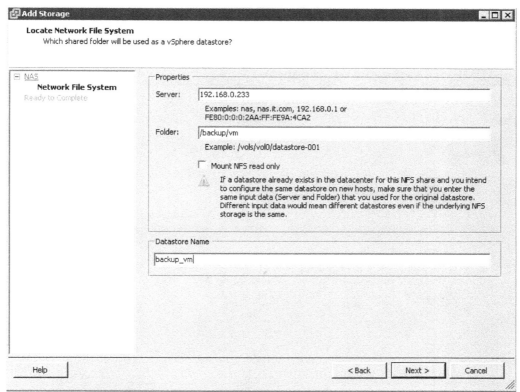

FIG. 6-73: inserimento configurazione condivisione NFS

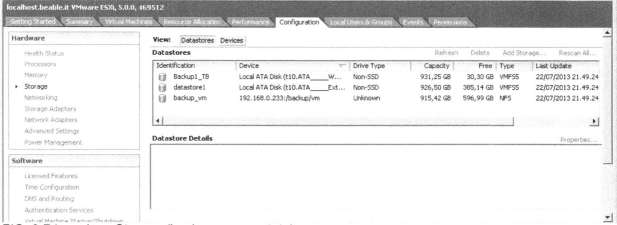

FIG. 6-74: sezione Storage (backup_vm montato)

Ora non vi resta che effettuare il download degli script *ghettoVCB* direttamente dall'indirizzo *https://github.com/lamw/ghettoVCB/downloads*. Cliccate su *Download ZIP* (FIG. 6-75), effettuate il download dell'archivio compresso direttamente sul vostro Desktop e provvedete a decomprimerlo, al fine di recuperare i seguenti file:

- *ghettoVCB.conf* è un esempio di configurazione modificabile in base alle vostre esigenze;
- *ghettoVCB.sh* è lo script che esegue il backup delle VM;
- *ghettoVCB-restore.sh* è lo script che esegue il recupero di una VM precedentemente salvata con ghettoVCB.sh;
- *ghettoVCB-restore_vm_restore_configuration_template* è un file da usare in abbinamento allo script ghettoVCB-restore.sh, perchè contiene i dati per il recupero e per la successiva memorizzazione della/e VM da ripristinare;

219

- *ghettoVCB-vm_backup_configuration_template* è un file che potete usare insieme allo script ghettoVCB.sh e che contiene i dati di configurazione per la corretta esecuzione del backup;
- README... ...serve che lo spieghi ?

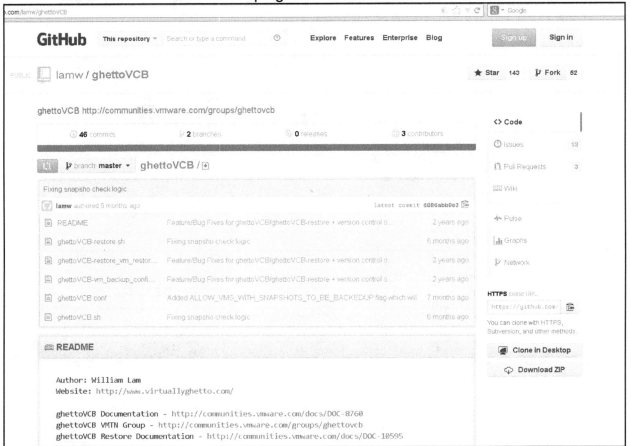

FIG. 6-75: download dello script

Va precisato che per la mia "ricetta IT" è sufficiente l'utilizzo del file *ghettoVCB.sh* (per la creazione del backup) e di *ghettoVCB-restore.sh* in abbinamento a *ghettoVCB-restore_ vm_restore_configuration_template* (per il ripristino della VM precedentemente salvata). Senza ombra di dubbio *ghettoVCB.sh* deve essere modificato, affinché il salvataggio della VM sia realizzato direttamente sul NAS e sia raggiungibile tramite il seguente percorso: **/vmfs/volumes/backup_vm**

Vi consiglio di apportare qualsiasi modifica con l'editor, *Notepad++*[21], molto usato tra i programmatori per la sua semplicità d'uso e per la capacità di gestione dei file di differenti formati. Aprendo ghettoVCB.sh con il software sopraccitato (FIG. 6-76), vi troverete di fronte a molti parametri di configurazione e a numerose righe di codice. Senza farvi prendere dal panico, focalizzate la vostra attenzione solo sulle impostazioni relative a:

» *VM_BACKUP_VOLUME*, che è il volume all'interno del quale effettuerete il backup delle VM (nel vostro caso sarà **/vmfs/volumes/backup_vm**);

» *VM_BACKUP_ROTATION_COUNT*, che indica il numero dei backup che verranno mantenuti per la VM; se decidete, ad esempio, di lasciare 3 (valore impostato per

---

21   Liberamente scaricabile da *http://notepad-plus-plus.org/*.

default) riuscirete a recuperare 3 stadi di VM differenti (relativi agli ultimi 3 backup effettuati); chiaramente, lo spazio occupato sul disco sarà 3 volte superiore a quello necessario per un singolo "salvataggio".

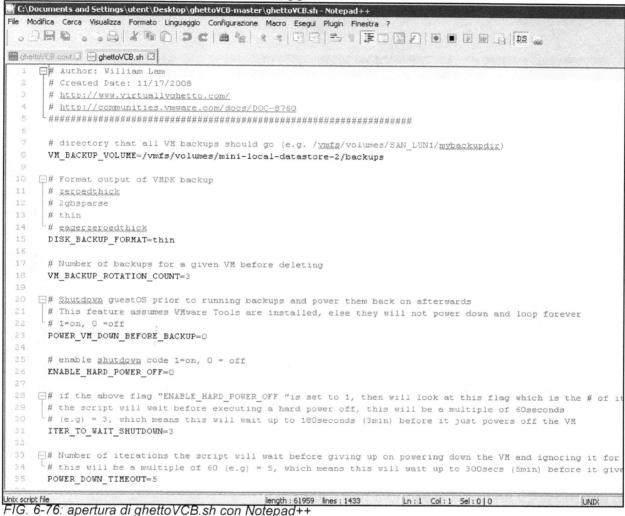

FIG. 6-76: apertura di ghettoVCB.sh con Notepad++

Dopo aver memorizzato il file, non vi resta che trasferirlo all'interno di una cartella presente in un datastore dell'ESXi. Eseguite Winscp, inserite come indirizzo IP quello del server ESXi ed entrate in un datastore (nel mio esempio è *datastore1*).

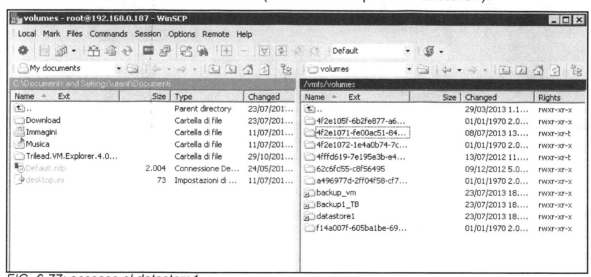

FIG. 6-77: accesso al datastore1

A questo punto create una cartella, che chiamerete *ghettoVCB* ed all'interno della quale inserirete lo script modificato (FIG. 6-78).

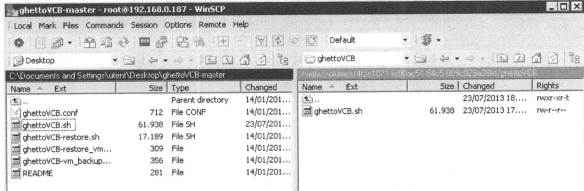

FIG. 6-78: creazione di una cartella ed inserimento dello script modificato

Per rendere eseguibile *ghettoVCB.sh*, accedete ad ESXi con il software *Putty* [22] ed inserite le credenziali di autenticazione del server.

FIG. 6-79: Putty (login)

Posso immaginare la vostra reazione, quando osserverete la fastidiosissima e difficilissima "interfaccia a caratteri"; indubbiamente vi sembrerà di aver fatto un salto nel passato di almeno di 20 anni, ma vi esorto a non disperarvi.

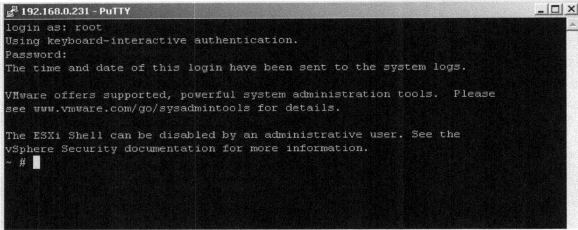

FIG. 6-80: interfaccia di Putty

Ricordatevi tutto ciò che avete letto precedentemente, soprattutto in relazione alla creazione della cartella ghettoVCB ed al file inserito al suo interno, e posizionatevi in **/vmfs/ volumes/datastore1/ghettoVCB**, utilizzando il seguente comando: *cd /vmfs/volumes/ datastore1/ghettoVCB*. Associate al file i diritti di esecuzione digitando *chmod +x ghet-*

22   Si tratta di Client software SSH, liberamente scaricabile dal sito *http://www.chiark.greenend.org.uk*.

toVCB.sh. Adesso lo script è pronto per essere eseguito e per salvare le vostro utilissime macchine virtuali!

Vi consiglio, tuttavia, di non essere precipitosi e di testarlo adeguatamente, prima di utilizzarlo con una copia vera e propria di VM . Avete letto correttamente: "testarlo"! Non vorrete eseguire lo script senza essere sicuri che funzioni al 100% ? Potrebbe produrre degli effetti collaterali! Siate cauti: mandatelo in esecuzione manualmente tramite la modalità *dryrun*, che consente di testare lo script e di verificare che tutto funzioni a dovere, senza che eventuali errori di programmazione causino un danno irreversibile. Lo script deve essere eseguito in questo modo: *./ghettoVCB.sh -m vm_da_salvare -d dryrun*

Al posto delle parole *vm_da_salvare* dovete digitare il nome della VM (a cui potete risalire tramite il client ESXi), mentre *dryrun* rappresenta l'opzione appena descritta.

Analizzate, quindi, il client sopraccitato e, se volete effettuare un test manuale di copia della VM *Zabbix*, inserite il seguente comando: *./ghettoVCB.sh -m Zabbix -d dryrun*.

FIG. 6-81: lista delle VM

Così facendo, otterrete il seguente risultato (FIG. 6-82 e FIG. 6-83):

```
192.168.0.187 - PuTTY
/vmfs/volumes/4f2e1071-fe00ac51-84c5-009c029a36fd/ghettoVCB # ./ghettoVCB.sh -m Zabbix -d dryrun
Logging output to "/tmp/ghettoVCB-2013-07-24_07-46-51-6703030.log" ...
2013-07-24 07:46:51 -- info: ============================== ghettoVCB LOG START ==============================

2013-07-24 07:46:51 -- info: CONFIG - VERSION = 2013_01_11_0
2013-07-24 07:46:51 -- info: CONFIG - GHETTOVCB_PID = 6703030
2013-07-24 07:46:51 -- info: CONFIG - VM_BACKUP_VOLUME = /vmfs/volumes/backup_vm
2013-07-24 07:46:51 -- info: CONFIG - VM_BACKUP_ROTATION_COUNT = 3
2013-07-24 07:46:51 -- info: CONFIG - VM_BACKUP_DIR_NAMING_CONVENTION = 2013-07-24_07-46-51
2013-07-24 07:46:51 -- info: CONFIG - DISK_BACKUP_FORMAT = thin
2013-07-24 07:46:51 -- info: CONFIG - POWER_VM_DOWN_BEFORE_BACKUP = 0
2013-07-24 07:46:51 -- info: CONFIG - ENABLE_HARD_POWER_OFF = 0
2013-07-24 07:46:51 -- info: CONFIG - ITER_TO_WAIT_SHUTDOWN = 3
2013-07-24 07:46:51 -- info: CONFIG - POWER_DOWN_TIMEOUT = 5
2013-07-24 07:46:51 -- info: CONFIG - SNAPSHOT_TIMEOUT = 15
2013-07-24 07:46:51 -- info: CONFIG - LOG_LEVEL = dryrun
2013-07-24 07:46:51 -- info: CONFIG - BACKUP_LOG_OUTPUT = /tmp/ghettoVCB-2013-07-24_07-46-51-6703030.log
2013-07-24 07:46:51 -- info: CONFIG - ENABLE_COMPRESSION = 0
2013-07-24 07:46:51 -- info: CONFIG - VM_SNAPSHOT_MEMORY = 0
2013-07-24 07:46:51 -- info: CONFIG - VM_SNAPSHOT_QUIESCE = 0
2013-07-24 07:46:51 -- info: CONFIG - ALLOW_VMS_WITH_SNAPSHOTS_TO_BE_BACKEDUP = 0
2013-07-24 07:46:51 -- info: CONFIG - VMDK_FILES_TO_BACKUP = all
2013-07-24 07:46:51 -- info: CONFIG - VM_SHUTDOWN_ORDER =
2013-07-24 07:46:51 -- info: CONFIG - VM_STARTUP_ORDER =
2013-07-24 07:46:51 -- info: CONFIG - EMAIL_LOG = 0
2013-07-24 07:46:51 -- info:
```

FIG. 6-82: esecuzione dello script in modalità dryrun (1)

```
2013-07-24 07:46:51 -- dryrun: ###############################################
2013-07-24 07:46:51 -- dryrun: Virtual Machine: Zabbix
2013-07-24 07:46:51 -- dryrun: VM_ID: 79
2013-07-24 07:46:51 -- dryrun: VMX_PATH: /vmfs/volumes/datastore1/Zabbix/Zabbix.vmx
2013-07-24 07:46:51 -- dryrun: VMX_DIR: /vmfs/volumes/datastore1/Zabbix
2013-07-24 07:46:51 -- dryrun: VMX_CONF: Zabbix/Zabbix.vmx
2013-07-24 07:46:51 -- dryrun: VMFS_VOLUME: datastore1
2013-07-24 07:46:51 -- dryrun: VMDK(s):
2013-07-24 07:46:51 -- dryrun:   Zabbix.vmdk      15 GB
2013-07-24 07:46:51 -- dryrun: INDEPENDENT VMDK(s):
2013-07-24 07:46:51 -- dryrun: TOTAL_VM_SIZE_TO_BACKUP: 15 GB
2013-07-24 07:46:51 -- dryrun: ###############################################

2013-07-24 07:46:51 -- info: ###### Final status: OK, only a dryrun. ######

2013-07-24 07:46:51 -- info: ========================== ghettoVCB LOG END ========================

/vmfs/volumes/4f2e1071-fe00ac51-84c5-009c029a36fd/ghettoVCB #
```

FIG. 6-83: esecuzione dello script in modalità dryrun (2)

Dall'immagine si evince che lo script è stato eseguito correttamente, quindi la fase di testing è conclusa e potete avviarlo utilizzando la modalità definitiva. Purtroppo la precedente schermata non è di facile interpretazione per i "neofiti" e non posso soffermarmi su di essa, in quanto non avete tra le mani un manuale "passo per passo". Posso solo affermare che i parametri da prendere in considerazione (per verificare la corretta esecuzione) sono i seguenti:

- » **VM_BACKUP_VOLUME** = /vmfs/volumes/backup_vm (il nostro NAS)
- » **VM_BACKUP_ROTATION_COUNT** = 3 (il numero di backup che devono essere mantenuti)
- » **VM_BACKUP_DIR_NAMING_CONVENTION** = 2013-07-24_07-46-51 (la convenzione da utilizzare per la creazione della cartella)
- » **BACKUP_LOG_OUTPUT** = /tmp/ghettoVCB-2013-07-24....log (il log contenente tutti i passi effettuati dallo script)

Precisato ciò, procedete nella creazione del backup vero e proprio della VM, semplicemente rimuovendo dryrun dal comando precedente: ./ghettoVCB.sh -m Zabbix.

```
2013-07-24 07:58:04 -- info: Initiate backup for Zabbix
2013-07-24 07:58:04 -- info: Creating Snapshot "ghettoVCB-snapshot-2013-07-24" for Zabbix
Destination disk format: VMFS thin-provisioned
Cloning disk '/vmfs/volumes/datastore1/Zabbix/Zabbix.vmdk'...
Clone: 100% done.
2013-07-24 07:59:34 -- info: Removing snapshot from Zabbix ...
2013-07-24 07:59:34 -- info: Backup Duration: 1.50 Minutes
2013-07-24 07:59:34 -- info: Successfully completed backup for Zabbix!

2013-07-24 07:59:36 -- info: ###### Final status: All VMs backed up OK! ######

2013-07-24 07:59:36 -- info: ========================== ghettoVCB LOG END ========================

/vmfs/volumes/4f2e1071-fe00ac51-84c5-009c029a36fd/ghettoVCB #
```

FIG. 6-84: esecuzione finale dello script

Mandate in esecuzione lo script ed attendete l'apparizione della fatidica frase *Final status: All Vms backed up OK! (FIG. 6-84)*, che segnalerà la corretta conclusione del

[backup_vm] Zabbix/Zabbix-2013-07-24_07-57-50

Name	Size	Provisioned Size	Type	Path	Modified
Zabbix.vmdk	2.832.068,00 KB	15.728.640,00 KB	Virtual Disk	[backup_vm] Zabbix/Zabbix-2013-0...	24/07/2013 11.24.17
Zabbix.vmx	2,64 KB		Virtual Machine	[backup_vm] Zabbix/Zabbix-2013-0...	24/07/2013 11.22.49
STATUS.ok	0,03 KB		File	[backup_vm] Zabbix/Zabbix-2013-0...	24/07/2013 11.24.19

FIG. 6-85: cartella contenente il backup

224

backup. Vi consiglio di controllare che la copia della VM sia stata effettivamente salvata all'interno del vostro NAS, utilizzando il client ESXi e recandovi nella sezione **Configuration->Storage**: utilizzate il tasto destro del mouse sul datastore *backup_vm* e cliccate su *Browse Datastore*, al fine di visualizzare le seguenti informazioni (FIG. 6-85).

Missione compiuta! Il backup è pronto e servito! Probabilmente qualcuno di voi rimarrà dubbioso, temendo di dover effettuare manualmente tutti i backup, così come è accaduto con il software visto nel paragrafo precedente. Posso fugare qualsiasi vostro dubbio, rispondendo con un bel no: è necessario progettare una procedura automatizzata che, in base ad una programmazione giornaliera, mandi in esecuzione lo script di backup e che vi invii una email per avvisarvi di eventuali errori (una volta conclusosi l'intero salvataggio).

Missione impossibile? Tutt'altro! Ci vuole solo una buona dose di pazienza e di attenzione. Premetto che avrete bisogno di due ulteriori software:

- *plink.exe*, che è un software scritto da Simon Tatham (così come il *putty.exe)*, scaricabile gratuitamente dalla stessa pagina web del client *SSH putty.exe*; esso consente di eseguire comandi da remoto su sistemi Linux;
- *sendEmail.exe* (un email client SMTP leggerissimo e liberamente scaricabile da *http://caspian.dotconf.net/menu/Software/SendEmail/*), che consente di inviare email da riga di comando.

FIG. 6-87: i due software in C:\ghettoVCB

Dopo aver ottenuto i due software, accedete alla vostra VM Windows (nel nostro caso dotata di Windows XP) e create la cartella C:\ghettoVCB, all'interno della quale posizionerete *plink.exe* e *sendEmail.exe* (si faccia riferimento all'immagine 6-87).

Adesso non vi resta che creare un file *BATCH* (FIG. 6-88) che consenta l'esecuzione automatica dello script *ghettoVCB.sh*, la creazione di un file di log e il successivo invio di quest'ultimo tramite email.

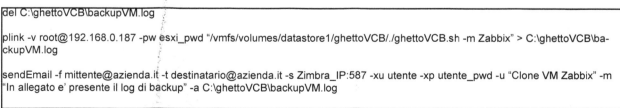

```
del C:\ghettoVCB\backupVM.log

plink -v root@192.168.0.187 -pw esxi_pwd "/vmfs/volumes/datastore1/ghettoVCB/./ghettoVCB.sh -m Zabbix" > C:\ghettoVCB\backupVM.log

sendEmail -f mittente@azienda.it -t destinatario@azienda.it -s Zimbra_IP:587 -xu utente -xp utente_pwd -u "Clone VM Zabbix" -m "In allegato e' presente il log di backup" -a C:\ghettoVCB\backupVM.log
```

FIG. 6-88: backupVM.cmd

Cercherò di essere esaustivo, spiegandovelo nei dettagli:

» la prima riga di codice cancella il log eventualmente presente nella cartella.
» la seconda riga manda in esecuzione lo script *ghettoVCB.sh* tramite *plink.exe* e posiziona il log all'interno della cartella **c:\ghettoVCB**; al posto di *esxi_pwd* inserite

la password di root del server VMware ESXi;

» la terza riga di codice consente di inviare il log prodotto dal backup all'indirizzo di posta elettronica *destinatario@azienda.it* (utilizzando Zimbra come SMTP server); sostituite le seguenti voci con i dati da me indicati a destra:

* **mittente@azienda.it** = l'email del mittente che invia il log del backup;

* **destinatario@azienda.it** = destinatario dell'email contenente il log del backup;

* **Zimbra_IP** = indirizzo IP del server Zimbra

* **utente e utente_pwd** = credenziali di un utente Zimbra da utilizzare per l'invio delle email.

* **Clone VM Zabbix** = oggetto dell'email

* **In allegato è presente il log di backup** = corpo dell'email

* **C:\ghettoVCB\backupVM.log** = allegato

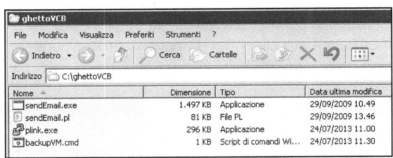

FIG. 6-89: contenuto della cartella C:\ghettoVCB

Detto ciò, ritornate alla cartella **C:\ghettoVCB**, dove troverete il file con estensione *.cmd*. Una volta mandato in esecuzione *backupVM.cmd*, otterrete la seguente schermata:

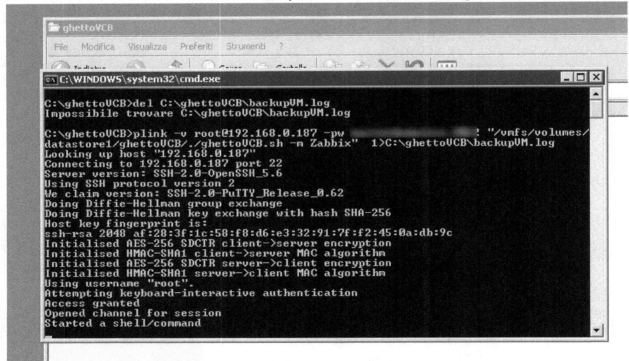

FIG. 6-90: esecuzione del file backupVM.cmd

226

Successivamente riceverete l'email contenente il log di avvenuto backup.

FIG. 6-91: email contenente il log in allegato

Eccovi un esempio del log in questione:

Logging output to "/tmp/ghettoVCB-2013-07-24_09-46-02-6713450.log" ...

2013-07-24   09:46:02   --   info: =============================   ghettoVCB   LOG   START   =============================

2013-07-24 09:46:02 -- info: CONFIG - VERSION = 2013_01_11_0

2013-07-24 09:46:02 -- info: CONFIG - GHETTOVCB_PID = 6713450

2013-07-24 09:46:02 -- info: CONFIG - VM_BACKUP_VOLUME = /vmfs/volumes/backup_vm

2013-07-24 09:46:02 -- info: CONFIG - VM_BACKUP_ROTATION_COUNT = 3

2013-07-24 09:46:02 -- info: CONFIG - VM_BACKUP_DIR_NAMING_CONVENTION = 2013-07-24_09-46-02

2013-07-24 09:46:02 -- info: CONFIG - DISK_BACKUP_FORMAT = thin

2013-07-24 09:46:02 -- info: CONFIG - POWER_VM_DOWN_BEFORE_BACKUP = 0

2013-07-24 09:46:02 -- info: CONFIG - ENABLE_HARD_POWER_OFF = 0

2013-07-24 09:46:02 -- info: CONFIG - ITER_TO_WAIT_SHUTDOWN = 3

2013-07-24 09:46:02 -- info: CONFIG - POWER_DOWN_TIMEOUT = 5

2013-07-24 09:46:02 -- info: CONFIG - SNAPSHOT_TIMEOUT = 15

2013-07-24 09:46:02 -- info: CONFIG - LOG_LEVEL = info

2013-07-24 09:46:02 -- info: CONFIG - BACKUP_LOG_OUTPUT = /tmp/ghettoVCB-2013-07-24_09-46-02-6713450. log

2013-07-24 09:46:02 -- info: CONFIG - ENABLE_COMPRESSION = 0

2013-07-24 09:46:02 -- info: CONFIG - VM_SNAPSHOT_MEMORY = 0

2013-07-24 09:46:02 -- info: CONFIG - VM_SNAPSHOT_QUIESCE = 0

2013-07-24 09:46:02 -- info: CONFIG - ALLOW_VMS_WITH_SNAPSHOTS_TO_BE_BACKEDUP = 0

2013-07-24 09:46:02 -- info: CONFIG - VMDK_FILES_TO_BACKUP = all

2013-07-24 09:46:02 -- info: CONFIG - VM_SHUTDOWN_ORDER =

2013-07-24 09:46:02 -- info: CONFIG - VM_STARTUP_ORDER =

2013-07-24 09:46:02 -- info: CONFIG - EMAIL_LOG = 0

2013-07-24 09:46:02 -- info:

2013-07-24 09:46:04 -- info: Initiate backup for Zabbix

2013-07-24 09:46:04 -- info: Creating Snapshot "ghettoVCB-snapshot-2013-07-24" for Zabbix

Destination disk format: VMFS thin-provisioned

Cloning disk '/vmfs/volumes/datastore1/Zabbix/Zabbix.vmdk'...

Clone: 10% done.

Clone: 11% done.

Clone: 12% done.

Clone: 13% done.

Clone: 14% done.

Clone: 15% done.

Clone: 16% done.

Clone: 17% done.

Clone: 18% done.

Clone: 19% done. [...]

Clone: 86% done.

Clone: 87% done.

Clone: 88% done.

Clone: 89% done.

Clone: 90% done.

2013-07-24 09:47:35 -- info: Removing snapshot from Zabbix ...

2013-07-24 09:47:35 -- info: Backup Duration: 1.52 Minutes

2013-07-24 09:47:35 -- info: Successfully completed backup for Zabbix!

2013-07-24 09:47:37 -- info: ###### Final status: All VMs backed up OK! ######

2013-07-24 09:47:37 -- info: ============================= ghettoVCB LOG END ===================
=============

Dopo aver constatato che il file BATCH funziona tramite esecuzione manuale, non vi resta che pianificare una procedura di avvio automatica direttamente su Windows XP; in questo modo non resterete svegli ogni notte per eseguirlo di persona.

Recovery VM a costo 0

Al fine di recuperare una VM, dovete far riferimento alla strategia utilizzata per la creazione dei backup, in quanto è necessario che:

- venga creato un file contenente i dati relativi alla VM da recuperare (sfruttando il template presente all'interno dell'archivio compresso di *ghettoVCB*);
- sia utilizzato lo script *ghettoVCB-restore.sh*;
- ci si avvalga di *plink.exe* per effettuare le operazioni direttamente dalla VM con S.O. Windows.

```
#"<DIRECTORY or .TGZ>;<DATASTORE_TO_RESTORE_TO>;<DISK_FORMAT_TO_RESTORE>"
# DISK_FORMATS
# 1 = zeroedthick
# 2 = 2gbsparse
# 3 = thin
# 4 = eagerzeroedthick
# e.g.
# "/vmfs/volumes/dlgCore-NFS-bigboi.VM-Backups/WILLIAM_BACKUPS/STA202I/
STA202I-2009-08-18—1;/vmfs/volumes/himalaya-local-SATA.RE4-GP:Storage;1"
```

Sono essenzialmente due i file da trasferire all'interno della cartella, creata precedentemente sul server ESXI:

- *ghettoVCB-restore_vm_restore_configuration_template* (file di configurazione)
- *ghettoVCB-restore.sh* (script di recupero)

Prima di tale operazione, tuttavia, occorre apportare determinate variazioni al file di configurazione, quindi modificatene il nome in *ghettoVCB-restore_zabbix* (per ricordarvi che rappresenta il file di configurazione per il recovery della VM Zabbix) ed il contenuto, facendo riferimento al seguente esempio:

Prendete in considerazione l'ultima riga e create la vostra stringa di configurazione (interna al file) in questo modo: */vmfs/volumes/backup_vm/Zabbix/Zabbix-2013-07-24_09-46-02;/ vmfs/volumes/datastore1;1;Zabbix_clone.*

La sopraccitata stringa ha un valore ben preciso e va spiegata adeguatamente:

» **/vmfs/volumes/backup_vm/Zabbix/Zabbix-2013-07-24_09-46-02** rappresenta il percorso del backup effettuato con *ghettoVCB.sh*; tale percorso può essere verificato sia graficamente, tramite l'uso del browser (FIG. 6-92), sia direttamente, usando il putty all'interno di una sessione SSH nel server ESXi e la maggior parte dei comandi già visti nelle pagine precedenti (fig. 6-93);

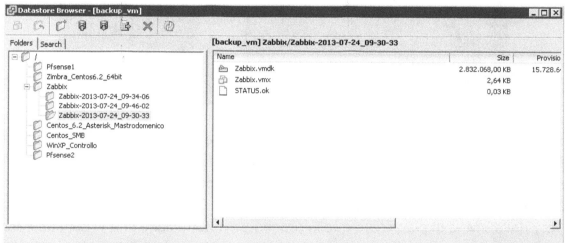

FIG. 6-92: visualizzazione del contenuto del backup tramite browser

FIG. 6-92: visualizzazione del contenuto del backup tramite putty

» **/vmfs/volumes/datastore1** indica il percorso della directory all'interno della quale sarà posizionata la VM recuperata;

» **1** (come descritto all'inizio del file di configurazione) designa il formato del supporto utilizzato per la creazione del file VMDK; è necessario utilizzare il numero 1, perché finora tutte le VM sono state configurate con la modalità *Thick Provision Lazy Zeroed* per la creazione dei dischi;

» **Zabbix_clone** è il nome della nuova VM da creare; è sempre consigliabile rinominare la virtual machine con un identificativo univoco e non presente nel datastore.

Dopo aver effettuato le precedenti modifiche, salvate i due file all'interno della cartella **/vmfs/volumes/datastore1/ghettoVCB** (creata inizialmente sul server ESXi) ed applicate i diritti di esecuzione allo script *ghettoVCB-restore.sh*, così come avete fatto precedentemente con g*hettoVCB.sh*. Adesso dovete creare il file *recoveryVM_zabbix. cmd* all'interno della cartella *C:\ghettoVCB* di Windows XP, basandovi sulla procedura vista precedentemente e con l'ausilio di *plink.exe*:

plink -v root@192.168.0.187 -pw esxi_pwd "/vmfs/volumes/datastore1/ghettoVCB/./ghettoVCB-restore.sh -c /vmfs/volumes/datastore1/ghettoVCB/ghettoVCB-restore_zabbix"

Come ultimo step mandate in esecuzione il file BATCH appena creato:

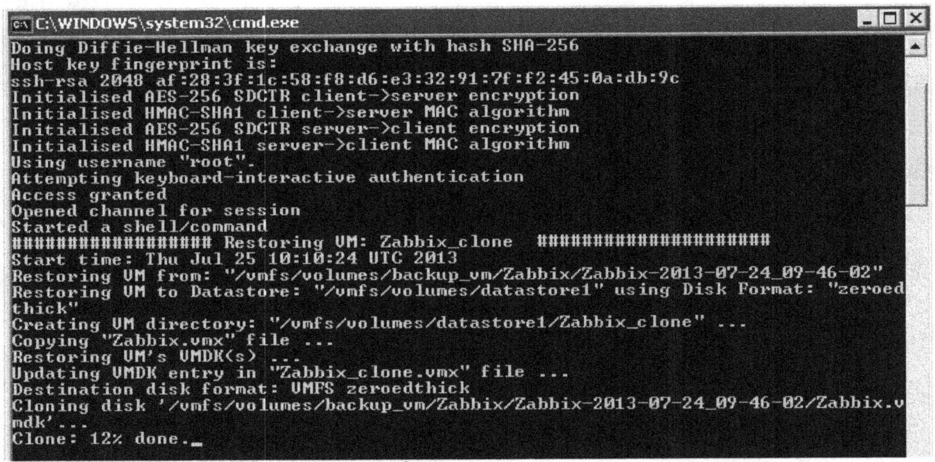

```
C:\WINDOWS\system32\cmd.exe
Doing Diffie-Hellman key exchange with hash SHA-256
Host key fingerprint is:
ssh-rsa 2048 af:28:3f:1c:58:f8:d6:e3:32:91:7f:f2:45:0a:db:9c
Initialised AES-256 SDCTR client->server encryption
Initialised HMAC-SHA1 client->server MAC algorithm
Initialised AES-256 SDCTR server->client encryption
Initialised HMAC-SHA1 server->client MAC algorithm
Using username "root".
Attempting keyboard-interactive authentication
Access granted
Opened channel for session
Started a shell/command
################### Restoring VM: Zabbix_clone   ####################
Start time: Thu Jul 25 10:10:24 UTC 2013
Restoring VM from: "/vmfs/volumes/backup_vm/Zabbix/Zabbix-2013-07-24_09-46-02"
Restoring VM to Datastore: "/vmfs/volumes/datastore1" using Disk Format: "zeroed
thick"
Creating VM directory: "/vmfs/volumes/datastore1/Zabbix_clone" ...
Copying "Zabbix.vmx" file ...
Restoring VM's VMDK(s) ...
Updating VMDK entry in "Zabbix_clone.vmx" file ...
Destination disk format: VMFS zeroedthick
Cloning disk '/vmfs/volumes/backup_vm/Zabbix/Zabbix-2013-07-24_09-46-02/Zabbix.v
mdk'...
Clone: 12% done._
```

FIG. 6-93: il file BATCH in esecuzione

Nel momento in cui la finestra si chiuderà automaticamente, capirete che il recupero della VM è avvenuto al 100% ed essa sarà visibile all'interno del client ESXi.

Potete ritenervi soddisfatti del risultato ottenuti, ma ricordatevi di leggere attentamente la documentazione ufficiale, di creare nuovi "BATCH file" e nuovi script per il backup/recovery delle VM, e di pianificare quelle procedure automatiche che vi consentiranno di affrontare nottate serene.

Conclusioni

Siete ormai giunti alla fine di questa guida di sopravvivenza e spero che il lungo percorso affrontato insieme vi abbia fatto comprendere quanto possa essere proficuo investire nell'open source, soprattutto in questo periodo di grande instabilità economica. Vorrei precisare che il manuale mira a soddisfare solo le esigenze fondamentali di una piccola impresa, in quanto la gestione della comunicazione tramite centralino e posta elettronica è di fondamentale importanza. Ciò che può sembrare una lacuna, frutto di superficialità e/o inesperienza, è in realtà una scelta ben precisa, legata all'impossibilità di fornirvi uno "strumento preconfezionato" che vi permetta di superare qualsiasi difficoltà. D'altronde la realtà aziendale è molto eterogenea e complessa, senza dimenticare le innumerevoli richieste di imprenditori che considerano il mondo IT come un'ancora di salvezza o come un cilindro magico, da cui estrarre soluzioni improbabili o impossibili.

Attualmente le risorse hardware e/o software, messe a disposizione dal mercato mondiale, devono essere "cucite addosso" all'azienda che le utilizzerà. Non dimenticate la possibilità di ottenere risultati ottimali anche senza l'ausilio di "prodotti proprietari", considerando che l'open source non va preso in considerazione solo per una questione economica così come fanno molti clienti, concentrandosi unicamente sull'eventuale mancanza di costi in relazione all'uso di licenze dei software: l'efficienza e la stabilità dei prodotti open source non può essere messa in discussione, non più. Se accetterete queste mie ultime considerazioni, riuscirete a comprendere la vera natura di questa guida, il cui unico fine risiede nel fornirvi idee e strumenti potenzialmente utili all'ottimizzazione della comunicazione aziendale.

Prima di lasciarvi definitivamente, vorrei rendere proficua anche quest'ultima sezione del manuale, dandovi dei consigli sulla documentazione da produrre per ogni infrastruttura IT. Dopo anni di esperienza, infatti, ho appreso che la memoria umana è fin troppo volatile e spesso ingannevole: è difficile ricordarsi indirizzi IP, codici, password e link, soprattutto se sono molti e se sono stati modificati ripetutamente con il passare del tempo. Indubbiamente non è la scoperta del secolo, ma in molte aziende tale aspetto viene sottovalutato il più delle volte. "Scripta manent, verba volant", un antico proverbio latino tratto da un'orazione di Tito Caio, ben si adatta alla realtà aziendale a cui sto facendo riferimento. Mentre sto scrivendo queste parole, mi viene in mente il 12 agosto di diversi anni fa, quando ricevetti una telefonata da un cliente che chiedeva delle credenziali di autenticazione per il suo server. Quel giorno volai verso la sua azienda, attraversando una città deserta, per effettuare un analisi dello stato del suo server e per ripristinare tutti i servizi, mentre egli disperatamente mi alitava sul collo. Vi posso garantire che sarebbe stato impossibile rendere operativo il tutto in poco tempo, se non avessi avuto la documentazione dell'infrastruttura IT, consegnata al cliente dopo la creazione della stessa!

Fate attenzione: volutamente ho fatto riferimento a "consigli" e non a "soluzioni", dato che la creazione di un piano strategico per un disaster recovery richiederebbe una guida a parte, poiché si dovrebbero prendere in considerazioni numerosi parametri: tipologia di infrastruttura IT, esigenze del cliente, disponibilità ad investire (o meno) denaro, natura dei dati da tutelare, ecc; pertanto inizierò con il consigliarvi di avere a portata di mano una documentazione precisa ed aggiornata su alcuni punti molto importanti:

1. la copertina del fascicolo deve contenere i riferimenti relativi alla data della release di stampa,
2. non meno importante è un indice completo, per un rapido accesso alla sezione di interesse;
3. ad ogni VM (ad esempio Asterisk, Zimbra, pfSense ecc.) deve essere dedicata un'intera sezione, contenente le seguenti informazioni:
   - indirizzo IP di accesso alla pagina di amministrazione con eventuali screenshoot;
   - indirizzo IP di accesso alla pagina utente con eventuali screenshoot;
   - configurazione hardware della VM;
   - schema dettagliato delle procedure di backup adottate;
   - posizionamento dei backup;
   - spiegazione dettagliata (corredata anche da schemi) delle contromisure di recovery da adottare in seguito a fault;
4. schema grafico dell'intera infrastruttura aziendale (corredato da indirizzi IP di tutte le VM presenti).

Un ulteriore consiglio è quello di non inserire nella stessa documentazione le credenziali di accesso relative ai servizi descritti: potrebbero essere dannose, se finissero in mani sbagliate. La strategia che utilizzo è quella di inserire semplici codici alfanumerici (ad esempio DFR67) al posto delle credenziali di autenticazione, che sono memorizzate in un database crittografato (utilizzando Keepass come software), posizionato all'interno della valigetta di Zimbra; il database sarà costituito da tanti oggetti con nomi a prima vista insignificanti (il codice alfanumerico visto precedentemente), ognuno dei quali conterrà le credenziali di un servizio. Nella maggior parte dei casi tale strategia è valida come forma di protezione: se un malintenzionato dovesse mettere le mani sulla documentazione sopraccitata, non avrebbe la possibilità di accedere alle credenziali; se il titolare dovesse perdere lo smartphone (sul quale è installato Keepass), sarebbe difficile "scardinare" una cifratura AES-256 e, anche se riuscisse a farlo, si troverebbe di fronte a dei codici indecifrabili[1].

Ovviamente la soluzione proposta non è infallibile, perché qualcuno potrebbe trovare una falla nel sistema e sfruttarla per scopi illeciti, ma ribadisco che vi trovate di fronte a delle semplici indicazioni. Detto ciò, concludo questa guida con la speranza che la sua lettura possa essere stata illuminante e con la promessa che non vi abbandonerò nelle grinfie di una realtà IT in continuo fermento: grazie al canale http://www.youtube.com/beablesrl su Youtube e ai numerosi documenti presenti sul sito web http://www.beable.it avrete sempre la possibilità di tenervi aggiornati su nuove soluzioni ed idee. Ricordate: se desiderate orientarvi nel labirintico mondo dell'open source, non utilizzate un lanternino ed una guida improvvisata; affidatevi a consulenti esperti ma non prima di avere le idee chiare sulle reali esigenze della vostra azienda.

Prima di chiudere definitivamente il mio software di videoscrittura (rigorosamente Open

---

1   Il titolare potrebbe tranquillamente accedere alla valigetta di Zimbra, modificare tutte le password presenti nel database (insieme a quelle dei servizi IT) ed installare Keepass su di un nuovo smartphone.

Source), il mio ultimo consiglio è quello di ponderare l'eventuale utilizzo un software di monitoraggio centralizzato (ad esempio Zabbix), in grado di avvisarvi tempestivamente dell'esistenza di anomalie di funzionamento presenti all'interno della vostra rete LAN....

.... ma questo è un altro argomento e potrebbe essere l'oggetto del prossimo libro!

Appendice

Configurazione del PORTech

Vorrei dedicare questa appendice ad importanti approfondimenti relativi alla Guida 1.0 che avete fra le mani, affinché il nostro "ricettario" sia maggiormente esaustivo e completo. Partirò da come configurare un gateway PORTech al fine di integrarlo efficacemente all'interno del sistema di comunicazioni aziendale illustrato nel capitolo 3. In primis collegate l'antenna al gateway prima della sua attivazione (vi consiglio vivamente di effettuare tale operazione su un dispositivo spento) ed inserite una SIM all'interno dell'alloggiamento del PORTech (così come mostrato in FIG. A-1), prestando particolare attenzione al taglio della scheda stessa.

FIG. A-1: PORTech - Allogiamento SIM

Dopo aver collegato il gateway alla rete LAN utilizzando la porta WAN, non vi resta che alimentare elettricamente lo "scatolotto" (per questa "ricetta" ho utilizzato il MV-372) ed accedere alla pagina web di configurazione tramite un browser: digitate l'indirizzo di default *http://192.168.0.100* nell'apposita barra, qualora il vostro dispositivo sia nuovo e "immacolato"; in caso contrario è necessario procedere al reset dell'apparecchio grazie all'apposito pulsante, affinché siano ripristinate le impostazioni di fabbrica.

PORTech
Your CTI Partner

Mobile VoIP2 v10.206

Route	
Mobile	
Network	Model Type: MV-372
SIP Settings	Module Description: EDGE/GPRS: 850.900.1800.1900 MHz HSDPA/UMTS: 850.1900.2100 MHz (SIM5218A)
STUN Settings	Firmware Version: Tue May 15 17:04:18 2012.
Update	Codec Version: Fri Mar 20 17:13:45 2009.
System Authority	Contact Address: 150. Shiang-Shung N.Road., Taichung, Taiwan, R.O.C.
Save Change	Tel: 886-4-23058000
Reboot	Fax: 886-4-23022596
	E-Mail: sales@portech.com.tw
	Web Site: http://www.portech.com.tw.

FIG. A-2: PORTech - pagina web iniziale

Non appena avrete inserito le credenziali di autenticazione (<u>username</u>: *voip* / <u>password</u>: *1234*), sarete catapultati nell'interfaccia web del PORTech, suddivisa in due sezioni (FIG. A-2): un menu laterale contenente i comandi ed una finestra centrale destinata ad ospitare diverse informazioni sul gateway che avete acquistato (versione del firmware e del

235

codec, modello, contatti del fornitore ecc.).

Il primo step da effettuare consiste nel programmare le rotte, ossia definire "che cosa dovrà fare" il vostro PORTech alla ricezione di una telefonata proveniente sia dalla rete mobile sia dal PBX Asterisk. Cliccate su *Route* e successivamente su *Mobile to Lan Settings*. In questa sezione è possibile aggiungere sino a 50 regole di routing per configurare le rotte in entrata (dalla SIM alla LAN). Sappiate che il gateway, secondo il caller ID (CID) definito, trasferirà una chiamata proveniente dalla rete mobile all'URL[1] indicato; pertanto nella sezione "Add New" (osservate il punto **1** nell'immagine seguente) settate i parametri in base alle mie indicazioni:

» **Position** indica l'ordine di esecuzione, quindi attraverso lo **0** darete priorità alla vostra regola;

» l'inserimento del carattere ***** come **CID** è fondamentale per far accettare tutte le chiamate provenienti da qualsiasi numero;

» nella sezione **URL** va definito l'indirizzo IP a cui trasferire la chiamata; nel mio esempio è stato definito il trasferimento di tutte le chiamate all'interno 501; in un secondo momento vi verrà spiegato come configurarlo nelle *Rotte in entrata* di FreePBX.

» cliccate su *Add* (punto **2** nell'immagine A-3) per completare la creazione della nuova regola (punto **3** della sopraccitata illustrazione).

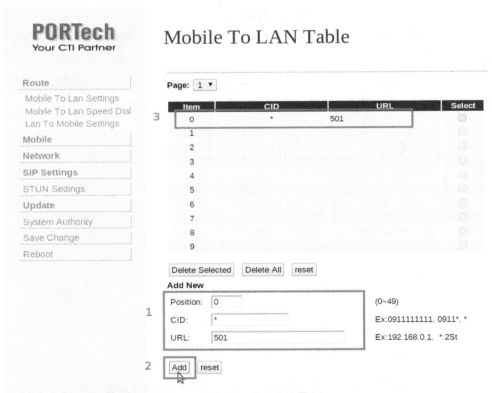

FIG. A-3: Mobile to Lan Settings - Mobile To LAN Table

Una volta programmata la rotta di ricezione, è importante definire quella d'invio accedendo alla sezione **Route > Lan to Mobile Settings**, anch'essa strutturata per permettere

---

1   In telecomunicazioni e nel settore IT un Uniform Resource Locator (URL) è una sequenza di caratteri che identifica univocamente l'indirizzo di una risorsa in Internet presente su un host server (ad esempio un documento, un'immagine, un video ecc.), rendendola accessibile ad un client che ne faccia richiesta attraverso l'utilizzo di un web browser.

la creazione di un massimo di 50 regole di routing. Premetto che il PORTech trasferirà la chiamata al numero di cellulare in base all'URL definito, quindi nella sezione **Add New** (punto **1** nell'immagine A-4) inserite i seguenti dati:

» in **Position** digitate **0** per far in modo che la regola venga eseguita per prima;

» utilizzate ***** come **URL** affinché non venga applicata alcuna restrizione;

» inserite **#** in **Call Num** per inoltrare automaticamente la chiamata al numero composto;

» convalidate il tutto grazie ad *Add* (punto **2** nell'immagine A-4) ed osservate la regola appena creata (punto **3** nell'immagine seguente).

Tali impostazioni consentono di chiamare qualsiasi dispositivo telefonico mobile e di ricevere telefonate da tutti i numeri. Dato che non avete impostato alcun filtro, questo lavoro spetterà tutto al vostro Asterisk: in parole povere il PORTech sarà utilizzato come un semplice gateway e tutte le regole telefoniche (filtri compresi) saranno gestiti dal PBX, semplificando in questo modo il backup dell'intera infrastruttura telefonica.

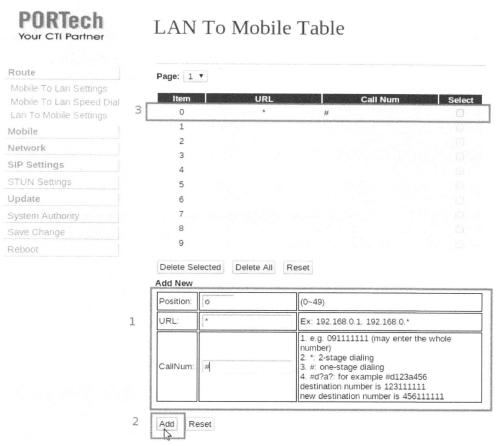

FIG. A-4: Lan to Mobile Settings - LAN To Mobile Table

Detto ciò, vi esorto ad analizzare la SIM inserita e a verificare il giusto collocamento dell'antenna nella sezione **Status**, a cui si può accedere con un click su **Mobile**.Come si può vedere nell'immagine A-5, è possibile riconoscere il nome dell'operatore di telefonia mobile utilizzato e valutare la qualità del segnale. Le impostazioni di rete sono modificabili in **Network > Wan Settings**, così come avete fatto precedentemente per il Mediatrix. La suddetta sezione, infatti, vi permette di definire un indirizzo IP statico per il PORTech, su **Network > SNTP Settings**.

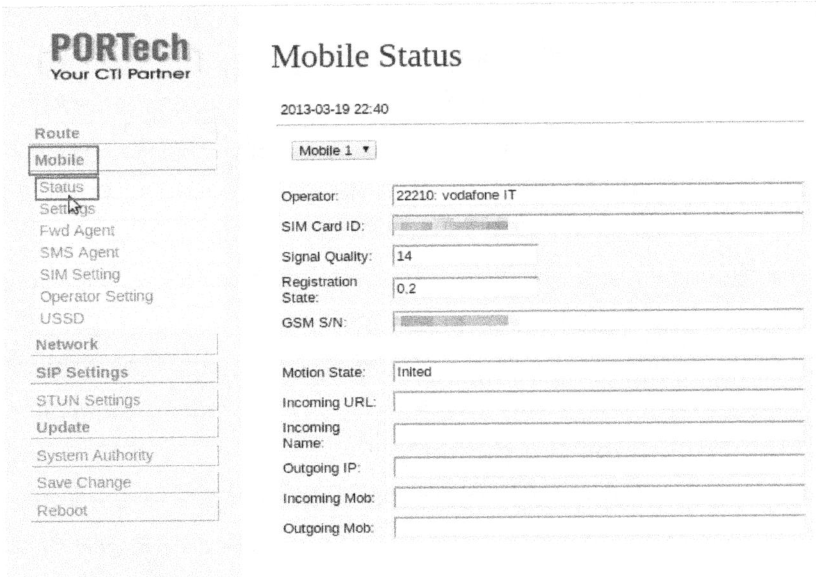

FIG. A-5: Mobile - Mobile Status

Come ultimo ma non meno importante step, è necessario definire il collegamento ad Asterisk attraverso la configurazione dei parametri presenti in **SIP Settings > Service Domain** (FIG. A-6). In questa sezione è possibile registrare fino a 3 account SIP per ciascuna SIM.

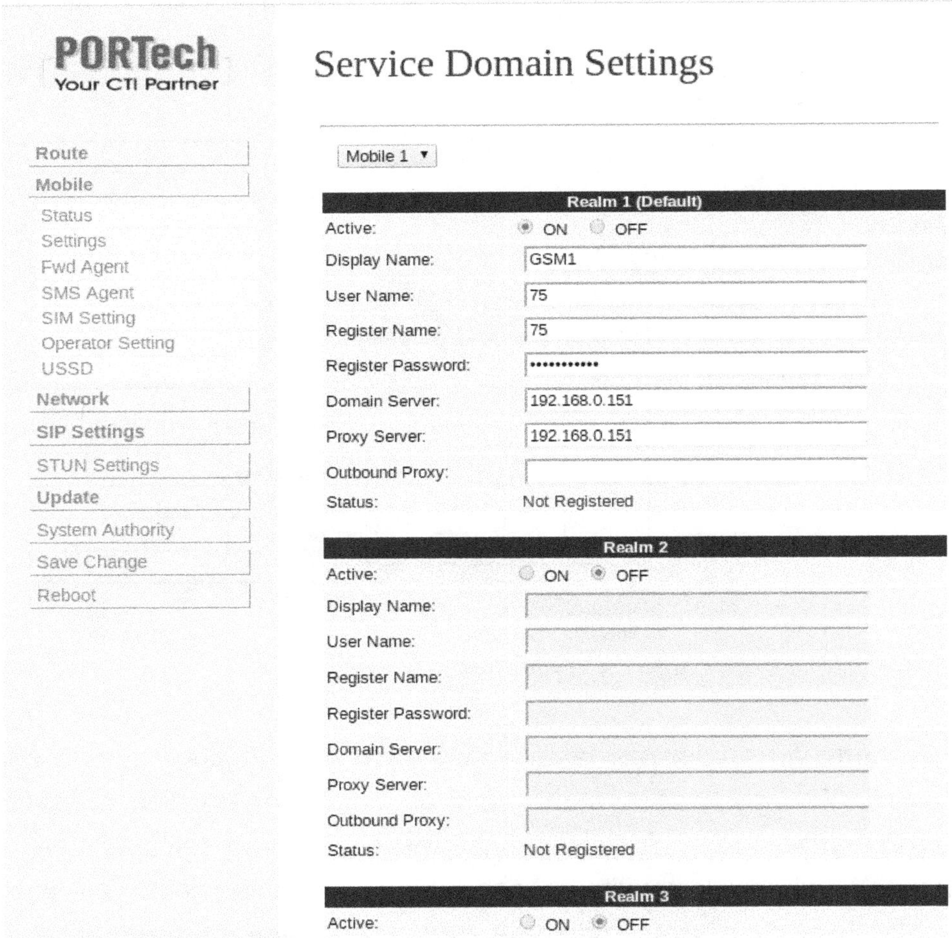

FIG. A-6: SIP Settings - Service Domain Settings

238

Registrazione della SIM *Mobile1*:

- » in **Realm 1 (Default)** assicuratevi che **Active** sia abilitato (controllate che il segno di spunta sia su **ON**);
- » in **Display Name** inserite il nome che si desidera visualizzare (ad esempio *GSM1*);
- » in **User Name** digitate il nome presente all'interno del fascio Asterisk che configurerete successivamente (ad esempio *75*);
- » in **Registration Name** inserite la username presente all'interno del sopraccitato fascio (ad esempio *75*);
- » in **Register Password** scrivete la password definita all'interno del fascio;
- » in **Domain Server** ed in **Proxy Server** digitate l'indirizzo IP di Asterisk;
- » l'outbound proxy va inserito in **Outbound Server**, ma è possibile lasciare vuoto questo campo;
- » cliccate su *Submit* e succesivamente su *Save Change*.

Il medesimo settaggio dei parametri di *Mobile1* deve essere ripetuto con la SIM *Mobile 2*, modificando opportunamente il nome il **Display Name** (ad esempio *GSM2*), **User Name, Register Name** (ad esempio con 77) ed eventualmente la password. Se seguirete le mie indicazioni, otterrete la stessa configurazione presente nelle seguenti immagini.

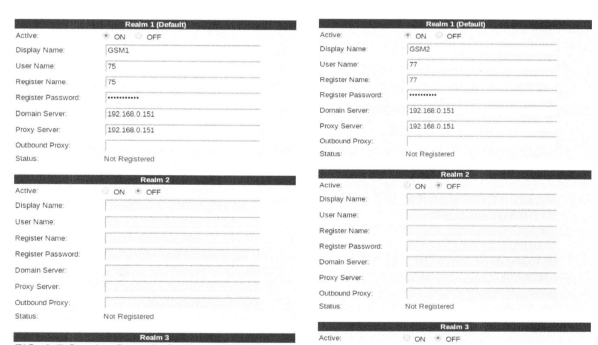

FIG. A-7:Service Domain Settings (GSM1)   FIG. A-8: Service Domain Settings (GSM2)

Per garantire il funzionamento di entrambi i fasci (*Mobile 1 e 2*), sarebbe opportuno definire in modo univoco le porte *SIP* ed *RTP* per ciascuna SIM nella sezione **SIP Settings > Port Settings**. (FIG. A-9)

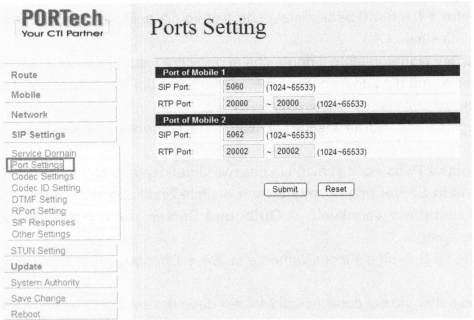

FIG. A-9: SIP Settings - Ports Setting

PORTech e creazione di un fascio SIP

Accedete al vostro FreePBX e procedete con la configurazione di un nuovo fascio SIP con l'ausilio delle mie indicazioni:

» definite il **Nome Fascio** (ad esempio GSM1);

» nel campo **Outbound CallerID** inserite il numero telefonico della scheda SIM;

» stabilite il **Numero Massimo di Canali** digitando **1**;

» accedete alla sezione **Impostazioni in uscita** e, dopo aver assegnato al fascio lo stesso nome definito durante la creazione dell'account del PORTech (ad esempio *GSM1*), inserite in **Dettagli PEER**:

   • *host=92.168.0.100* (indirizzo IP del PORTech)
   • *type=peer*
   • *qualify=yes*

» visualizzate la sezione **Impostazioni in entrata** e nel campo del **Contesto UTENTE (USER)** scrivete lo stesso username che avete scelto come **Registration Name** durante la registrazione della SIM *Mobile1* (ad esempio *75*);

» sempre nella medesima sezione definite i dettagli dell'**UTENTE**:

   • *type=friend*
   • *secret=password*
   • *username=75*
   • *qualify=yes*
   • *nat=yes*
   • *canreinvite=no*
   • *context=from-pstn*
   • *host=192.168.0.100*

FIG. A-10: FreePBX - creazione di un fascio SIP GSM1 (1)

FIG. A-11: FreePBX - creazione di un fasci SIP GSM1 (2)

Infine cliccare su *Applica Cambiamenti* per salvare il fascio appena creato.

A questo punto non vi resta altro da fare che ripetere le stesse operazioni per la seconda SIM:

» assegnate un nome al fascio (ad esempio GSM2);

» in **Outbound CallerID** inserite il numero telefonico della scheda SIM;

» digitate **1** nel campo **Numero Massimo di Canali**;

» spostatevi nella sezione **Impostazioni in uscita** per completare il campo **Nome Fascio** (utilizzate lo stesso nome definito nella creazione dell'account del PORTech) e stabilire i **Dettagli PEER**:

- *host=192.168.0.100* (indirizzo IP del PORTech)
- *type=peer*
- *qualify=yes*
- *port=5062*

» accedete a **Impostazioni in entrata** e definite il Contesto UTENTE (USER) ed i **Dettagli UTENTE**:

- *type=friend*
- *secret=password*
- *username=77*
- *qualify=yes*
- *nat=yes*
- *canreinvite=no*
- *context=from-pstn*
- *host=192.168.0.100*
- *port=5062*

Salvate il tutto cliccando su *Applica Cambiamenti*.

PORTech e rotte di uscita

In FreePBX definite la rotta in uscita a seconda delle vostre esigenze, utilizzando un prefisso preimpostato (FIG. A-12 e A-13) oppure optando per una programmazione più accurata in base al numero telefonico da chiamare (così come avete letto nel capitolo 3).

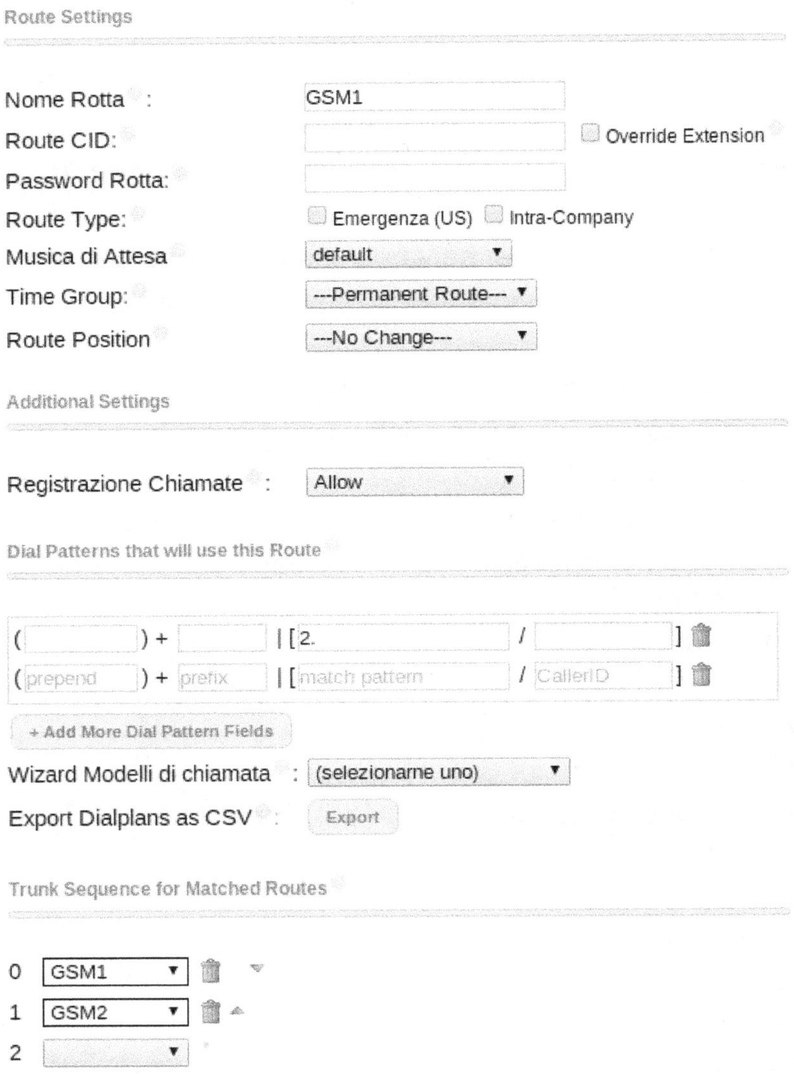

Route Settings

Nome Rotta :	GSM1
Route CID:	☐ Override Extension
Password Rotta:	
Route Type:	☐ Emergenza (US) ☐ Intra-Company
Musica di Attesa	default ▼
Time Group:	---Permanent Route--- ▼
Route Position	---No Change--- ▼

Additional Settings

Registrazione Chiamate : Allow ▼

Dial Patterns that will use this Route

( ) + | [2. /] 🗑
(prepend) + prefix | [match pattern / CallerID] 🗑

+ Add More Dial Pattern Fields

Wizard Modelli di chiamata : (selezionarne uno) ▼

Export Dialplans as CSV : Export

Trunk Sequence for Matched Routes

0 GSM1 ▼ 🗑 ▽
1 GSM2 ▼ 🗑 △
2 ▼

FIG. A-12: FreePBX - Rotta in uscita GSM1

PORTech e rotte in entata

Al fine di garantire l'instradamento delle chiamate in arrivo dal PORTech sul centralino Asterisk, è necessario creare una rotta in ingresso (**Rotte in entrata**) che abbia come *DID Number* lo stesso numero definito nella sezione **Mobile to Lan** del gateway sopraccitato (nel mio esempio è stata creata una "selezione passante" di nome *501*).

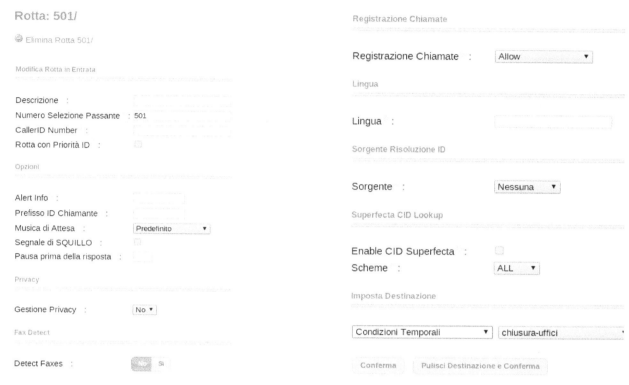

FIG. A-13: FreePBX - Rotta in entrata 501 (1)   FIG. A-14: FreePBX - Rotta in entrata 501 (2)

Per verificare che il PORTech si sia "registrato" correttamente sul vostro Asterisk e che sia utilizzabile per ricevere ed effettuare chiamate, è necessario accedere alla sezione **Rapporti** e visualizzare le *Asterisk Info* (in **Peers** i fasci GSM1 e GSM2 devono risultare registrati).

Va precisato che il PORTech MV-372 offre un grande vantaggio: chiamando il numero corrispondente alla prima SIM durante i primi 20 secondi della fase di avviamento, è possibile interagire con un sistema IVR per controllare o settare i parametri di rete.

L'IVR non è guidato, quindi occorre conoscere una serie di sequenze di codici da introdurre per ottenere il risultato voluto (fonte: *http://www.voipandhack.it*).

Sequenza	Azione
#195#	Reboot
#198#	Ripristino dei valori di default con successivo reboot
#120#	Annuncio dell'indirizzo IP corrente
#121#	Annuncio circa l'attuale abilitazione del DHCP
#123#	Annuncio della Netwok Mask corrente
#124#	Annuncio dell'indirizzo IP del gateway corrente
#125#	Annuncio dell'indirizzo IP del DNS server primario corrente
#128#	Annuncio della versione corrente del firmware
#111#	Impostazione come DHCP client
#112NNN*NNN*NNN*NNN#	Impostazione dell'indirizzo IP statico NNN.NNN.NNN.NNN
#113NNN*NNN*NNN*NNN#	Impostazione della Network Mask NNN.NNN.NNN.NNN
#114NNN*NNN*NNN*NNN#	Impostazione dell'indirizzo IP NNN.NNN.NNN.NNN del default gateway
#115NNN*NNN*NNN*NNN#	Impostazione dell'indirizzo IP NNN.NNN.NNN.NNN del DNS server primario

Indice

Capitolo 5: l'ufficio in tasca

Capitolo 6: Un backup per dessert

www.ingramcontent.com/pod-product-compliance
Lightning Source LLC
Chambersburg PA
CBHW082356070326
40689CB00053B/3686